普通高等职业教育"十三五"规划教材

21世纪高职高专规划教材
通识课系列

U0941691

应用文书写作

（第三版）

■ 主 编 邓玉萍

中国人民大学出版社
·北京·

第三版前言

应用文书是党政机关、企事业单位、社会团体和个人履行工作职责、传递工作信息、开展各项工作的重要工具，适用范围十分广泛。本教材是高职文秘及其他相关专业通识课程——“应用文书写作”的专用教材，2008 年 10 月由中国人民大学出版社出版，2012 年 9 出版第二版。

作为 21 世纪高职高专规划教材，本教材自出版以来，深受业内专家同行的肯定，深得高职院校师生的认可，也成为高职高专毕业生职业生涯中必不可少的工具书。特别是所列文种、结构内容均符合最新的《党政机关公文处理工作条例》和《党政机关公文格式》要求，设置的典型例文与评析、病文修改、写作训练等环节充分体现了教材内容的规范性、时代性、实用性、可操作性，使高职学生学有规范、仿有例文，便于练习、易于提高。

随着时间的推移，本教材的部分内容也需要与时俱进，需要调整与更新。鉴于此，我们对第二版教材进行了再修订，调整更换了规范准确的新例文，完善了全书的语言表述与标点符号，力争使第三版教材更富于高职教学的实用性、实践性、可操作性的特点，力争使第三版教材更便于教师课堂讲授、学生自学模仿、大学毕业生随学随用，从而实现高职应用写作教学的“教、学、练、战”一体化，实现使高职学生短时高效地掌握应用文写作技能的教学初衷。

邓玉萍教授主持完成了第三版教材的修订、统稿和审定工作。张晓丹、张戈、张虹、李向珍、戢迎晖、陈妍、凌然、李艳蛟、赵楠、姜希、杜雨桐、孙文君等老师参与了第三版教材的修订工作。

编者

2018 年 7 月

前言

应用文书是国家机关、企事业单位、社会团体或个人履行工作职责、传递工作信息、开展各项工作的重要工具。适时制作应用文是各行各业工作人员必须具备的职业技能和基本功。学习运用应用文的写作知识，熟练掌握应用文的写作技巧，有效地提高应用文的写作水平和写作质量，不仅是当前“以服务为宗旨，以就业为导向，走产学研结合的发展道路”的高等教育的重要内容，也是未来提升高等教育质量、加强高校人才培养的前提和保障，还是未来职场人员及时得到聘任和提升的“敲门砖”。

根据教育部对高等教育的总体要求，坚持理论知识“必需为本，够用为度”、实践技能“专业为纲，灵活为目”的原则，编写了这本《应用文书写作》，力图彰显以下几个特点。

1. 求新求准

“新”即所依据的法规规章求新；所选择的例文格式求新；所推举的例文内容求新；所精选的文种求新。本书在传统应用文书写作教材的基础上增加了部分新的文种，诸如意见、竞聘演讲词、述职报告、开幕词、公示、招标书、投标书、广告、解说词、公务电子邮件、海报、演示文稿等，从而与时俱进，适应时代发展的需要。

“准”即介绍基本知识求准；阐释文书写作有关规定求准；推举相关例文格式求准；表述文书主旨的语言求准；把握文种写作的重点、难点求准。

2. 主次有序

本教材所列文种一般分为三个层次。第一个层次是必须“会”的。这个层次的文种是大学生在未来工作实践中使用频率高、写作难度大的文种，这是本书介绍的重点，如通知、通报、请示、简报、述职报告、竞聘演讲词等。第二个层次是需要“懂”的。这个层次的文种是大学生在未来工作实践中使用频率较高、常用易混、写作有一定难度的文种，这是本书介绍的难点，如公示与启事、公告与通告、合同与协议、会议记录与会议纪要、上诉状与申诉状等。第三个层次是应该“知”的。这个层次主要是一些格式固定、表述常规，或使用频率较低的文种，这些文种只需要达到知其概念、知其功能、知其使用即可，如请柬、贺电、讣告、说明书等。

3. 通俗实用

本教材剔除了一般应用文书写作教材中常见的主旨、材料、结构、语言、表达方式等写作基础理论的长篇道白，针对大学生未来工作的实际需要，确定编写体例、安排文种内容，并在章节中设有学习目标、例文评析、知识要点、写作训练等栏目，便于教师讲授、学生自学及课后模仿写作。实现了让大学生学有规范、仿有例文、写有材料、直奔目标的编写初衷。体现了教材的实用性，凸显了教材的实践性。

本教材既可以作为高等教育的必修教材，也可以为走上工作岗位的大学毕业生随学随用提供切实的帮助。

参加本教材编写的教师均为长期从事高等教育应用写作教学的专业教师。全书共九章，具体分工如下：邓玉萍（第一章、第三章、第六章、第七章、第九章）、李向珍（第二章）、张戈（第四章、第八章）、张虹（第五章）。邓玉萍教授完成全书的修改、统稿和审定，戢迎晖、陈妍、凌然参与本书的编辑和校对。

在编写本教材的过程中，从部分业内同行的教材、资料中，获得了一定的启发，在此一并向有关人士致以诚挚的谢意！并真诚希望各位同行及广大师生批评指教，以便修改完善。

编　者

二〇〇八年六月

目录

CONTENTS

第一章

应用文书写作概述

学习目标

1. 掌握应用文书的概念、分类。
2. 了解应用文书的写作特点、语言特点。
3. 熟悉应用文的专门用语。

第一节 应用文书的概念及分类

一、应用文书的概念

应用文书是国家机关、企事业单位、社会团体以及人民群众在办理公私事务、传播信息、表述意愿时所撰写的具有特定内容和格式的实用文书的总称。适时制作应用文书是各行各业工作人员必须具备的职业技能和基本功。

二、应用文书的分类

分类标准不同，应用文书的种类也各不相同。按照使用功能，可将应用文书分为八大类。

（一）党政机关公文

党政机关公文是党政机关实施领导、履行职能、处理公务的具有特定效力和规范体式的文书的总称。

《党政机关公文处理工作条例》规定，党政机关公文有决议、决定、命令（令）、公报、公告、通告、意见、通知、通报、报告、请示、批复、议案、函、纪要15种。

（二）事务文书

事务文书是国家机关、社会团体、企事业单位处理日常事务、沟通信息、总结经验、研究问题、指导工作、规范行为、表述意愿的实用性文书，如调查报告、工作总结、述职报告、简报、计划、竞聘演讲词等。

（三）财经文书

财经文书是处理财经事务时制作和使用的实用文书，如经济合同、意向书、协议、条据、可行性研究报告等。

（四）礼仪文书

礼仪文书是交际交流中制作和使用的实用文书，如请柬、聘书、欢迎词、答谢词、祝贺信、慰问信、感谢信等。

（五）传播文书

传播文书是借助传播媒体传递相关信息的实用文书，如消息、广告、海报等。

（六）诉讼文书

诉讼文书是公民、法人和非法人团体为了维护自身合法权益，依法在诉讼活动中制作的法律文书，如起诉状、答辩状、上诉状、申诉状等。

（七）科技文书

科技文书是记写科学研究、科学实验、学术探讨成果的实用文书，如毕业论文、学术论文、专利申请书、实验报告等。

（八）演示文稿

演示文稿是指演讲、报告、授课时使用的讲话提纲或图片说明，往往以 PPT、幻灯片等形式呈现。

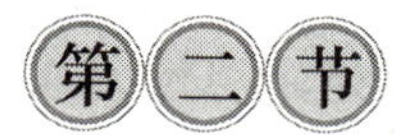

第二节　应用文书的写作特点

应用文书写作是以应用文的文体写作知识和写作技巧作为研究对象，探讨应用文书写作规律的实用学科。

学好应用文书写作，首先要掌握应用文书的写作特点。

一、直接的功用性

所有文体的文章都是现实的反映，一切写作活动都是为现实服务的。从这个意义上说，所有文体的文章都具有功用性。但是，文学作品如散文、小说、诗歌等，它们不以直接处理日常事务为目的，而以塑造艺术形象、反映社会生活为目的。与之相反，应用文书主要是应现实工作的需要，解决工作中的实际问题，为现实工作服务的。应用文书具有更强烈、更鲜明、更直接的功用性。如写一份请示，是为了向上级请求批准办理某一事项；写一份述职报告，是为了向部门领导和群众汇报自己履行职责的情况；写一份财务报告，是为了向上级报告财务状况；写一篇求职信，是为了谋求一份理想的工作。这种办理事务的直接的功用性，是应用文书的主要特点。

二、内容的真实性

应用文书内容的真实性与文学作品内容的真实性是有区别的。文学作品内容的真实性要求的是艺术的真实，即文学作品中的人物和事件能反映社会生活的某些本质方面或发展趋向，因而不要求写真人、真事，可以大胆地进行艺术虚构。而应用文书内容的真实性完全排斥虚构和杜撰，要求所依据的材料真实、准确、实事求是。如会议纪要的写作中，不能移花接木，把张三的讲话移到李四的身上；写调查报告绝不允许主观臆造；写简报更要注意时间、地点、人物、事件的真实与准确。

内容的真实性也体现在应用文的表述上。应用文书要求表述准确，不产生歧义，简明精练，具有平实的特点，而比喻、比拟、借代、夸张、衬托等积极的修辞方式的使用则受到了严格的限制。即使是可以运用文学手法的商业广告，也不能对商品和服务的内容做不切实际的夸张和渲染。

三、思维的逻辑性

思维的逻辑性是指在撰写应用文书时，要讲究逻辑。体现在文章的结构上，要条理清楚，段落之间具有明显的逻辑关系；陈述的事项界限清晰，不交叉；内容前后讲究因果，材料能够证明观点。

应用文书写作在思维方法上更侧重逻辑思维，虽然应用文书在撰写过程中也有运用形象思维的时候，但是多数文体是以具体的事件（或问题）为中心的。需要把观点阐述清楚，把前因后果、现象和本质分析清楚，所采用的是逻辑思维方式。例如：写请示，要讲清请求事项和请求批准的原因；写总结，则应在陈述具体成绩和存在问题的基础上，分析、阐明成绩取得和问题存在的原因；财经论文的结论，来自对材料的分析和对问题的推断。

四、格式的稳定性

通常来说，文章的格式包括两方面的意思：

一是文章的结构形式。如写计划，一般先写目的，然后再写工作安排；写调查报告，一般先介绍调查的目的、调查的对象、调查的时间和地点、调查的方式，然后再就调查的问题分项说明。

二是文面形式，包括标题的形式、有无指定说明等。如国家机关行政公文在文面上，要求有秘密等级、紧急程度、发文机关标识及发文字号等指定说明，对文种的使用有严格的规定。

格式是在长期写作实践中形成的。如果某种格式逐渐为大家所接受，约定俗成，就称为惯用格式；如果某种格式被法定固化，就称为规范格式。应用文书都有惯用格式，其中，国家机关行政公文具有规范格式。应用文书的格式具有使用的稳定性，所以要求写作时应根据应用文书的具体类型，遵守各自的惯用格式或规范格式。

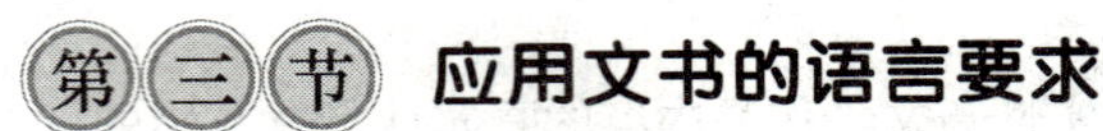

第三节 应用文书的语言要求

一、应用文书的语言特点

（一）实用性

人类的语言分为两大基本类型，即实用语言和文学语言。实用语言和文学语言虽然在词汇和语法上没有太大区别，表面上看起来也是同一种语言，但是它们的功能完全不同。实用语言只传达“实用”的内容，而且为了能够最大限度地达到行文的实际效果，实用语言强调表意的清楚、实在和准确，如请示的事项明确、请示的理由具体而充分，言尽意止。而文学语言则不限于传达词语的词典意义，文学语言追求唯美，意在言外，是作家加工雕琢之后的语言，便于抒情，易于遐想。

应用文书语言的实用性特征是由应用文体的本质决定的。应用文书是应现实工作的需要、为解决现实存在的问题而制作的，因此，应用文书只能选择言简意赅的实用语言。

（二）单一性

应用文书的语言在词汇上，严格遵照其词典意义；在造句上，严格遵守语法规则；在修辞上，只适当运用比喻、对偶、排比等常规修辞格，而对夸张、通感、暗示等可使事物有较大变形的或曲折达意的修辞格一般不用。可以说，应用文书的语言是一种直白而循规蹈矩的语言，目的就是使读者准确理解文书的主旨，避免产生歧义，从而认真、准确地执行。

应用文书的叙述多用直叙，证明则多是直接证明，以避免文章内容观点的曲折隐晦、含糊其词、模棱两可、多歧义，以保证不同的读者在理解上能够最大限度地趋向一致。

（三）模式性

在应用文书写作中，人们长期沿用一些使用频率较高的专用词语。这些词语虽非法定，但是已经约定俗成。尤其是公文中的专用词语，虽然与旧文书中的套语有一定的联系，但是经过历次公文改革的筛选提炼，已经去其糟粕，保留了至今仍具积极作用的部分，形成了模式化的应用文专用语言。如“特此函复”“当否，请批示”“来函收悉”“商洽”“敬请批复”等惯用语，简洁明了，是其他的现代汉语词汇所无法替代的。

（四）概说性

应用文书的语言不追求奢华、夸饰，不追求纤毫毕现的细节的形象生动。应用文书所用的语言、所用的表达方式，都是为了向忙于事务的读者介绍情况、说明原委、陈述事实、总结规律、指示办法。因而这些“介绍”“说明”“陈述”“总结”“指示”，通常只求抓住关键、抓住要点，实行概括述说。而且，叙述多是概述，说明多是概说，议论一般也是直接明了地提出观点与主张，是“说理”，而不是“论理”。应用文书语言的简洁概说，不但能使信息更精要，而且能尊重读者的需求，还能实现行文的目的。如批评性通报，只是概述事故简况、简述事故原因、做出处理决定、归纳教训，以引人警醒，至于事故后的悲惨场景、调查处理的漫长而曲折的过程等细节就不必在批评性通报中赘言了。

（五）得体性

得体性是指根据行文目的、内容、对象，恰当地使用语言，做到文实相符、内容和形式相统一。语体不同，语言的风格基调也各不相同。

一般说来，应用文书的语言大都使用比较庄重、通俗的大众化书面语言，而较少用口头语言和方言。但是，应用文书的文种又是丰富多样的，与之相应，各类文种的风格基调也有明显的差别。如命令、决定等指挥性的公文注重庄严、庄重、严肃；法规、规章类的文书讲求严谨、确切、利落；计划类的文书必须客观、周密、可行；会议报告类文书则应该富于鼓动性、鼓舞性、生动性；等等。

应用文书语言的得体性还体现在：根据不同的受文对象及其心理承受能力，选择分寸适宜的语言。上行文的语言，应尊重而又不阿谀讨好；下行文的语言应谦和而又不失度；平行文的语言应真诚平实，多商量、互尊重。惩戒坏人坏事的通报，应言之凿凿，义正词严；表扬好人好事的决定、表彰性通报，语言则应热情、稳重。给上级的情况报告，不必有过多的宣传议论；对下级布置工作的通知，又不可过于原则、空洞，而应实实在在、切实可行，有操作性。

随着社会的不断进步与发展，应用文书的语言也应与时俱进，不断调整充实。陈旧、晦涩的词语应及时清退，规范、新生的词语应适时跟进，使语言紧扣应用语体的特征。

适时选用模糊词语和委婉用语，也能使应用文书的语言更得体。

值得注意的是，上述应用文书语言的五个特点，常常是相辅相成、难以分割的。

二、应用文书的专门用语

（一）称谓词

称谓词是指用于称谓的词。

在应用文书中，涉及机关或个人时，一般应直呼机关的全称或规范化的简称，以及对方的职务或“××同志”“××先生”。在表述指代关系的称谓时，一般用下列专门用语：

（1）第一人称“本”“我”，后面加上所代表的单位简称，如部、委、办、厅、局、所等。

（2）第二人称“贵”“你”，后面加上所代表的单位简称，如部、委、办、厅、局、所等。在应用文书中，用“贵”字做第二人称，只是表示尊敬与礼貌，一般用于平行文或涉外公文。

（3）第三人称“该”，在应用文书中使用广泛，可用于指代人、单位或事物，如该厂、该公司、该同志、该产品等。正确使用“该”字，可以使应用文文字简明、语气庄重。

（二）领叙词

领叙词是用于引出应用文书写作根据、理由或应用文具体内容的词。它多用于文章的开端，引出法律法规以及政策，或者指示、事实的根据；也有的用于文章中间，起前后衔接作用。常用的领叙词包括：根据、按照、为了、遵照、惊悉、收悉、为、特、现、如下。

（三）追叙词

追叙词是用于引出被追叙事实的词。常用的追叙词包括：业经、复经、前经、即经。

（四）承转词

承转词又称过渡语，即承接上文转入下文时使用的关联、过渡词语，用于陈述理由、事实之后引出作者的意见、方案等。常用的承转词包括：为此、据此、故此、鉴此、综上所述、总而言之、总之。

（五）祈请词

祈请词用于向受文者表示请求与希望。常用的祈请词包括：希、敬希、请、望、敬请、烦请、恳请、希望、要求。

（六）商洽词

商洽词用于征询对方意见和反映，具有探询语气。它多用于上行文、平行文。常用的商洽词包括：妥否、当否、是否同意。

（七）受事词

受事词即向对方表示感谢、感激的词。它多用于平行文或涉外的公文。常用的受事词包括：蒙、承蒙。

（八）命令词

命令词是表示命令或告诫语气的词，用以增强公文的严肃性与权威性，引起受文者的高度注意。常用的命令词包括：特命、责成、令其、切切、勿违、切实执行、不得有误、严格办理。

（九）目的词

目的词即直接交代行文目的的词。常用的目的词包括：请批复、函复、批示、批转、转发、查照办理、遵照办理、参照执行、请审阅、望周知。

（十）表态词

表态词又称回复用语，即针对请示、问函，表示明确意见时使用的词。常用的表态词包括：同意、不同意、准予备案、特此批准、按照执行、可行、不可行、迅即办理。

（十一）结尾词

结尾词置于正文最后，是表示正文结束的词。常用的结尾词包括：此布、特此报告、通知、批复、函复、告、特予公布、此致、谨此、此令、此复、特此、为要、为盼、是荷、为荷、敬礼、致以谢意、谨致谢忱。

应用文书使用上述专门词语，有助于使文章简练、严谨，并富有节奏感，从而赋予文章庄重、严肃的色彩。

第二章
党政机关公文

学习目标

1. 掌握党政机关公文的概念，了解党政机关公文的特点。
2. 熟悉党政机关公文的格式，掌握党政机关公文的分类。
3. 注意区分公告与通告、通知与通报、报告与请示等党政机关公文的异同，明晰各种党政机关公文的适用范围和写作特征。
4. 通过例文评析、写作训练，熟练掌握命令（令）、决定、公告、通告、通知、通报、报告、请示、批复、意见、函、会议纪要等党政机关公文的写作技能。

第一节 党政机关公文概述

一、党政机关公文的概念

党政机关公文是党政机关实施领导、履行职能、处理公务的具有特定效力和规范体式的文书，是传达贯彻党和国家方针政策，公布法规和规章，指导、布置和商洽工作，请示和答复问题，报告、通报和交流情况等的重要工具。

理解党政机关公文的概念，应把握以下几点：

第一，党政机关公文是“党政机关”在“履行职能”过程中形成和使用的文书。它的制作主体是党政机关。

第二，党政机关公文是具有“规范体式”的文书。它的结构和编排形式具有鲜明的程式化特点。

第三，党政机关公文是具有“法定效力”的文书。它是党政机关依法履行职能的工具，体现党政机关意志。它一旦生效，有关部门和人员必须遵照执行。

二、党政机关公文的特点和种类

（一）党政机关公文的特点

1. 作者的法定性

党政机关公文的作者是根据国家颁布的法律、法令、法规而成立或者被授权的并且能以自己的名义行使职权和承担义务的组织或个人。党政机关的文秘工作者一旦被授意拟制公文，就必须站在相应的国家党政机关的立场和角度考虑问题，履行职责。

2. 程序的规定性

党政机关公文的撰制、处理程序包括拟稿、审核、签发、缮印、校对、用印、登记、分发、催办、查办等，每一步骤都必须按照党政管理的权限与规定进行。

3. 内容的约束性、强制性

文学作品主要是通过艺术情节陶冶人的情操，净化人的心灵，使读者自发地醒悟，来达到某种教育目的；理论文章主要是给人们以观点上的启迪，给领导者决策做参考。它们在执行上都没有强制性。而党政机关公文中的下行文在规定送达的空间范围和特定的时间范围具有行政约束力，党政机关公文受文单位及个人必须按其要求处理工作，或者根据其内容予以执行，即要求人们“令出则行”“令禁则止”，没有商量、回旋的余地，体现了强制性。如公布党政法规和规章或宣布施行重大强制性行政措施的“命令”、变更或撤销下级机关不适当的决定事项的“决定”、布置工作的“通知”等都具有这个特点。如果无故不按其要求处理或执行，就要受到批评或制止，还意味着失职甚至渎职。

4. 格式的规范性

公文的格式指公文的外观形态，根据《党政机关公文处理工作条例》的规定，公文的总体格局由三个部分组成：第一部分为眉首部分，由发文机关、秘密等级、紧急程度、发文字号、签发人等项目组成；第二部分为主体部分，由标题、主送机关、正文、附件、公章、成文时间、附注等项目组成；第三部分为版记部分，由主题词、抄送机关、印发机关和时间等项目组成。以上是一份文件的完整形态，一般文件可以根据情况而定。

5. 制作的实用性

从内容上看，党政机关公文是应工作的需要，并为了解决日常工作中存在的问题而制作的。它不仅有特定的对象，而且有明确的解决问题的基本意见。如请示、报告之类的报请性公文，就是针对某一具体问题、工作向特定的上级机关呈送的公文，其目的是向上级机关汇报工作、反映情况、请求指示，以及渴望批复。

从形式上看，党政机关公文有特定的为内容服务的相应的格式，它的结构、格式、语言等都带有一定的惯用性，这种惯用性体现了党政机关公文写作形式上严格的格式化特点。《党政机关公文处理工作条例》明确规定了公文写作、运转、处理的规范性要求。这种格式化，是由公文的实用性决定的。因为这种格式化，既便于制作者迅速、及时地成文，又便于公文的接收者快捷地了解公文的主旨，以尽快实施。

6. 表述的政策性、客观性

党政机关公文具有较强的政策性。党政机关是国家方针政策的制定、实施、监督机构，这个机构在党政管理过程中形成和使用的公文，无疑是宣传、贯彻国家方针、政策的工具。因此，党政机关公文的内容必须正确地体现、贯彻党和国家的方针、政策。

党政机关公文的内容必须客观、真实，要从客观实际出发，不应有一丝一毫的虚构和夸大。客观性要求党政机关公文客观、真实地反映事实，涉及的事件、数字、资料等都需准确、无误，不能主观地拔高和渲染，不能脱离实际、弄虚作假。

（二）党政机关公文的种类

《党政机关公文处理工作条例》规定，党政机关公文为15种，包括：决议、决定、命令（令）、公报、公告、通告、意见、通知、通报、报告、请示、批复、议案、函、纪要。

为了便于揭示文书内在规律，通常用不同的标准对党政机关公文进行分类。常见的分类方法有以下几种：

（1）按照行文方向分类，将党政机关公文分为上行文、下行文、平行文三种。

（2）按照办理时间要求，将党政机关公文分为特急文书、急办文书、常规文书三种。

（3）按照机密程度，将党政机关公文分为绝密文书、机密文书、秘密文书、普通文书四种。

（4）按照性质、特点和功用，将党政机关公文分为知照性文书（通知、通报、公报、纪要、公告）、规范性文书（决议、决定、通告、批复）、指令性文书（命令）、报请性文书（报告、请示、议案）、商洽性文书（函）、建议性文书（意见）等。

后面几种分类使用较少，本书不做详细介绍。下面重点介绍第一种分类方法，即按行文方向将党政机关公文分为上行文、下行文、平行文三种。

上行文是指具有隶属关系的下级机关向上级机关呈送的公文。属于上行文的有报告、请示。

下行文是具有隶属关系的上级机关对下级机关发送的公文。属于下行文的文种有命令、决定、公告、通告、通知、通报、批复、决议、公报。

平行文是指同级之间、平级之间、不相隶属的机关之间的相互行文。属于平行文的有函、议案。

有三种公文需要说明，即公告、通告、通知。

公告、通告具有下行文的属性，但是又不同于普通的下行文。公告是向国内外宣布重要事项和法定事项的；通告是向社会各有关方面公布应当遵守或者周知事项的。二者的受文对象均超出了“下级机关”的范围，属于向“不确定对象”或社会公众发布的。因其行文内容、行文语体风格、行文规则具有下行文的特点，我们将其划归为下行文。在写作时应该注意其受文对象的特殊性，不写主送机关。

通知有批示性的、指示性的、周知性的、任聘性的。批示性、指示性、任聘性的通知均属于下行文；周知性的通知大多也属于下行文，但是周知性的通知中“需要有关单位周知”的通知则有一部分属于平行文。我们从通知的总体属性出发，将其划归下行文。

此外，还有两个特殊文种，即意见、纪要。

意见“适用于对重要问题提出见解和处理办法”。《党政机关公文处理工作条例》没有界定意见的行文方向。在实践中，意见有上行文、下行文、平行文。

纪要是“记载会议主要情况和议定事项”的公文。《党政机关公文处理工作条例》也没有界定其行文方向，原因是：第一，纪要不是直接以党政机关公文的名义出现的。纪要的标题无“发文机关”部分；尾部无落款，不加盖印章；中间以报道语气出现，用“会议认为”“会议决定”“会议要求”等提法。第二，纪要一般不直接用于红头文件，重要的纪要也需要用通知的形式印发，附在通知后才产生行政约束力。因此，孤立地看纪要，无法界定其行文方向；从其用通知印发的角度看，可以归为下行文之列。

三、党政机关公文的制发和办理程序

（一）党政机关公文的拟制

党政机关公文的拟制包括公文的起草、审核、签发等程序。

1. 党政机关公文的起草

起草党政机关公文应当做到以下几点：

（1）符合国家法律法规和党的路线方针政策，完整准确体现发文机关意图，并同现行有关公文相衔接。

（2）一切从实际出发，分析问题实事求是，所提政策措施和办法切实可行。

（3）内容简洁，主题突出，观点鲜明，结构严谨，表述准确，文字精练。

（4）文种正确，格式规范。

（5）深入调查研究，充分进行论证，广泛听取意见。

（6）公文涉及其他地区或者部门职权范围内的事项，起草单位必须征求相关地区或者部门意见，力求达成一致。

（7）党政机关负责人应当主持、指导重要公文的起草工作。

2. 党政机关公文的审核

公文文稿签发前，应当由发文机关办公厅（室）进行审核。审核的重点是：

（1）行文理由是否充分，行文依据是否准确。

（2）内容是否符合国家法律法规和党的路线方针政策；是否完整准确体现发文机关意图；是否同现行有关公文相衔接；所提政策措施和办法是否切实可行。

（3）涉及有关地区或者部门职权范围内的事项是否经过充分协商并达成一致意见。

（4）文种是否正确，格式是否规范；人名、地名、时间、数字、段落顺序、引文等是否准确；文字、数字、计量单位和标点符号等用法是否规范。

（5）其他内容是否符合公文起草的有关要求。需要发文机关审议的重要公文文稿，审议前由发文机关办公厅（室）进行初核。

（6）经审核不宜发文的公文文稿，应当退回起草单位并说明理由；符合发文条件但内容需做进一步研究和修改的，由起草单位修改后重新报送。

3. 党政机关公文的签发

党政机关公文应当经本机关负责人审批签发。重要公文和上行文由机关主要负责人签发。党委、政府的办公厅（室）根据党委、政府授权制发的公文，由授权机关主要负责人签发或者按照有关规定签发。签发人签发公文，应当签署意见、姓名和完整日期；圈阅或者签名的，视为同意。联合发文由所有联署机关的负责人会签。

（二）党政机关公文的办理程序

1. 党政机关公文的复核

已经发文机关负责人签批的公文，印发前应当对公文的审批手续、内容、文种、格式等进行复核；需做实质性修改的，应当报原签批人复审。

2. 党政机关公文的登记

对复核后的公文，应当确定发文字号、分送范围和印制份数，并详细记载。

3. 党政机关公文的印制

公文印制必须确保质量和时效。涉密公文应当在符合保密要求的场所印制。

4. 党政机关公文的核发

公文印制完毕，应当对公文的文字、格式和印刷质量进行检查后分发。涉密公文应当通过机要交通、邮政机要通信、城市机要文件交换站或者收发件机关机要收发人员进行传递，通过密码电报或者符合国家保密规定的计算机信息系统进行传输。需要归档的公文及有关材料，应当根据有关档案法律法规以及机关档案管理规定，及时收集齐全、整理归档。两个以上机关联合办理的公文，原件由主办机关归档，相关机关保存复制件。机关负责人兼任其他机关职务的，在履行所兼职务过程中形成的公文，由其兼职机关归档。

四、党政机关公文的格式

2012 年 6 月 29 日，国家质量监督检验检疫总局、国家标准化管理委员会发布了国家标准《党政机关公文格式》(GB/T 9704-2012)。该标准于 2012 年 7 月 1 日起正式实施，成为党政机关公文制作的规范化、标准化文件。

党政机关公文的格式也称为党政机关公文的总体结构，它是指党政机关公文的构成要素及其在载体上的排列形式。

党政机关公文通用格式要素包括版头、主体、版记三部分。

（一）版头

公文首页红色分隔线以上的各要素统称为版头，包括公文份数序号、密级和保密期限、紧急程度、发文机关标志、发文字号、签发人、版头中的分隔线等项目。

1. 份数序号

如需标注份数序号，一般用 6 位 3 号阿拉伯数字，顶格编排在版心左上角第一行。

2. 密级和保密期限

如需标注密级和保密期限，一般用 3 号黑体字，顶格编排在版心左上角第二行；保密期限中的数字用阿拉伯数字标注。

3. 紧急程度

如需标注紧急程度，一般用 3 号黑体字，顶格编排在版心左上角；如需同时标注份数序号、密级和保密期限、紧急程度，按照份数序号、密级和保密期限、紧急程度的顺序自上而下分行排列。

4. 发文机关标志

由发文机关全称或者规范化简称加“文件”二字组成，也可以使用发文机关全称或者规范化简称。

发文机关标志居中排布，上边缘至版心上边缘为 35mm，推荐使用小标宋体字，颜色为红色，以醒目、美观、庄重为原则。

联合行文时，如需同时标注联署发文机关名称，一般应当将主办机关名称排列在前；如有“文件”二字，应当置于发文机关名称右侧，以联署发文机关名称为准上下居中排布。

5. 发文字号

发文字号编排在发文机关标志下空二行位置，居中排布。年份、发文顺序号用阿拉伯数字标注；年份应标全称，用六角括号“〔 〕”括入；发文顺序号不加“第”字，不编虚位（即 1 不编为 01），在阿拉伯数字后加“号”字。

上行文的发文字号居左空一字编排，与最后一个签发人姓名处在同一行。

6. 签发人

由“签发人”三字加全角冒号和签发人姓名组成，居右空一字，编排在发文机关标志下空二行位置。“签发人”三字用 3 号仿宋体字，签发人姓名用 3 号楷体字。

如有多个签发人，签发人姓名按照发文机关的排列顺序从左到右、自上而下依次均匀编排，一般每行排两个姓名，回行时与上一行第一个签发人姓名对齐。

7. 版头中的分隔线

发文字号之下 4mm 处居中印一条与版心等宽的红色分隔线。

（二）主体

公文首页红色分隔线（不含）以下、公文末页首条分隔线（不含）以上的部分称为主体，包括标题、主送机关、正文、附件说明、发文机关署名、成文日期和印章、附注、附件等项目。

1. 标题

一般用 2 号小标宋体字，编排于红色分隔线下空二行位置，分一行或多行居中排布；回行时，要做到词意完整，排列对称，长短适宜，间距恰当；标题排列应当使用梯形或菱形。

2. 主送机关

编排于标题下空一行位置，居左顶格，回行时仍顶格，最后一个机关名称后标全角冒号。如主送机关名称过多导致公文首页不能显示正文时，应当将主送机关名称移至版记。

3. 正文

公文首页必须显示正文。一般用 3 号仿宋体字，编排于主送机关名称下一行，每个自然段左空二字，回行顶格。文中结构层次序数依次可以用“一、”“（一）”“1.”“（1）”标注；一般第一层用黑体字、第二层用楷体字、第三层和第四层用仿宋体字标注。

4. 附件说明

如有附件，在正文下空一行左空二字编排“附件”二字，后标全角冒号和附件名称。如有多个附件，使用阿拉伯数字标注附件顺序号（如“附件：1. ×××××”）。附件名称后不加标点符号。附件名称较长需回行时，应当与上一行附件名称的首字对齐。

5. 发文机关署名、成文日期和印章

加盖印章的公文成文日期一般右空四字编排，印章用红色，不得出现空白印章。单一机关行文时，一般在成文日期之上、以成文日期为准居中编排发文机关署名，印章端正、居中下压发文机关署名和成文日期，使发文机关署名和成文日期居印章中心偏下位置，印章顶端应当上距正文（或附件说明）一行之内。联合行文时，一般将各发文机关署名按照发文机关顺序整齐排列在相应位置，并将印章一一对应、端正、居中下压发文机关署名，最后一个印章端正、居中下压发文机关署名和成文日期，印章之间排列整齐、互不相交或相切，每排印章两端不得超出版心，首排印章顶端应当上距正文（或附件说明）一行之内。

不加盖印章的公文，单一机关行文时，在正文（或附件说明）下空一行右空二字编排发文机关署名，在发文机关署名下一行编排成文日期，首字比发文机关署名首字右移二字，如成文日期长于发文机关署名，应当使成文日期右空二字编排，并相应增加发文机关署名右空字数。联合行文时，应当先编排主办机关署名，其余发文机关署名依次向下编排。

加盖签发人签名章的公文，单一机关制发的公文加盖签发人签名章时，在正文（或附件说明）下空二行右空四字加盖签发人签名章，签名章左空二字标注签发人职务，以签名章为准上下居中排布。在签发人签名章下空一行右空四字编排成文日期。联合行文时，应当先编排主办机关签发人职务、签名章，其余机关签发人职务、签名章依次向下编排，与主办机关签发人职务、签名章上下对齐；每行只编排一个机关的签发人职务、签名章；签发人职务应当标注全称。签名章一般用红色。

成文日期中的数字，用阿拉伯数字将年、月、日标全，年份应标全称，月、日不编虚位（即 1 不编为 01）。

当公文排版后所剩空白处不能容下印章或签发人签名章、成文日期时，可以采取调整行距、字距的措施解决。

6. 附注

如有附注，居左空二字加圆括号编排在成文日期下一行。

7. 附件

附件应当另面编排，并在版记之前，与公文正文一起装订。“附件”二字及附件顺序号用 3 号黑体字顶格编排在版心左上角第一行。附件标题居中编排在版心第三行。附件顺序号和附件标题应当与附件说明的表述一致。附件格式要求同正文。

如附件与正文不能一起装订，应当在附件左上角第一行顶格编排公文的发文字号，并在其后标注“附件”二字及附件顺序号。

（三）版记

公文末页首条分隔线以下、末条分隔线以上的部分称为版记，包括版记中的分隔线、抄送机关、印发机关和印发日期、页码等项目。

1. 版记中的分隔线

版记中的分隔线与版心等宽，首条分隔线和末条分隔线用粗线（推荐高度为 0.35mm），中间的分隔线用细线（推荐高度为 0.25mm）。首条分隔线位于版记中第一个要素之上，末条分隔线与公文最后一面的版心下边缘重合。

2. 抄送机关

如有抄送机关，一般用 4 号仿宋体字，在印发机关和印发日期之上一行、左右各空一字编排。“抄送”二字后加全角冒号和抄送机关名称，回行时与冒号后的首字对齐，最后一个抄送机关名称后标句号。

如需把主送机关移至版记，除将“抄送”二字改为“主送”外，编排方法同抄送机关。既有主送机关又有抄送机关时，应当将主送机关置于抄送机关之上一行，之间不加分隔线。

3. 印发机关和印发日期

印发机关和印发日期一般用4号仿宋体字，编排在末条分隔线之上，印发机关左空一字，印发日期右空一字，用阿拉伯数字将年、月、日标全，年份应标全称，月、日不编虚位（即1不编为01），后加“印发”二字。

版记中如有其他要素，应当将其与印发机关和印发日期用一条细分隔线隔开。

4. 页码

一般用4号半角宋体阿拉伯数字，编排在公文版心下边缘之下，数字左右各放一条一字线；一字线上距版心下边缘7mm。单页码居右空一字，双页码居左空一字。公文的版记页前有空白页的，空白页和版记页均不编排页码。公文的附件与正文一起装订时，页码应当连续编排。

五、党政机关公文的排版规格与印制装订要求

《党政机关公文格式》对党政机关公文的排版、制版、印刷、用纸、装订均提出了明确的要求。

（一）排版要求

公文格式各要素用3号仿宋体字。一般每面排22行，每行排28个字，并撑满版心。特定情况可以做适当调整。

（二）制版要求

版面干净无底灰，字迹清楚无断画，尺寸标准，版心不斜，误差不超过1mm。

（三）印刷要求

双面印刷，页码套正，两面误差不超过2mm。黑色油墨应当达到色谱所标BL100%，红色油墨应当达到色谱所标Y80%、M80%。印品着墨实、均匀，字面不花、不白、无断画。

（四）用纸要求

公文用纸必须采用A4型纸，其成品幅面尺寸为210mm×297mm。

（五）装订要求

公文应当左侧装订，不掉页，两页页码之间误差不超过4mm，裁切后的成品尺寸允许误差±2mm，四角成90度，无毛茬或缺损。

公文版式如图2-1至图2-4所示。

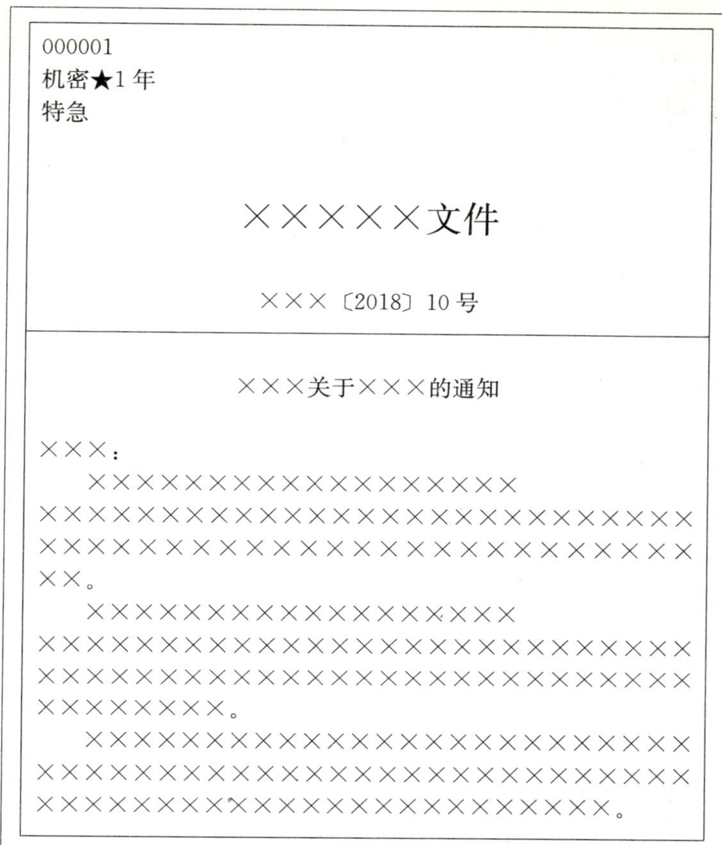
000001
机密★1 年
特急

××××× 文件

×××〔2018〕10 号

×××关于×××的通知

×××：
　　××××××××××××××××××
×××××××××××××××××××××××××××
×××××××××××××××××××××××××××
××。
　　××××××××××××××××××
×××××××××××××××××××××××××××
×××××××××××××××××××××××××××
××××××××。
　　×××××××××××××××××××××××××
×××××××××××××××××××××××××××
××××××××××××××××××××××××。

图 2－1　公文首页版式

注：版心实线框仅为示意，在印制公文时并不印出。

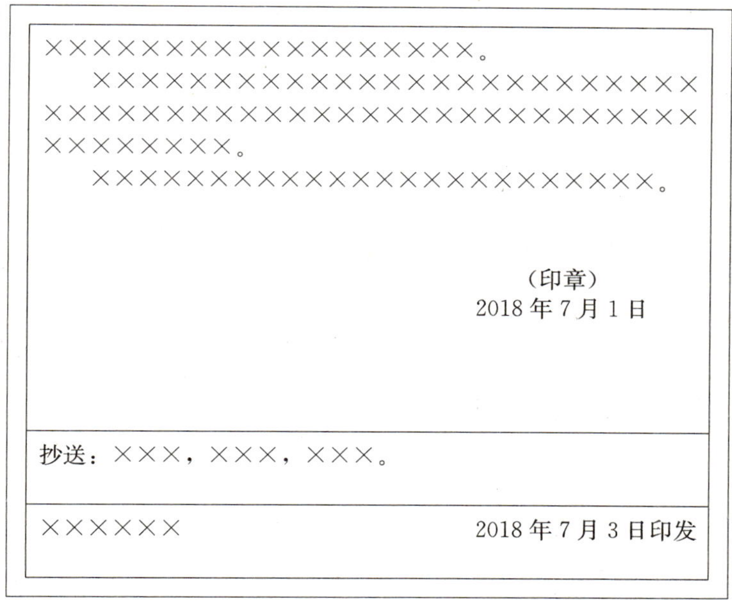
××××××××××××××××××。
　　×××××××××××××××××××××××××
×××××××××××××××××××××××××××
××××××××。
　　×××××××××××××××××××××××。

（印章）
2018 年 7 月 1 日

抄送：×××，×××，×××。

××××××　　　　2018 年 7 月 3 日印发

图 2－2　公文末页版式

注：版心实线框仅为示意，在印制公文时并不印出。

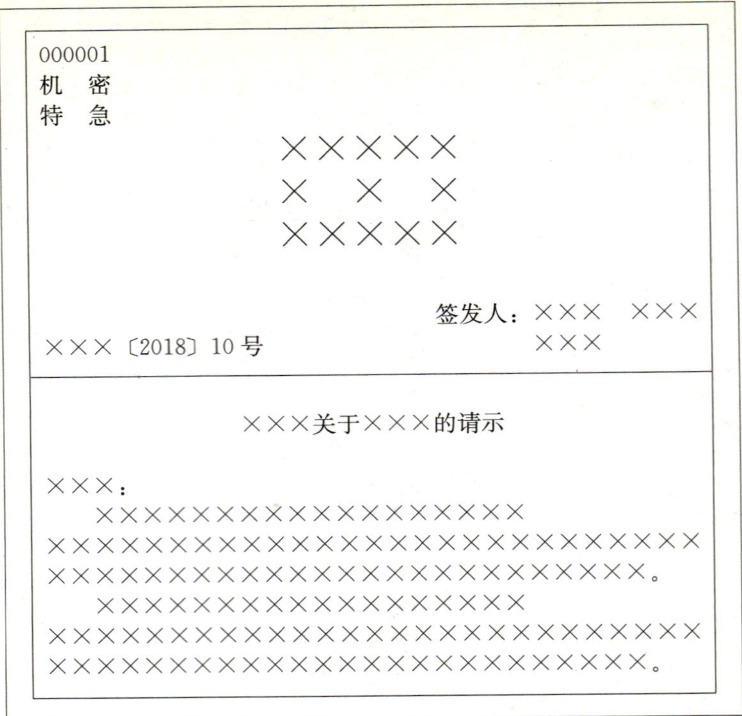
000001
机　密
特　急

×××××
×　×　×
×××××

签发人：×××　×××
×××

×××〔2018〕10号

×××关于×××的请示

×××：
　　××××××××××××××××××
×××××××××××××××××××××××××××
×××××××××××××××××××××××××。
　　××××××××××××××××××
×××××××××××××××××××××××××××
×××××××××××××××××××××××××。

图 2-3　联合行文公文首页版式

注：版心实线框仅为示意，在印制公文时并不印出。

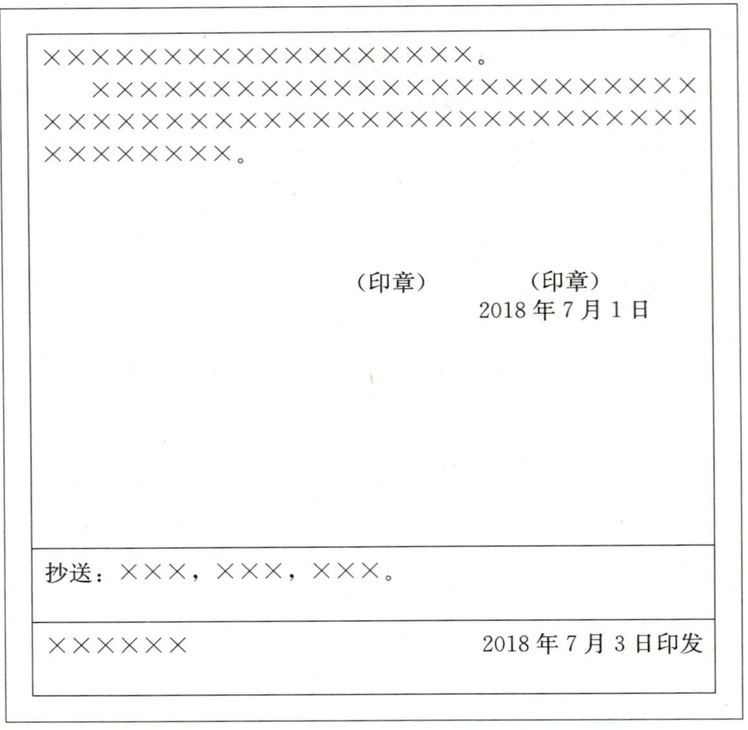
××××××××××××××××××。
　　×××××××××××××××××××××××××
×××××××××××××××××××××××××××
××××××××。

（印章）　　　（印章）
2018年7月1日

抄送：×××，×××，×××。

××××××　　2018年7月3日印发

图 2-4　联合行文公文末页版式

注：版心实线框仅为示意，在印制公文时并不印出。

第二节　命令（令）　决定

一、命令（令）

（一）例文评析

［例文］

中华人民共和国主席令

（第六十六号）

《中华人民共和国民法总则》已由中华人民共和国第十二届全国人民代表大会第五次会议于 2017 年 3 月 15 日通过，现予公布，自 2017 年 10 月 1 日起施行。

中华人民共和国主席　习近平

2017 年 3 月 15 日

［评析］

这是一篇公布令。正文写明所公布的法规的全称，并写明经由何部门什么时间通过，结尾说明施行时间。全篇标题、编号、正文、落款等项内容齐全，文字简洁，结构严谨。

（二）知识要点

1. 命令（令）的概念

命令（令）是国家行政机关或领导人依照有关法律公布行政法规和规章、宣布施行重大强制性措施、批准授予和晋升衔级、嘉奖有关单位和人员时制作的行政公文。

2. 命令的分类

（1）公布令：公布重要法规的命令。

（2）行政令：发布采取重大的强制性行政措施的命令。

（3）任免令：任命或免除国家机关重要领导人职务的命令。

（4）嘉奖令：嘉奖有关人员的命令。

3. 命令（令）的结构与写作要求

命令（令）一般由标题、发文字号、正文、落款几部分组成，一般无受文机关。

（1）标题。常见以下三种形式：

1）发文机关＋发文事由＋文种，如“中华人民共和国国务院关于新版人民币的命令”。

2）发文机关＋文种，如“辽宁省人民政府令”。

3）文种，如“命令”“嘉奖令”。

（2）发文字号。通常有两种写法：

1）发文字号由发文机关代号、年份、序号组成，如“国发〔2017〕5号”。

2）发文字号以发文机关的发令顺序号按年度编流水号，或按领导人任期的发令顺序编流水号，如“(第6号)”。

(3) 正文。通常有两种写法：

一种是简单的篇段合一式，另一种是分层分段式。无论哪种写法，正文都应写明发布命令（令）的缘由、目的、命令（令）的具体事项。

命令（令）的种类不同，其正文的写法也略有不同。

1）公布令，是依照有关法律公布行政法规和规章的命令。这种命令通常带有附件。正文部分包括主体和附件两部分。主体部分主要写明经过什么机关或会议，在什么时间通过批准了什么文件，以及生效与执行的日期。附件便是发布的法规和规章。

2）行政令，是国务院及各部门、县级以上人民政府采取重大强制性行政措施时使用的文种。正文一般包括命令（令）的原因、命令（令）的事项以及执行要求等内容。

3）任免令，是对国家机关重要领导人的职务进行任免或免除时使用的公文。任免令的正文包括任免的依据、被任免者的姓名及所任免的职务等内容。

4）嘉奖令，是授予荣誉称号、表彰先进事迹时使用的公文。正文部分主要包括概括嘉奖对象的模范事迹、嘉奖的内容以及发出向嘉奖对象学习的号召三部分。

(4) 落款。

在命令（令）正文后落款位置写明发文机关名称或签署人姓名和日期。

（三）病文修改

修改下面的公文，使之符合命令的写作规范。

中华人民共和国国务院令

第659号

《博物馆条例》已经2015年1月14日国务院第78次常务会议研究讨论通过，现予公示，自2015年3月20日起施行。

2015年2月9日

总　理　李克强

二、决定

（一）例文评析

［例文］

关于给干训学员王×严重警告处分的决定

王×，男，36岁，××省××市人，××市公安局××派出所民警，系我院干训学员。

今年4月16日，王×请假到××人民医院看望住院的父亲。4月18日，其父因病情变化转到北京××医院抢救。王×未向队长请假，前往北京护理，至5月30日返校，超假42天。

王×身为人民警察和干训学员，无组织、无纪律，不能严格要求自己，不续假、不报告，其行为在学员中造成了不良影响。为了严肃纪律，教育本人，根据我院《干训学员管理暂行规定》和王×平时表现以及对错误的认识态度，经学生管理委员会决定并报院党委批准，给予王×严重警告处分。

2018年7月3日

（院印）

［评析］

这是一篇处分性决定，由标题、正文、落款三部分组成，结构完整。标题由发文事由+文种构成。正文部分先介绍处分对象的自然情况；然后叙述其错误行为，指明严重程度；最后写明处分的依据以及处分的种类。全文事项齐全，文字简练明了，分寸适宜。

（二）知识要点

1. 决定的概念

决定是具有较强的指令性和约束性的公文。适用于对重要事项做出决策和部署、奖惩有关单位和人员，以及变更或者撤销下级机关不适当的决定事项。

2. 决定的分类

（1）发布传达重要事项的决定，如公布重大事项、调整机构、任免干部、奖惩有关人员等的决定。

（2）部署重大活动、重要工作的决定，如《中共中央国务院关于打击经济领域中严重犯罪活动的决定》《中共中央国务院关于切实做好减轻农民负担工作的决定》。

3. 决定的结构与写作要求

决定通常由标题、正文、落款三部分组成。

（1）标题。

一般要求完整地写出发文机关、发文事由和文种三部分，有些决定的标题也可由发文机关和文种构成，不可以直接用“决定”做标题。

（2）正文。

决定的正文通常由开头、主体、结尾三部分组成。

1）开头一般要交代发布决定的缘由、目的。若是奖惩性决定，开头部分应该概括叙述事件的基本情况。

2）主体要写明具体的决定事项。若是部署工作，要明确提出工作任务、措施、办法以及时限；若是奖惩，则要写明奖励的决定、种类，或惩处的决定、种类。

3）结尾一般要写明希望和号召，若主体部分已包含此项内容，便无须再加结尾。

（3）落款。

写明发文机关和日期。

（三）病文修改

修改下面的公文，使之符合决定的写作规范。

关于张××所犯错误的决定

张××，男，现年30岁，系机加车间原汽车装卸工人。该同志自入厂以来，累犯劳动纪律，曾多次发生殴打事件，谩骂领导干部，辱骂老工人。特别是今年×月×日，伙同×××（已收审）、×××（已记大过）两次殴打×××，影响极坏。为了维护厂规定厂法，加强劳动纪律，经厂务会议讨论通过决定给予张××开除厂籍留厂察看一年的处分。察看期间只发给生活费，每月×××元。

××市××厂

（四）写作训练

请代国家体育总局制作一份决定，以表彰为中国队争得荣誉的运动员。

第三节 公告 通告

一、公告

（一）例文评析

［例文］

全国人民代表大会常务委员会公告

（第三十七号）

辽宁省人大常委会补选李峰为第十一届全国人民代表大会代表。重庆市人民代表大会补选陈存根为第十一届全国人民代表大会代表。云南省人大常委会补选廖晓军为第十一届全国人民代表大会代表。全国人民代表大会常务委员会同意代表资格审查委员会的审查报告，确认李峰、陈存根、廖晓军的代表资格有效。

特此公告。

全国人民代表大会常务委员会

2012年2月29日

［评析］

这是一篇宣布重大事项的公告。正文交代发布公告的依据，具体明确，内容清晰准确。全篇结构紧凑，语言精练。

（二）知识要点

1. 公告的概念

公告是向国内外宣布重要事项或者法定事项的公文。

2. 公告的特点

（1）公告的发布机关级别较高，一般限于国家最高行政机关及其工作部门，以及各省、自治区、直辖市的行政机关等。

（2）公告的发布范围广泛，一般是面向国内外发布。发布形式也有别于其他公文，大多是通过电视、广播、报纸等媒体直接发布，具有明显的公开性。

3. 公告的结构与写作要求

公告一般由标题、正文、落款三部分组成。

（1）标题。常见以下三种形式：

1）发文机关＋文种，如“全国人民代表大会公告”。

2）发文事由＋文种，如“2017年度全国职称外语等级考试公告”。

3）只标明文种。

（2）正文。

公告的内容比较单一，一般采用篇段合一的写法，交代公告的依据和公告事项。结尾另起一行，写明公告的规范用语，如“特此公告”“现予公告”等。

（3）落款。

写明发布公告的机关、日期。

（三）病文修改

指出下面这篇公文的错误，并予以改写。

全国人民代表大会通告

第二号

第十二届全国人民代表大会第一次会议于2012年3月25日选举：胡锦涛为中华人民共和国主席，习近平为中华人民共和国主席副主席。

现予通告

2012.3.15

中华人民共和国第十届全国人民代表大会

第一次会议主席团

二、通告

（一）例文评析

［例文］

关于维护医疗机构秩序的通告

为有效维护医疗机构的正常秩序，保证各项诊疗工作有序进行，依照国家有关法律法规的规定，特通告如下：

一、医疗机构是履行救死扶伤责任、保障人民生命健康的重要场所，禁止任何单位和个人以任何理由、手段扰乱医疗机构的正常诊疗秩序，侵害患者合法权益，危害医务人员人身安全，损坏医疗机构财产。

二、医疗机构及其医务人员应当坚持救死扶伤、全心全意为人民服务的宗旨，严格执行医疗管理相关法律、法规和诊疗技术规范，切实加强内部管理，提高医疗服务质量，保障医疗安全，优化服务流程，增进医患沟通，积极预防和化解医患矛盾。

三、患者在医疗机构就诊，其合法权益受法律保护。患者及家属应当遵守医疗机构的有关规章制度。

四、医疗机构应当按照《医院投诉管理办法（试行）》的规定，采取设立统一投诉窗口、公布投诉电话等形式接受患者投诉，并在显著位置公布医疗纠纷的解决途径、程序以及医疗纠纷人民调解组织等相关机构的职责、地址和联系方式。患者及家属应依法按程序解决医疗纠纷。

五、患者在医疗机构死亡后，必须按规定将遗体立即移放太平间，并及时处理。未经医疗机构允许，严禁将遗体停放在太平间以外的医疗机构其他场所。

六、公安机关要会同有关部门做好维护医疗机构治安秩序工作，依法严厉打击侵害医务人员、患者人身安全和扰乱医疗机构秩序的违法犯罪活动。

七、有下列违反治安管理行为之一的，由公安机关依据《中华人民共和国治安管理处罚法》予以处罚；构成犯罪的，依法追究刑事责任：

（一）在医疗机构焚烧纸钱、摆设灵堂、摆放花圈、违规停尸、聚众滋事的；

（二）在医疗机构内寻衅滋事的；

（三）非法携带易燃、易爆危险物品和管制器具进入医疗机构的；

（四）侮辱、威胁、恐吓、故意伤害医务人员或者非法限制医务人员人身自由的；

（五）在医疗机构内故意损毁或者盗窃、抢夺公私财物的；

（六）倒卖医疗机构挂号凭证的；

（七）其他扰乱医疗机构正常秩序的行为。

本通告自公布之日起施行。

中华人民共和国卫生部　中华人民共和国公安部

2012 年 4 月 30 日

[评析]

这是一篇法规性通告。标题由事由和文种组成，主旨明晰。开篇引出发布本通告的目的和依据，并以“特通告如下”过渡，语言简明。通告正文从七个方面写明了通告的具体事项，规定明确，富有针对性。结语、落款表述规范，体现了法规性通告的严肃性和权威性。

（二）知识要点

1. 通告的概念

通告是在一定范围内公布应当遵守或周知的事项的公文。

2. 通告的特点

（1）通告具有很强的知照性，便于公众了解和执行。

（2）通告的使用单位宽泛，从国家领导机关到各级政府都可以使用。

（3）通告的内容丰富，既可以公布国家法规和政策，也可以公布一般的具体事项。

（4）通告的形式灵活多样，既可以通过电视、广播、报纸等媒体令人周知，也可以用张贴的形式告知。

3. 通告的结构与写作要求

通告一般由标题、正文、落款三部分构成。

（1）标题。常见以下三种形式：

1）发文机关＋发文事由＋文种，如“教育部关于维护中小学正常教学秩序的通告”。

2）发文机关＋文种，如“中华人民共和国公安部通告”。

3）只标明文种。

（2）正文。

正文一般由缘由、事项和结语组成。

1）缘由，也称引言，通常要概括写明发布通告的依据、目的以及意义。

2）正文要具体写明通告的事项，大多采用分条列项的方式，将需要周知或遵守的事项简明、准确地交代清楚。

3）结语部分多采用“特此通告”“此告”“本通告自公布之日起执行”等惯用语。

（3）落款。

写明发文机关名称和发布通告的时间。若标题已有机关名称或标题下已标明发布时间的，此处可省略。

（三）公告与通告的异同

1. 二者的相同之处

公告适用于向国内外宣布重要事项或者法定事项。通告适用于在一定范围内公布应当遵守或者周知的事项。二者均为知照性文书，具有公开性，语言通俗易懂、质朴庄重。

2. 二者的不同之处

（1）内容属性不同。公告用于“向国内外宣布重要事项或者法定事项”，兼有消息性和知照性的特点；通告的内容是“在一定范围内应当遵守或周知的事项”，具有鲜明的执行性、知照性。

（2）告启范围不同。公告面向国内外的广大读者、听众，告启面广；通告的告启面则相对较窄，只是面向“一定范围内的”的有关单位和人员。

（3）使用权限不同。公告通常是党和国家高级领导机关宣布某些重大事项时才可以使用，新华社、司法机关以及其他一些政府部门也可以根据授权使用公告；而通告则适用于各级行政机关和企事业单位。

公告和通告这两个文种在实际运用中容易混淆，其根本原因就在于没有搞清公告和通告的适用范围，这一点需引起注意。

（四）写作训练

为了维护学校的正常工作秩序和教学秩序，请根据以下材料，以××市教育局、××市公安局的名义拟写一份联合通告。要求格式规范、内容完整，全文800～1 000字。

××市教育局、××市公安局发现，最近一些中小学教学秩序受到严重干扰。其原因是：一些校外无关人员擅自进入学校滋扰闹事，辱骂、殴打员工，追逐、调戏女教职员工和女学生；有的人损坏学校设备和公共设施，侵占校园用地，偷窃公物；不少摊贩在校内、校门口设摊叫卖；还有的人将机动车开进校内，加大油门开快车，鸣高音喇叭。

第四节 通知 通报

一、通知

（一）例文评析

［例文］

关于做好“走基层、转作风、改文风”活动
动员部署和阶段性总结的通知

伊犁哈萨克自治州党委宣传部（三教办），各地、州、市党委宣传部（三教办），自治区有关厅局，自治区各新闻单位：

根据中宣部等五部委《新闻战线广泛深入开展“走基层、转作风、改文风”活动宣传报道方案》和自治区党委宣传部转发《关于在新闻战线广泛深入开展“走基层、转作风、改文风”活动的意见》要求，为推动我区新闻战线“走基层、转作风、改文风”活动广泛深入持久开展，现将有关事宜通知如下：

1. 抓紧动员部署。请各地各单位将动员部署情况，如召开动员会、制定工作方案、安排专人负责等内容形成书面材料，于8月24日传至自治区三教办邮箱。

2. 及时进行阶段性总结。各新闻单位要定期总结活动开展情况，对下一阶段工作做出安排。请将近期活动开展情况，如开展学习教育活动、建立基层联系点、改进文风、开办专题专栏情况、完善学习调研制度、编辑记者岗前和在岗培训制度、考评和奖励制度情况、编辑记者对活动的认识和参与情况、社会各界反响和评价、媒体对活动报道情况、对做好下一步工作的意见建议形成书面总结，于9月2日前传至自治区三教办邮箱。

请各地各新闻单位领导牵头，切实做好此项工作，务必按时报送材料（可在文字资料的基础上多提供一些采编人员开展活动的图片资料）。

自治区三教办邮箱：××××××@××××.cn

自治区三项学习教育办公室

2011年8月19日

［评析］

这是一份部署性通知，结构规范。标题中的发文事由概括得当、简洁明了，值得借鉴。开头写明发布通知的目的，并以“现将有关事宜通知如下”惯用语转入主体。主体部分分项、醒目地交代了“抓紧动员部署”“及时进行阶段性总结”的具体活动内容，主体内容排列符合逻辑顺序。结尾部分对各地各部门提出执行要求，针对性强，简明扼要，干净利落。

［例文］

××市人民政府
关于印发《××市游泳场所开放服务规定》的通知

各区、县人民政府，市政府各委、办、局：

现将《××市游泳场所开放服务规定》印发给你们，请遵照执行。

附件：《××市游泳场所开放服务规定》

××市人民政府（印）

2018年4月10日

［评析］

这是一份印发性通知。标题规范，正文简洁。

（二）知识要点

1. 通知的概念

通知是批转下级机关的公文，是转发上级机关和不相隶属机关的公文，是传达要求下级机关办理和需要有关单位周知或者执行的事项以及任免人员时使用的公文。

2. 通知的特点

（1）通知的使用范围十分广泛，党政机关、一般的企事业单位，以及社会团体都经常使用。

（2）通知的使用频率较高，用途广泛，可以批转或转发文件，可以安排日常事务工作，也可以任免人员。因此，通知被称为是公文中的“轻骑兵”。

3. 通知的分类

（1）指示性通知，即布置工作的通知。

（2）批转性通知，是上级机关认为下级机关呈送的公文具有广泛印发的必要性，加上批语向下级发布的通知。

（3）知照性通知，用来知照有关单位需要周知而不需要执行或办理的事项。

（4）会议通知。

4. 通知的结构与写作要求

通知包括标题、主送机关、正文、落款等几部分内容。

（1）标题。

通知的标题一般采用发文机关＋发文事由＋文种的全称标题，如“公安部关于公安机关内部对侮辱中华人民共和国国旗国徽案件管辖问题的通知”；也可以采用发文事由＋文种的非全称标题，如“关于继续在全市公安系统开展岗位练兵活动的通知”。若是紧急通知，可以在标题上体现出来，如“沈阳市人民政府关于认真做好防汛工作的紧急通知”。

（2）主送机关。

主送机关指的是公文的主要受理机关，应当使用全称或规范化简称、统称。主送机关位于标题下空一行，左侧顶格用 3 号仿宋体字标识，最后一个主送机关名称后标全角冒号。通知的主送机关一般较多，排列时要注意规范性。

（3）正文。

通知的正文大多包含缘由、主文和要求三部分。

1）缘由，要交代发布通知的原因、根据和目的，然后用“现将有关事项通知如下”“现通知如下”“为此，要求做到以下几点”等惯用语引出主文的内容。

2）主文，即通知的事项，要将所发布的指示、安排的工作以及方法、措施等明确地表达出来。若通知的事项较复杂，可分条列项。

3）要求，即结语部分，大多对如何贯彻执行通知事项提出具体的希望、要求。若是知照性通知，写明“特此通知”即可。

（4）落款。

同其他公文。

（三）病文修改

请修改下面的公文，使之符合通知的写作规范。

关于成立沈阳商业城客户服务中心的通知

各部门：

为增进与客户的联络，进一步做好客户服务工作，适应商业城发展的新形势，经商业城董事会研究决定，成立客户服务中心，主任由李希同志担任。

2018.3.8

沈阳商业城

（四）写作训练

请根据以下材料，为辽宁省语言工作委员会制作一份会议通知。要求格式规范，事项齐全。

辽宁省语言工作委员会计划于2018年8月8日—13日，从省内各高校抽调2名中文教师在丹东五龙背铁路疗养院举办第四期普通话测试员培训班。培训费500元，资料费100元。

二、通报

（一）例文评析

［例文］

深圳市人民政府关于表彰
精神文明建设先进集体和先进个人的通报

各区委、区政府，各新区党工委、管委会，市委各部委办，市直各单位，市各人民团体，中直和各省（区）市驻深各单位，市属各企业：

近年来，全市各区（新区）、各部门、各单位和广大干部群众在市委、市政府的正确领导下，紧紧围绕建设中国特色社会主义示范市和现代化国际化先进城市的目标，大力发展创新型、智慧型、力量型城市主流文化，广泛开展思想道德建设和群众性精神文明创建活动，切实提升城市文明程度和市民综合素质，为全市经济社会持续协调发展做出了重要贡献，涌现出一批先进集体和先进个人。

为表彰先进，树立榜样，激励全市干部群众在深圳经济特区新的发展阶段更加奋发进取，推动我市精神文明建设再上新水平，市委、市政府决定，授予市纪委等224个单位“深圳市文明单位”称号，福田区梅林街道梅林一村社区等66个社区“深圳市文明社区”称号，深圳图书馆等60个窗口单位“深圳市文明示范窗口”称号，孙影等20名同志“深圳市文明市民（道德模范）”称号，彭丹等27名同志“深圳市文明市民（道德模范）提名奖”，郑文平等103名同志“深圳市精神文明建设先进工作者”称号。在开展精神文明创建活动中，市行政服务大厅等6个单位荣获“全国文明单位”称号，孙影同志荣获“全国道德模范”和“广东省道德模范”称号，龙岗区南湾街道南岭村社区等7个单位继续保留“全国文明单位”称号，市义工联合会等11个单位、盐田区沙头角街道沙头角社区等8个社区、深圳书城中心城实业有限公司等2个单位、李维福等3名同志分别荣获“广东省文明单位”“广东省文明社区”“广东省文明窗口”“广东省精神文明建设先进工作者”称号。

希望受表彰的先进集体和先进个人珍惜荣誉，戒骄戒躁，再接再厉，在以创建全国文明城市为龙头的群众性精神文明创建工作中继续发挥示范带头作用。各区（新区）、各部门、各单位和广大干部群众要以受表彰的先进集体和先进个人为榜样，发扬“想干、敢干、快干、会干”的精神，团结一心，开拓进取，以更加饱满的热情、更加高昂的斗志、更加务实的作风，进一步提升我市精神文明建设水平，为我市当好推动科学发展、促进社会和谐的排头兵，为加快建设现代化国际化先进城市做出新的更大的贡献。

附件：先进集体和先进个人名单

［评析］

这是一份表彰性通报。文中写明了发布通报的根据、目的、表彰对象的主要事迹，以及对受文单位的希望和要求，并以附件形式对表彰对象具体事项加以补充说明。

［例文］

××职业技术学院

关于司机李×私开公车旅游的通报

各院、系、处、室：

今年7月28日晚，学院小车司机李×擅自驾驶学院奥迪车，带领朋友、亲属4人去大连游玩。29日抵达大连，8月2日返回单位。行程700多公里。李×违反组织纪律，错误十分严重。车队负责人在问题发生后未及时汇报，做法也是错误的。为严肃纪律、维护学院形象、教育李×本人，经学院院长办公会研究决定：对司机李×予以通报批评，扣发3个月奖金，并责令其上交全程汽油费。

望各院、系、处、室接此通报后，认真组织党员干部学习、讨论，从中吸取教训，做好本职工作。

××职业技术学院

2018年8月5日

［评析］

这是一份批评性通报。标题规范，正文简洁。既对当事人所犯错误的事实和经过进行了陈述，又对当事人的错误进行了分析评价，还做出了处理决定，并提出希望和号召。全文层次分明，语言明晰，分析评价到位。

［例文］

区委办公室党支部

党员测评结果情况通报

区委办公室党支部按照《分析评议阶段活动方案》的日程安排，在召开了专题组织生活会、民主生活会之后，于4月7日组织召开了全体党员、群众代表和入党积极分子参加的党员大会。采取个人自评、党员互评、群众参评的方式，发放党员测评表，从六大方面对党员进行对照考核、测评。经过公开、公正、公平、民主的测评，区委办每一位党员均被评定为优秀党员。

现将党员测评的具体情况通报如下：

一、会议由支部书记主持，明确了此次的会议内容，提出了“实事求是、客观公正”的测评要求。

二、发放党员测评表30份，进行民主测评。

三、收回党员测评表30份，进行梳理、汇总，形成具体结果如下：

1. 在理想信念方面，全体党员均被评为优秀档次。会上，大家评价区委办每位党员都能把坚定共产主义理想和社会主义信念作为立身之本，不断加强学习，注意改造主观世界，努力掌握科学的立场、观点和方法，自觉做到用党的创新理论成果武装头脑、指导实践、推动工作。

2. 在人生观、价值观方面，全体党员均被评为优秀档次。与会人员一致认为区委办公室的每位党员都能时刻牢记“两个务必”，始终保持良好的精神状态，在成绩面前不自满、不停步，在困难面前不畏惧、不退缩；时刻牢记党的宗旨，自觉地把全心全意为人民服务的宗旨转化为实际行动。

3. 在事业心、责任感、工作作风方面，全体党员均被评为优秀档次。区委办党员认真履行自己的职责，不怕吃苦、不怕受累，经常起早又贪黑，始终保持饱满的工作热情。主动为群众诚心诚意办实事、尽心竭力解难事、坚持不懈做好事，不论是对领导还是对群众、是对内还是对外，都能提供主动服务、超前服务、热情服务、周到服务、全程服务。这些是会上大家共同的感言。

4. 在廉洁自律方面，全体党员均被评为优秀档次。廉洁自律对一名党员来说是最低的标准。区委办每一位党员在思想上都能自觉地抵制拜金主义、享乐主义和极端个人主义；在生活中克勤克俭，带头节约，反对铺张浪费；在工作中，甘于奉献，不讲条件，“不拿群众一针一线”，保持党的纯洁性。

5. 在工作能力、业务水平方面，全体党员均被评为优秀档次。每位党员都已具备与时代要求相适应、与岗位要求相适应的知识结构和履职能力，都能“干一行、爱一行、钻一行、精一行”。既有能力，又够水平，精益求精，努力创造一流业绩，高标准地完成任务。

6. 在综合评价方面，全体党员均被评为优秀档次。这是群众对区委办的党员同志把先进性落实到具体行动并体现在日常工作、生活中的充分肯定和极大鼓励，也是对每个人充分发挥先锋模范作用的极大认可和高度赞扬。

测评的结果令人欣喜、令人振奋。但这并不代表我们的工作和党员个人已尽善尽美，我们要保持不骄不躁、谦虚谨慎的态度，发扬成绩、改正不足，继续努力把先进性扎扎实实地落到实处，使先进性教育活动成为人民满意的工程。

区委办公室党支部

××××年××月××日

［评析］

这是一份共产党员先进性教育期间对党员测评结果的情况通报。本文标题规范，正文简洁，分析、评价到位。既有对测评时间、测评方式、测评对象、测评内容、测评结果的概述，又有对测评结果的分析、评价，更有对党员永葆先进性的冷静思索。

（二）知识要点

1. 通报的概念

通报是表彰先进、批评错误、传达重要精神和告知重要情况的公文。

2. 通报的分类

（1）表彰性通报，用于表扬和宣传先进集体、先进个人的典型事迹，以从中总结出成功经验，号召人们向先进学习。

（2）批评性通报，用于批评和处理重大事故、事件、违法违纪案件等，以告诫人们吸取教训，防止类似错误发生。

（3）情况通报，用于向下属机关传达有关重要情况、发布重要信息，以便上情下达，统一认识，协调工作，推动工作。

3. 通报的结构与写作要求

通报通常包括标题、主送机关、正文、落款几部分内容。

（1）标题。

通报通常使用完全标题，即发文机关＋发文事由＋文种，如“××省公安厅关于表彰××市公安局迅速侦破杀害公安干警抢劫枪支案件的通报”“××市公安局关于××派出所民警王××枪支被盗事件的通报”“教育部办公厅关于近期几起学生安全事故的紧急通报”；也可采用非完全标题，只标发文事由和文种，如“关于表彰民兵预备役训练基地的通报”；有时也可以只标“通报”。

（2）主送机关。

一般通报都有主送单位，写法同通知此项。

（3）正文。

由于通报的种类不同，正文的写法也不尽相同。

1）表彰性通报。首先，简要叙述被表彰单位或个人的事迹，包括时间、地点、起因、经过、结果等。其次，对事件进行评价，阐明性质、意义，写明表彰的依据及表彰的形式。最后，写明希望和要求，对受表彰对象提出希望，对受文单位提出要求。

如果一份通报同时表彰几个先进单位或个人，且不是同一事件，可分两部分行文。其一是通报的正文，简要介绍表彰对象，阐明表彰的意义；其二作为附件，分别具体介绍先进人物的事迹。

2）批评性通报。正文部分大体分为三部分。第一部分介绍事件，具体叙述事件的起因、经过、后果以及相关人员的责任。第二部分分析造成事故的主客观原因，说明错误行为的危害程度、性质，写明处理的依据和处理的形式。第三部分阐明应吸取的教训，以及对受文单位的要求。

3）情况通报。这类通报主要是把情况写清楚，用事实、数据等说话，然后分析情况，提出具体要求。

（4）落款。

同其他公文。

（三）写作训练

请根据下面提供的素材，以××学院的名义拟写一份通报。要求：主旨明确，内容全面，层次清楚，语言朴实。

2017 年 12 月 23 日夜 12 时，××学院通信专业学生王×违反校规，在宿舍私用电炉取暖，引起火灾。烧毁宿舍内部分桌椅、衣服、被褥等。后被同宿舍同学李×发现，及时扑灭，未酿成重大火灾。学院决定给王×记大过处分。

第五节　报告　请示

一、报告

（一）例文评析

［例文］

××市人民政府关于治理××河水质污染问题的报告

××省人民政府：

省政府转来××××××委员会提出的关于××河水质污染状况的报告，经市政府调查研究，对报告中提出的有关问题及解决方案报告如下：

一、解决××河水质污染问题的关键是尽快建成污水处理厂。现在××河的污染主要是×区排放的污水所致。×区的排放量为 2.5 万吨，污水比较集中，因污水处理厂未能及时建立，致使污水直接排入××河，造成××河的污染。为解决××河的污染，市政府已抓紧×区污水处理厂的建设，争取在 20×8 年建成。×区污水处理厂原设计概算 831.6 万元，按现行价格估算约为 1 100 万元，已于 20×7 年 7 月开工，建成了 8 项附属设施，累计完成投资 200 万元。市政府今年安排的 300 万元投资已全部落实，×区环卫局正在组织实施。

根据××河河道以南人口密集区的地下水污染和环境问题，在污水处理厂建成之前，利用现有污水管道，把污水引到×区污水处理厂以西，污水直接排入污水处理厂的出口，这就避开了污染区。

二、电热厂的粉煤灰也是污染源之一。考虑到对地下水和环境的污染，储灰厂的选址已责成×区电热厂抓紧工作，争取尽快报市政府有关部门审批。对于南储灰厂渗漏对地下水的污染，主要采取截流集中排放的措施，以减少对地下水的污染。

××市人民政府

20×7 年×月×日

［评析］

这是一份回复性报告。标题是全称标题，主文针对来文询问的问题进行答复，针对性强，回复的内容清晰明了，语言得体。

（二）知识要点

1. 报告的概念

报告是下级机关向上级机关汇报工作、反映情况，回复上级机关的询问的公文。

报告是15种公文中综合性最强的一种公文。它可以反映多方面的情况，内容丰富，篇幅也较长。报告具有明显的事后性，大多形成于工作任务完成后或问题解决之后。就写作方法而言，报告以叙述为主，它要叙述工作的基本情况、基本做法、所取得的成绩，以及经验、不足等。

2. 报告的分类

（1）工作报告，是用来汇报工作、反映情况的公文。可以是综合性的，也可以是专题性的。综合性报告，是指对某一阶段各个方面的工作进行全面、系统的总结而形成的报告，比如下级机关向上级机关呈送的年度工作报告。专题性报告是就某一专项工作、专门问题而形成的报告，比如，警务改革情况，岗位大练兵专项工作，反盗、抢机动车辆专项工作，等等。专题性报告的针对性较强，内容集中，篇幅较短。

（2）回复性报告，是用来答复上级询问的公文。

3. 报告的结构与写作要求

（1）工作报告。

1）标题。可以分为全称标题，即发文机关＋发文事由＋文种，如“中国××进出口总公司关于××××年工作情况的报告”；也可以采用非全称标题方式，如“关于××××年全省公安工作情况的报告”“关于开展岗位大练兵活动工作情况的报告”。

2）主送机关。可以是一个，也可以是多个。写法同其他公文。

3）正文。大体上包括三部分：引言、主体、结束语。

● 引言。通常情况下要概括介绍工作的基本情况，交代报告的时间、工作的指导思想，以及完成工作的大体情况等，目的是让受文单位对所汇报的工作有具体了解和认识。之后，用惯用语引出主体内容，如“现将有关情况报告如下”“具体报告如下”“现汇报如下”等，也可以直接写主体内容。

● 主体。一般情况下写明四项内容：第一，按照工作的主从关系，分别介绍各项工作的情况。撰写时往往是先归纳出工作的内容，然后介绍工作的措施、方法、取得的成绩。第二，要写出经验体会。撰写时要对所做的工作综合分析，从中提炼出规律性的做法，加以归纳。一份质量高的报告，不仅要写明做了哪些工作，取得了哪些成绩，还应上升到一定的理性认识中，总结出切实可行的经验，以指导今后的工作。第三，工作中存在的问题。任何工作都不会是尽善尽美的，找出工作中存在的问题，是为了更好地改进工作，完成好以后的其他工作，所以这部分内容不可走过场，要切中要害地抓住实质性问题，并概要地分析出现问题的原因。第四，今后的工作目标。对今后的工作提出的总体设想，不要过于具体。

● 结束语。惯用的写法是“以上报告请审阅”或“以上报告，如有不妥，请指示”。也可不写此项。

4）落款。同其他公文。

（2）回复性报告。

1）标题。大多采用全称标题的写法，如“××市人民政府关于治理××河水质污染问题的报告”。

2）主送机关。一般写明来文询问的机关。

3）正文。首先写明来文的日期与来文询问的内容，说明是依据上级的查询、催办予以汇报的。然后写明答复的具体内容。答复时内容要集中，要紧紧围绕上级机关的询问给予明确具体的答复，不得在报告中夹杂与询问无关的事项。答复的内容要准确、真实，对于上级机关询问的问题要认真调查研究，切实核对具体情况和相关数据，实事求是地向上级机关报告。答复的语言要简明、得体、分寸适当。

4）落款。同其他公文。

（三）病文修改

修改下面的公文，使之符合报告的写作规范。

关于××高速公路塌方事故的报告

××市建设委员会：

2017年×月×日，××高速公路××路段发生塌方事故，造成一定的伤亡后果。事故发生前，桥面上分散有二三十名工人，已浇筑了近200立方米的混凝土，而且违章施工，按照施工程序应分两次浇筑的混凝土却一次浇筑。估计事故原因是桥面负荷过重。事故发生后，近200名消防员、工地工人、公安干警赶到现场紧急抢救，抢救时间持续近28小时。据查，该工程承建商是××市市政总公司第一分公司。

特此报告

××市政工程总公司

（四）写作训练

请以下面材料为基本素材，以××市百货大楼的名义向市商业局起草一份情况报告。

（1）××××年5月6日凌晨2时30分，××市百货大楼发生火灾。

（2）二楼服装加工部从总闸自接线路，夜间未断电，导致电线起火。

（3）二楼商品全部烧毁，直接经济损失300万元。无人员伤亡。

（4）事故发生后，百货大楼值班人员拨打火警，市消防队出动6辆消防车，至6点，火被扑灭。

（5）百货大楼经理、副经理多次到现场调查、处理。

二、请示

（一）例文评析

［例文］

××市公安局
关于市警校征用土地的请示

市人民政府：

我市警察学校是经××省人民政府批准的从社会招生、培养公安专业人才的中等专业学校。××××年以来，已为我市公安机关培养学生354名，为我市公安队伍实现革命化、年轻化、知识化、正规化建设发挥了重要作用。当前，我市警察学校的办学条件制约了教学质量的提高和学校发展，特别是场地不足的现状更成为该校生存的难点。教育部关于中等专业学校合格评估的标准中规定，占地面积合格标准为35亩。如占地面积不到35亩，则实行一票否决，为不合格学校。还规定，要有四百米跑道运动场。公安部评估方案中要求除运动场外，还要有健身房、靶场、散打场所等。而从我市警校目前情况看，占地面积仅有21.7亩，与教育部、公安部关于警校占地面积的有关规定相差甚远，而且也不能满足教学需要。上警体课大部分都是借校外场地，而射击、摩托车驾驶等警体课则无法开展，直接影响教学效果。去年6月份，公安部组织开展的警校评估中，市警校因占地面积小而受到黄牌警告。今年4月初，省教委合格评估复评组来市警校验收反馈意见时，也尖锐地提出了这个问题，并把市警校按不合格学校上报省教委。因此，征地问题已成为我市警校存亡的关键。

鉴于以上情况，为了尽快达到教育部及公安部关于中等专业学校办学合格标准，满足办学实际需要，拟于市警校路西××地区外贸仓库征地30亩。征地费用按每亩地价2万元，共需资金60万元，请市政府拨给。

当否，请批示。

××市公安局
20××年8月15日

［评析］

这份请示标题规范。理由部分既写明所请事项的重要性和紧迫程度，又不危言耸听；既简明扼要，又具体充分、合情合理，分寸把握也很适当。请示的事项明确具体，项目齐全，便于领导批复。

（二）知识要点

1. 请示的概念

请示是向上级机关请求指示、批准的公文。它是规范性很强的上行文，只对上级机关行文。

2. 请示的结构与写作要求

请示由标题、主送机关、正文和落款四部分构成。

（1）标题，大多采用全称标题，如“××市公安局关于市警校征用土地的请示”；也可采用非全称标题，如“关于征收水源建设费的请示”。

（2）主送机关，只能是一个。

（3）正文，由缘由、事项和结束语三部分组成。

1）缘由。它是请示事项的导语，通常要写明两层内容：一是写明请示的背景情况或原因；二是分析所请示事项的性质及重要程度，说明请求解决的必要性、迫切性。这部分内容既要简明扼要，更要充分、具体，以引起上级机关足够的重视，便于请求目的的实现。之后，引用“为此，我们提出如下请示”或“为此，我们拟……”等惯用语启引下文，切不可使用“我们决定”等决定性语言。

2）事项。它是请示正文的主体，应当明确地提出要求上级机关给予指示、批准的具体问题和事项。这部分内容要写得具体、明确，一般都要提出解决所请事项的具体方案和办法。这种方案要切实可行，既是实际工作急需解决的，又是可能解决的，这样才便于上级机关准确判断，及时地做出批示。

3）结束语。一般写为“当否，请批示”“妥否，请批复”。需要批转的请示可表述为“以上请示，如无不妥，请批转执行”。

（4）落款，与其他公文相同。

（三）请示与报告的异同

1. 相同点

（1）二者均为上行文，都是在工作中向上级部门说明情况、汇报工作、请求指示和帮助的公文。

（2）格式上均由标题、主送机关、正文、落款四部分组成，都应该标明签发人、会签人姓名。

2. 不同点

（1）汇报情况的目的不同。报告中汇报工作情况只是让上级机关了解、知道，无须批准、批复，请示中汇报工作的目的则是为提出请示事项做铺垫。

（2）行文时间不同。一般情况下，报告是事后行文，请示则只能是事前行文。

（3）内容多少不同。一份报告可以汇报多个事件、多个内容，请示则只能是一文一事。

（4）标题、结语不同。请示的标题为制文单位＋事由＋请示，报告的标题为制文单位＋事由＋报告。请示的结语规范，多为“当否，请批示”，报告的结语则多是“特此报告”之类。

（四）病文修改

指出下面公文的错误，并予以改写。

关于社区活动室的租赁的申请

尊敬的领导：

您好!

因我社区办公室面积不足1 000平方米，又因隔壁房屋租赁已到期。为更好地活跃社区文化氛围，建立社区居民沟通交流的桥梁，全面开展社区各项文体活动。

故申请房屋和租赁费。经预算，房屋租赁费和水电费共需13万元左右。

特此申请，望批准。

申请单位：××社区

2017年10月17日

（五）写作训练

根据以下资料，请代A公安分局拟写一份请示，涉及有关数据可用“××”代替。

××市最近因重新划分市区范围，将繁乱的××街路划归A公安分局管辖，使A公安分局原来就很紧张的警力更加不足，日常治安巡逻也因车辆不够而不能全面进行。为解决实际困难，A公安分局急需购买公安巡逻车10辆，拟请市公安局解决购车资金。

第六节 批复 意见

一、批复

（一）例文评析

［例文］

关于同意××公安司法管理干部学院等15所学校调整专业的批复

各成人院校：

为适应我省经济建设发展对人才的需求，根据学校的申请和办学条件，经研究，同意××公安司法管理干部学院等15所学校进行专业调整（新增专业和撤销专业目录附后）。所增设的专业从20××年起招生。

各校要加强管理，充实完善师资队伍和办学条件，注意总结教学经验，切实保证教育质量。

（××省教育厅印）

20××年11月15日

［评析］

这是根据不同院校对同类问题的请示所做的一并批复。批复表达了明确的态度，意见明晰，措辞准确，并提出了执行要求。

（二）知识要点

1. 批复的概念

批复是答复下级机关请示事项的公文。批复是对请示的回文，没有请示，也就没有批复。

2. 批复的结构与写作要求

（1）标题。

批复的标题大多采用全称标题，如“国务院关于建立××国家旅游度假区的批复”；有时也可以在发文事由一项中，明确表明对所批复事项的意见，如“国务院关于同意××省××市××区更名为××区的批复”。

（2）主送机关。

一般情况下批复只有一个主送机关，即呈送请示的下级机关。

（3）正文。

正文通常由批复依据、批复意见、批复结束语三部分组成。

1）批复依据。要完整地引述来文标题并用括号注明来文的发文字号，还应告知已“收悉”。之后，可用“经研究批复如下”或“现批复如下”等惯用语启引下文。

2）批复意见。它是针对请示事项做出的答复和指示，是批复的主要内容。如果内容复杂，可分条列项表述；文字简单时，可用一个自然段完成。

3）批复结束语。可以另起一条，写明“特此批复”“专此批复”“此复”等惯用语，也可略去不写。

（4）落款。

同其他公文。

（三）病文修改

修改下面的公文，使之符合批复的写作规范。

关于要求拨给抢修宿舍校舍专款请示的批复

××县教育局：

你们的请示收悉，这次严重雨雪的破坏，使你县损失惨重，造成许多班级无教室上课，经研究，可考虑拨专款15万元以内，给你县抢修教室，不足部分请自行解决。

此复

××省教育厅

2018年1月3日

二、意见

（一）例文评析

［例文］

国务院关于进一步加强消防工作的意见

各省、自治区、直辖市人民政府，国务院各部委、各直属机构：

近年来，在党中央、国务院和地方各级党委、政府的领导下，全国消防工作取得明显进步。消防安全责任制进一步落实，全社会防控火灾的能力明显提高，重特大火灾事故多发势头得到初步遏制。但是，当前消防工作形势依然严峻。一些地区、部门和单位对消防工作重视不够，公民消防安全素质仍然不高，全社会消防安全基础仍然薄弱，重特大火灾事故时有发生。为有效预防火灾事故，减轻火灾危害，保障公共安全，现就进一步加强消防工作提出以下意见。

一、指导思想、工作原则和工作目标

（一）指导思想。以邓小平理论和“三个代表”重要思想为指导，全面贯彻落实科学发展观，按照构建社会主义和谐社会的要求，深入贯彻《中华人民共和国消防法》等法律法规，全面落实预防为主、防消结合的方针，全面加强城乡消防工作，为我国经济发展、社会稳定和人民群众安居乐业创造良好的消防安全环境。

（二）工作原则。坚持协调发展，坚持城乡统筹，坚持依法治火，坚持预防为主，坚持科技先行，坚持以人为本，切实保障人民群众生命财产安全。

（三）工作目标。到××××年，基本建立适应社会主义市场经济体制要求的消防法律法规和技术规范体系，基本形成覆盖城乡的专业灭火应急救援力量体系，重特大火灾，尤其是群死群伤火灾事故得到有效遏制。

二、构建“政府统一领导、部门依法监管、单位全面负责、群众积极参与”的消防工作格局

（一）切实加强领导，认真履行消防工作职责。（略）

（二）切实加大联合执法力度，依法加强监管。（略）

（三）依法落实单位消防安全责任。（略）

（四）充分发挥社会组织和市场机制的作用。（略）

三、加强公共消防安全基础建设，提高全社会防控火灾能力

（一）切实加强公共消防设施建设。（略）

（二）大力发展多种形式的消防队伍。（略）

（三）充分发挥公安消防队作为应急抢险救援专业力量的骨干作用。（略）

（四）广泛开展消防安全宣传教育。（略）

（五）认真组织消防安全培训。（略）

（六）切实维护公民的消防安全权益。（略）

四、整治重点环节，预防和消除火灾隐患（略）

五、建立健全考评机制，严格责任追究制度（略）

［评析］

这是一份对重要问题提出处理方法的意见。标题是全称标题，发文事由概括精当。缘由部分写明提出意见的背景、原因和目的，并以“现提出以下意见”的惯用语转入主体部分。主体部分分五大项、若干小项具体交代了如何进一步加强消防工作的具体内容，有指导思想，有工作原则，有工作目标，同时又提出了具体做法以及对不履行或不认真履行消防工作职责行为的处理意见。全文语言规范，主体部分逻辑分项得体，体现了此类意见的权威性和约束力。

（二）知识要点

1. 意见的概念

意见是对重要问题提出见解和处理办法的公文。

2. 意见的特点

（1）意见的针对性很强，它可以对有关重要问题提出设想、见解或者质疑，也可以答复有关单位征求的意见。

（2）意见的行文方向灵活，它既可以上行，也可以下行、平行，因此在工作中使用频率较高。

（3）意见的参考性很强，无论是主动提出见解、办法，还是被动回复，意见一旦被批准、采纳，就成为具有权威性和约束力的文件，所以意见对行政机关认真履行职责、集思广益、提高工作效率具有重要意义。

3. 意见的结构与写作要求

（1）标题。

意见的标题大多采用全称标题法，如“国家科学技术部关于科技人员业余兼职若干问题的意见”；也可由发文事由＋文种构成，如“关于继续做好公路养路费等交通费征收工作的意见”。

（2）主送机关。

写法同其他公文。

（3）正文。

由缘由、主体以及结语三部分组成。

1）缘由。主要是写明提出意见的背景、原因、目的等内容，即为什么发布意见。之后，用“现提出如下意见”“提出如下意见”“现制定、实施意见如下”等惯用语启引下文。

2）主体。这是意见的具体内容，要将对重要工作的设想和安排、看法和建议等内容一一写明。篇幅较长、内容较为丰富时，大多分条列项表述。

3）结语。根据不同情况，使用不同的惯用语结语，如“以上意见，供参考”“以上意见，请予考虑”“以上意见，如无不妥，请批转有关部门遵照执行”；也可略去不写。

（4）落款。

需转发的意见，一般将发文机关、发文日期置于标题之下。其他意见落款同其他公文。

（三）病文修改

修改下面的公文，使之符合意见的写作规范。

××县关于处理山体滑坡事故的意见

××市人民政府：

由于我县近期连续遭受暴雨袭击，6 月 20 日上午，位于××山西侧的山体出现大面积滑坡；除毁林近百亩外，还使位于山下的永乐村 5 组的 11 户农房被毁，7 头牲畜死亡；幸好山体滑坡发生在白天，故无人员伤亡。为处理好这一事故，特提出如下意见：

一、××山体仍有滑坡的可能，加之永乐村地处山区，远未脱贫，建议干脆将该村的全部 250 户村民迁往市外安置，请国家按三峡移民迁建政策，给这 250 户村民予以一次性补贴。

二、请上级速派有关专家来现场排除滑坡险情，若排险成功，我县可酌情给有关专家做点小小的表示。

三、请上级顺便给我县拨 20 万元排险救灾款。

××县人民政府办公室

2017 年 6 月 27 日

第七节　函　会议纪要

一、函

（一）例文评析

［例文］

关于赴××职业技术学院考察的函

××职业技术学院：

贵院是全国高等职业教育领域的示范性学校之一。你院经过多年的办学实践探索，在办学理念、人才培养模式改革、课程体系重建、专业建设、师资队伍建设、实习实训基地建设、教材建设等方面均有独到建树，我院同其他高职院校一样，仰慕已久。现有由我院主管教学工作的副院长带队，教务处长、教务科长及法学院、社科系、信息系、外语系、速录中心等部门的主管教学工作的副主任一行 8 人，将于 9 月 26—27 日赴贵院学习考察。

望贵院在百忙之中不吝赐教。

××管理干部学院

2017 年 9 月 20 日

［评析］

这是一份商洽工作的去函。文中写明了发函的缘由，讲清了学习考察的内容、时间、人员等相关事项，并采用函的惯用语收尾。

［例文］

关于信访交办件的复函

××区信访办公室：

你办于2017年10月21日交办的虹桥中学部分教师反映学校违反劳动法规的信访交办件收悉，现回复如下：

一、事情原因

来信人反映：虹桥中学要求教师、工作人员星期一到星期五19:40—21:00必须坐班，是否违反了现行的《劳动法》？期待回复及解决。

二、信访人反映的情况经查证属实

虹桥中学规定教师、工作人员星期一到星期五除白天在规定的时间内必须坐班外，19:40—21:00也必须坐班，其主要理由是教师和工作人员统一坐班时间，便于学校统一管理，也便于对学校师生安全的监管。

三、处理意见及结果

我局已要求虹桥中学向教师说明学校规定统一坐班时间的初衷，获得教师的理解，使教师以平和积极的心态从事教学工作。

此复。

××区教育局

2017年10月25日

［评析］

这是一份针对下级机关呈送的请示所写的复函。文中写明了复函的缘由，写明了复函的主旨及依据，提出了明确的指示和要求。复函的内容明晰、格式规范。

（二）知识要点

1. 函的概念

函是一种适用于不相隶属机关之间商洽工作、询问和答复问题、请求批准和答复审批事项的公文。

2. 函的特点

（1）函的适用范围广泛，平级或不相隶属机关之间联系工作，商洽、询问有关事宜以及请求批准等，都可用函行文。

（2）函的内容单一、具体，通常是一文一事，篇幅短小。

（3）函的行文格式灵活、简便，写法较为自由，行文的限制较少。

3. 函的分类

根据发函的目的和内容的不同，将函分为请求函、批准函、商洽函、询问函、答复函以及知照函等种类。

4. 函的结构与写作要求

(1) 标题。

一般由发文机关＋事由＋文种（函、复函）组成，如“××市××区人民政府关于将生活服务设施纳入新建住宅规划的函”“××省人事厅关于批准录用××等××名同志为国家公务员的复函”。

(2) 主送机关。

函的内容较为单一，行文对象明确，一般情况下，主送机关只有一个。若受文机关较多，可依次排列。

(3) 正文。

函的种类不同，其正文的写法也各有不同。

1) 主动发函——请求函、商洽函、询问函、告知函等的正文，一般先写明发函的原因、根据、目的，然后写明请求、商洽、询问或告知的具体事项，最后用“请即函复”“特此函告”“请大力协助”“尽快函复为盼”等惯用语作为结语。

2) 复函——答复函、批准函的正文，先要写明来函的标题，并用括号注明来文字号，然后表明已“收悉”；接着对有关事项答复或表明意见；最后用“此复”“特此函告”“特此函复”收尾。

(4) 落款。

同其他公文。

(三) 病文修改

修改下面的公文，使之符合函的写作规范。

关于抓紧归还劳动服务公司借款的函

××器械制造厂：

你厂于2016年10月，从我厂借去资金30万元，作为你厂劳动服务公司开办费，当事双方讲好年内一定偿还。目前已经是2017年10月了，我厂正在编制去年的财务决算，为使我们能及时搞好各类款项的清理结算，要求你厂务必将所借之款于20日前归还我厂，切不要一拖再拖，给我厂财务工作的顺利进行带来不应有的困难。

此致

敬礼！

××市×××厂

2017年10月10日

关于××公司调研考察的函

××公司：

××公司在业界享有较好口碑，是全国著名企业，在企业规范管理、组织与人才建设等方面有一定经验。我院院长王××、教研室主任张××、辅导员郭××，想去你单位考察办公室文秘人员的人才培养规格，敬请接待。最好是能够达成校企合作意向，与贵公司进一步共建文秘专业校外实训基地。

望尽快回复

××年×月××日

××学院

（四）写作训练

请根据以下材料，代沈阳飞跃教育培训中心制作一份商洽函，并代沈阳市外语学校向沈阳飞跃教育培训中心制作一份复函。

沈阳飞跃教育培训中心拟于 2018 年 1 月开办寒假大学英语四、六级英语补习班和考研辅导班。因报名人数多，教室不够用，欲向沈阳市外语学校租用阶梯教室 4 间，时间是 2018 年 1 月 20 日—2 月 20 日，租金是每间教室 6 000 元。

二、会议纪要

（一）例文评析

［例文］

院长办公会纪要

时间：2017 年 12 月 7 日 15:00

地点：学院老校区四楼会议室

主持人：杨××

参加人：院办、纪委、人事处、老干部处、中药系、后勤服务总公司、工会负责同志

现将办公会情况纪要如下：

一、关于后勤服务总公司两位副总经理工作分工调整。会议通报党委会的决定：第一，原来由张××同志负责的 2 个校区的食堂、超市、浴池、茶炉房、招待所等工作和孟×同志负责的新老 2 个校区的物业管理工作，现调整为张××同志负责新校区的餐饮服务和物业管理工作，同时还要侧重参与新校区建设中生活服务中心的方案考察和规划设计工作，孟×同志负责老校区的餐饮服务和物业管理工作，实行块状管理。第二，食堂原来的米面油和茶炉房用柴油等集体采购项目委派工会牵头，但必须广泛征求后勤服务总公司和食堂经营者的意见，请纪委、计财处介入，集体采购，严格把关，一定要保证采购物品的安全和质量。

二、关于拖欠中药研究所职工采暖费的认证工作。会议认为，这是学院与原中药研究所合并时学院党委承诺解决的问题，一定要让原中药研究所职工感受到党委的温暖，也不能让学院承担不必要的费用。会议决定，第一，离退休人员拖欠采暖费工作认定由老干部处统计，停薪留职人员由人事处统计，中药系由中药系负责统计，现职人员由其所在处室负责统计，后勤服务总公司负责汇总统计，院办协调。此项工作依旧由张××牵头，

孟×负责具体办理。纪委、人事处也要介入认证工作。截至12月20日要完成。第二，先把摸底调查表制定出来，让大家认真填写并附以正式发票复印件。原中药研究所领导和相关各部门领导要先行认证。之后由后勤服务总公司与计财处进行核对。如果发现有弄虚作假的职工，将取消其报销采暖费的资格。第三，2010年以前拖欠采暖费的认证，以职工手中已经交完的采暖费发票为准，还要和房屋住址、职级待遇等相对应。第四，因为分户供暖和产权交易必须缴清的采暖费应该给付，但必须经确认分户供暖工程已完毕且产权必须是学院自己的职工。特殊情况的女职工也可给予报销。

三、关于原中药研究所拖欠职工工资标准的界定。第二批上岗的16名职工中，12人提出申诉意见，要求按照放假职工的标准每月补发205元的最低生活费。会议认为，这些职工多数在外边有经营活动，否则第一批上岗时就能够安置，如果提高到205元的标准，势必会让留守职工和放假职工形成攀比，造成不必要的混乱。会议决定，第一，对这12名职工的意见不予支持，维持原来的标准。第二，张××提出有5个月在岗工作，应该按照挂账工资标准支付工资，应予支持；朱××提出2009年调出前没有上班期间，应该按照205元标准给付最低生活费，应予支持；张×提出有10个月在岗，要求按照挂账工资标准补发工资，可予支持；李××原来没有上班，也曾搞过创收，但第一、第二批都没有安置上岗，现在在岗，要求2006年12月到2010年5月按每月102.5元的生活费标准执行，可予支持。但张××和张×的情况，人事处必须向原中药研究所班子和张××所长进一步核实，然后将这4个人的情况于12月8日专门公示出去。第三，此项工作必须在12月13日前结束。第四，关于这12名职工的情况，由人事处单独安排下周二开会，副院长杨××参加。

学院办公室

2017年12月8日

［评析］

这是一份办公会议纪要。开头用条列式介绍了会议的时间、地点、与会人员的基本情况，主体部分采用分条列项式和摘要记录法，具体写明了会议讨论和决定的事项，并摘要介绍有关人员的意见、看法。它是一份较为规范的例会会议纪要。

（二）知识要点

1. 纪要的概念

纪要是用于记载会议主要情况和议定事项的公文。

纪要是对会议主要情况以及议定事项的系统而完整的记载，一般形成于会议后期或会议结束之后。它所记载、传达的议定事项，具有行政约束力，若有必要，可以要求有关受文单位遵守或执行。

2. 纪要的结构与写作要求

（1）标题。

一般要写明会议的名称和文种，如“关于研究今年农产品收购资金问题的会议纪要”“××市政府市长副市长办公会议纪要”“全国公安机关治安工作会议纪要”。有时只标明

“会议纪要”。

(2) 成文日期。

一般用括号标在标题正下方，通常与会议结束日期相同。

(3) 正文。

正文大体分为三部分，即开头、主体、结尾部分。

1) 开头。简要介绍会议的基本情况，写明召开会议的根据、目的，会议的名称、起止日期、地点，以及与会人员、会议的主要议题、会议的成果等。这部分可采用归纳叙述的方法，也可分条列项叙述（如办公会议、座谈会等）。

2) 主体。这是纪要的核心部分，要写明会议的主要内容和精神。常见的有以下几种表述方法：

● 综合归纳法。专题性重要会议，可以按照会议讨论和议定内容的逻辑关系，将纪要内容归纳为若干层次，每个层次用小标题或序号表示。这种写法虽有一定难度，但有利于把问题写清、讲透。

● 分条列项法。一般例会的工作会议纪要大多采用此法。这种写法是把会议讨论和决定的事项分条列项写明，一般是按会议讨论的顺序逐项写明。

● 摘要记录法。这种方法一般在座谈会议纪要中使用，一般是在分列若干问题后，再按发言的顺序分别叙述。注意不要原文照录，而应是摘其要点。

主体部分在表述会议内容时，经常使用“会议讨论了”“会议听取了”“会议认为”“会议指出”“会议决定”等惯用语，以体现会议纪要的权威性。表明不同意见时，常用“有些同志认为”“少数同志的看法是”或“部分同志表示”等语句。

3) 结尾。可以提出希望、要求，以利于贯彻会议精神。也可以省略不写，主体部分最后一个问题写完后即结束全文。

(三) 病文修改

修改下面的公文，使之符合纪要的写作规范。

××××学会会议纪要

时间：××××年×月××日

参加人员：常务副会长×××，副会长×××、×××、×××，办公室主任×××、副主任×××，活动中心主任××。

会议内容：

一、确定了学会的办公地点。根据××××年×月××日会议决定，×××、×××同志对学会办公地点进行了考察，经过比较，认为××大学办公条件优越，适合做学会的办公地点。会议决定，从即日起××××学会迁到××大学，挂牌办公。通信地址：××市××区×××路××号，联系电话：×××××××××。

二、学会与××大学商定，由××大学给学会提供办公室、办公桌椅、电话和必要的办公费用。利用××大学的教学条件，双方共同组织举办秘书培训班等。

三、增补了学会副会长。为便于开展工作，建议增补××为学会副会长，负责学会的后勤保障和日常管理，先开展工作，以后提请×月份常务理事会确认。

四、制订了今年的活动计划。（略）

××××学会

××××年××月××日

（四）写作训练

请根据以下材料，代为制作一份会议纪要。

2018 年春节期间，沈阳市因部分居民在烟花爆竹禁放地区随意燃放，引发多起火灾，使人民生命财产受到损害。沈阳市公安局适时召开局长办公会，研究议定了几项防止类似事故发生的措施。

第三章 事务文书

学习目标

1. 掌握事务文书的适用范围，了解事务文书的功用和特点。
2. 重点掌握常见事务文书的知识要点，注意会议纪要与会议记录的区别。
3. 通过例文评析、写作训练，熟练掌握计划、总结、简报、调查报告、述职报告、竞聘演讲词、公示等事务文书的写作技能。

事务文书是党政机关、社会团体、企事业单位处理日常事务、沟通信息、总结经验、研究问题、指导工作、规范行为的实用性文书。它不具有法定效能，但它却是在日常工作中使用频率极高的文书。

事务文书的种类繁多，通常可分为以下几种：

第一，汇总类文书。它是以汇报情况、提供信息为主要目的的文书，主要包括简报、调查报告、总结、述职报告等。

第二，计划类文书。它是提供行为规范或为完成某项任务而预先做出安排的文书，主要包括计划、规划、方案等。此类文书有较强的操作性。

第三，记录类文书。它是以记写客观真实的事件为内容的文书，如会议记录、大事记、值班日记、电话记录等。

第一节 计划 总结

一、计划

（一）例文评析

［例文］

××市公安局

关于开展打击盗窃、抢劫机动车专项斗争的计划

近年来，我市发生的盗窃、抢劫机动车案件逐年上升。20×7年全市盗窃、抢劫机动车案件多达××宗××辆，比20×6年上升1.2倍，盗窃、抢劫机动车案件占20×7年全市发生刑事案件总数和重大刑事案件总数的20.1%和28.3%。这类犯罪活动严重地危害了社会治安，给国家和群众造成了重大的经济损失。去年以来，全市因被盗、抢机动车造成的直接经济损失达320多万元，占全部刑事案件损失总值的56%。

为了遏制这类案件上升的势头，维护社会治安，遵照省、市政府的指示精神，我局将于20×8年2月1日至3月30日开展一次打击盗窃、抢劫机动车犯罪活动的专项斗争。计划如下。

一、工作目标

通过这次活动，要侦破一批盗窃、抢劫机动车案件，摧毁一批盗窃、抢劫和销赃机动车的犯罪团伙，追缴一大批被盗、被抢的机动车，并建立和完善强有力的打击、防范机制，把这类案件急剧上升的势头压下去。

二、主要措施

1. 加强宣传教育，提高单位、个人的防盗、防抢意识。（略）

2. 加强侦查破案，加大打击力度。对破获的案件，要内审外调，挤清余罪，深挖同伙，抓紧审结，从重从快惩处一批盗窃、抢劫机动车的犯罪嫌疑人，形成严打声势。（略）

3. 开展设卡堵截工作，堵住赃车销往外地的渠道。（略）

4. 大力加强追赃工作。（略）

5. 整顿机动车修理业和典当行业。（略）

6. 整治无牌车辆。（略）

7. 大力推进安全防范工作。（略）

8. 严格把好机动车辆的入户转户关。（略）

三、具体步骤

1. 加强组织领导。市局成立专项斗争指挥部，由×××局长任总指挥，各分局要成立相应的机构，一把手亲自抓，加强指挥，确保专项斗争顺利开展。

2. 密切配合，整体作战。各分局的领导和广大干警要增强全局观念，加强联系和协作。

3. 及时报告沟通情况。每隔五天，分局向市局报告一次情况。

4. 清理无主机动车。对扣查的超期无主机动车，以分局为单位，做一次全面清理，并于2月15日前报市局刑警大队。

××市公安局

20×8年1月10日

［评析］

本文标题完整规范，正文由开篇的情况综述，引出本文的写作目的，并以“计划如下”自然过渡到下文。正文中计划的“三要素”俱全，条理明晰，措施可行。

（二）知识要点

1. 计划的概念

计划是对一段时间内的工作或要实现的目标预先做出打算和安排的事务性文书。通常说的规划、安排、要点、方案、设想等都属于计划的范畴，但是又各有特点。规划是远景目标和全面部署，如《辽宁省教育厅十年发展规划》。安排、要点是短期工作安排，如《“两会”期间治安管理工作要点》。方案是对某项特定工作的总体计划安排，如《××市公安局关于在市区组织开展区域性集中搜捕行动的方案》。设想是尚未定型、成形的非正式计划，如《××市公安局关于加强警民建设的设想》。

2. 计划的种类

根据不同的标准，可以将计划分成不同的种类。

（1）按性质划分，有综合性计划、专题性计划。

（2）按内容划分，有工作计划、学习计划、科研计划等。

（3）按范围划分，有个人计划、单位计划、部门计划等。

（4）按时间划分，有长远规划、年度计划、季度计划、月计划、周计划等。时间越长越要概括，时间越短越要具体。

（5）按形式划分，有表格式计划、条文式计划、表格条文兼用式计划。

（6）按成熟程度划分，有设想、计划草案、计划初稿（讨论稿）、计划（定稿）。

3. 计划的特点

（1）针对性。计划中提出的工作目标和指标符合客观现实情况，切合未来工作实际。不同时期有不同的工作内容，也就有不同的计划。千篇一律、万人同一的计划就失去了计划存在的价值。

（2）预测性。计划是事前拟定的，必须对客观情况及可能出现的问题做出正确的估计和预测，尤其是公安工作方案和预案的制定，须臾离不开预测。唯其如此，执行计划时，才能做到胸有成竹。

（3）操作性。计划中的措施和步骤是开展工作的依据，是检查监督的尺度，因此，必须提得具体明确、切实可行，有可操作性。

4. 计划的结构

计划一般由标题、正文、尾部三部分构成。

（1）标题。

一般情况下，计划的完整标题由机关名称、适用时间、涉及内容和文种四项内容构成，如“本溪市公安局 2017 年度公安信息工作计划”。有时标题不要求四项俱全，有的标题可以省略内容，如“铁岭市文化局 2017 年工作计划”；有的标题可以省略单位（须有落款），如“2017 年工作计划”；有的标题可以省略期限，如“吉林市公安局‘扫黄打非’工作计划”。

正式计划要写文书编号。

（2）正文。

计划的正文包括导语、主体、结尾三部分。

1）导语，或称前言，是计划的总纲，要用简明的文字说明制订计划的指导思想、目的、依据、本单位的现状、计划的总目标和总任务，以及完成计划指标对今后工作的影响等。

2）主体，是计划的核心，需着重写明目标（做什么）、措施（怎么做）和步骤（分几步完成），即通常说的“计划三要素”。

3）结尾，是计划的辅助、补充部分。可以写一些计划正文不宜写的，如检查落实的办法、注意事项等；也可以展望实现计划后的美好前景，以鼓舞人们努力实现计划规定的目标和任务等。

（3）尾部。

尾部主要包括制文单位和时间。此外，有的计划也可以有附件（材料、图表等）；有的计划还可上报、外送，需要注明报、送、发的单位、部门。

5. 计划的写作要求

写计划首要的不是行文问题，而是工作态度和工作方法的问题。我们要提倡实事求是，反对华而不实。

（1）调查研究，吃透两头。

计划应建立在充分调查研究的基础上。一要研究上级的路线、方针、政策，明确上级对本部门、本单位的要求。二要研究本单位的实际情况，有哪些有利因素，有哪些不利因素，完成任务的条件和困难是什么。目标的确定、措施的产生、步骤的安排，都依赖于这种深入的调查研究。两头吃透了，才能避免主观主义，才能遵循客观规律，才能把计划制订好。

（2）积极稳妥，切实可行。

任务、指标都要从本单位当前的实际出发来确定，既要积极，又要稳妥。积极是指任务、指标要有挑战性，是经过努力才能实现的。这样才能激发群众的创造热情，发挥主观能动性，有效地改造客观世界。稳妥是指绝不图形式、追速度、赶浪头。指标定得太高，表面上看令人振奋，实际上却因无法实现而成为一纸空文。制订计划时要把积极进取精神和科学务实态度结合起来，要注意保护和调动群众的积极性。

（3）集思广益，方法科学。

在制订工作计划的过程中，要充分征求意见，群策群力。这样制订的计划才是实际的、有凝聚力的，也才便于大家共同努力完成。要反对脱离群众的高高在上或闭门造车。同时要研究和运用现代计划方法，学习先进的方法论，利用现有的条件，取得理想的成果。如掌握系统论、信息论、控制论、运筹学、统筹法、信息网络、电脑等，能使制订的计划灵活、高效。

（4）责任明确，便于落实。

计划的目标、措施、步骤和责任人等都必须十分明确、具体。整体的设想要周密，要有若干细则保证整体设想的落实，要有可量化的标准，时间、质量、数量要有具体的数字，各项都要有明确的责任人。这样便于执行和检查。即使是长远的计划，一些数字还只是设想，在执行中也应逐步具体化。只讲原则、只说大话、措施粗疏、责任不明的计划，从开始制订就是不准备实行的，只不过是遮人耳目的花架子罢了。

（5）点面结合，注意协调。

制订计划要抓住主要矛盾和矛盾的主要方面，但次要矛盾和矛盾的次要方面也不能放任不管。要突出重点，兼顾全面，以点带面，点面结合。协调，一是指计划本身的平衡，本单位的人力、物力、财力等要合理分配，促进工作的协调发展，以防止在执行中出现互相冲突的现象；二是指要与计划有关的单位协调一致，防止关门订计划、出门就“撞车”的现象发生。上下不通气，左右不协调，计划是难以落实的。

（三）病文修改

修改下面的公文，使之符合计划的写作规范。

××县经委今后八个月工作计划

为了完成县委、县政府下达3.1亿元工业总产值（力争3.5亿元）的任务以及各项经济指标，我们计划在今后八个月主要抓好几方面工作：

（一）进一步深化企业改革。我们在全面推行厂长（经理）任期目标责任制的基础上，从实际出发，有针对性地分别实行租赁、承包、百元工资税利制和工资总额与企业经济效益包干等经营方式，把权、责、利全面落实到企业及其经营者身上，使企业真正成为相对独立的经济实体，成为自主经营、自负盈亏的社会主义商品生产者和经营者，较好地调动企业厂长职工的积极性，增强企业活力，促进生产发展，并使这一改革能够健康发展，深入持久地坚持下去，采取有效措施加以保证。

（二）加快新项目和技术改造项目的建设速度，确保这些项目预期投产，发挥效益。主要抓好苎麻纺织、印染工程等项目，并实行目标责任制管理，使这些项目按预期投产，早日发挥效益。

（三）进一步加强企业管理，提高企业经济效益。我们坚持以改革为动力，促进企业的发展，加强管理，提高企业经济效益，把增产节约、增收节支的工作作为提高企业经济效益的重要工作来抓，要求企业产品总成本、企管费及车间经费都要下降。具体措施：(1) 调整企业产品结构，大力增产适销对路产品，实现多产快销。(2) 加强企业管理，挖掘企业潜力，调整定额，向管理要效益。

（四）加强企业职工思想教育、技术培训，努力提高企业职工队伍思想、技术素质。为企业上等级和企业现代化管理打基础。(1) 全面进行思想、纪律、法律教育和坚持四项基本原则，反对资产阶级自由化的教育，全面提高工人思想觉悟。(2) 搞好技术培训和职工文化、技术学习，努力提高职工队伍技术素质。

（四）写作训练

请根据以下材料，代××学院学生处制订一份工作计划。

20×8年9月3日××学院将迎来新生入学报到，需学生处统筹全面工作。学生处须在8月26日前确定军训及新生入学教育方案。办公室负责安排迎接新生的车辆。教务处须在8月25日前将准确的班级名单整理好、教室安排好。后勤处须在8月28日前将餐卡准备到位。学生处须在8月28日前将学生手册、学生证、校徽发到各系。财务处须安排足够的人力准备收费。各系确定辅导员开班会内容。

二、总结

（一）例文评析

［例文］

20×7年度全省刑侦工作总结（摘要）

20×7年，全省各级刑侦部门在案件高发、警力不足的严峻形势下，紧紧依靠党委、政府和上级业务部门的领导，充分发动群众，克服重重困难，较好地完成了各项工作任务。全省共立刑事案件××××起，破获××××起；其中大案×××起，破获×××起；破案绝对数分别比上年增加××××起和×××起，刑侦干警人均破获大案绝对数达到×起，均创历史最高纪录。通过侦查破案，全年共抓获各类刑事犯罪分子××××名，为国家和群众挽回直接经济损失××××万元。为稳定大局做出了突出的贡献。

回顾一年来的工作，着重抓了以下几个方面。

一、突出重点，继续强化对严重暴力犯罪案件和重特大案件的侦破。一年来，各级刑侦部门切实把侦破严重暴力案件和影响大、危害大的重特大案件作为主攻方向，凡发生影响大的案件，领导挂帅出征，深入一线指挥，集中力量侦破。如××市×××舞厅发生的持枪杀人案、××市发生的绑架人质案等一批要案，省厅和市局领导都亲临现场指挥，调动各警种，动员多方力量，充分运用侦察谋略和侦查手段予以突破。一旦发案，坚决做到“四快一同步”，即调集力量快、赶赴现场快、查证线索快、采取措施快，各项工作同步进行。一年来，各地增强了攻坚意识，对疑难大案注重研究侦察谋略，综合运用多种侦察手段，捕捉线索，寻觅罪证，不破不休。如××县内发生的铸造厂杀人抢劫巨款案、××市××日杂商店被劫4万元现金案、××县××厂被盗9万元现金案等，都是在案情复杂、破案条件差的情况下，通过长时间深入细致的工作而成功破获的。

二、大力推动、积极指导派出所、内部保卫组织破案。各地充分发挥基层派出所和内部保卫组织情况熟、信息灵、战线短、行动快的优势，加强了对派出所、内部保卫组织破案的推动、指导。全省各重点派出所相继成立了刑侦组，规模较小的派出所也都确定了一名刑侦专干，从而使侦察力量得以加强。各级刑侦部门不仅从业务上加强了对派出所、保卫组织破案工作的指导，而且积极帮助其解决工作中的具体问题。特别是××市，年内在49个重点派出所成立了刑侦组，其他的所也固定了专干，通过办训练班，培训了239名派出所干警和内部单位保卫干部；××县刑警队还专门抽出5名干警下到5个重点派出所，常年驻所指导破案。由于各地对这项工作高度重视，积极扶持，派出所、内部保卫组织破案的积极性空前高涨，侦察水平也逐步提高，已成为刑侦战线上一支强大的生力军，成绩引人注目。如××县××镇派出所、××市城北派出所、××市北湖派出所、××机器厂公安处、××大学保卫处等一大批单位，已基本上承担了辖区内所发案件的侦破，起到了第二刑侦队的作用。全年破获的大案中，由派出所、内部保卫组织破获的约占50%。

三、因情施策，适时开展专项斗争和侦破战役，促进了侦、控、防三者的结合。一年来，共组织全省性的专项斗争和侦破战役6次，各地还根据实际情况，积极开展区域性的反盗窃、抢劫、扒窃、车匪路霸，以及清查打击流窜犯、打击破坏农电设施等专项斗争，及时有效地打击、抑制了犯罪。由于专项斗争注意了及时性和针对性，因而打得准、打得狠。如××、××等地组织的打击盗窃破坏农电设施的专项斗争，开展及时，实施过程中调查摸排、巡逻守候、控制销赃等手段一齐上，在这类犯罪还未形成气候时便予以痛击，保证了农业生产的顺利进行。此外，为防止走过场，各地根据犯罪的活动规律，专项斗争前先调查摸底，掌握情况，行动开始之初不露声色，行动之后大造声势，缓和一段再杀回马枪，这样避免了盲目性，保证了实效性。××地区在打击车匪路霸、××县在整顿境内×××国道线治安问题的专项斗争中，即运用了这一方法，收效大、反复小。在开展打击的同时，各地越来越重视控制和防范工作，过去那种重打轻防的倾向也得到较好的克服。

一年来，全省刑侦工作尽管取得了显著的成绩，但也还存在一些问题：一是警力不足、经费紧张、装备缺乏的问题仍然十分突出，与斗争形势不相适应，影响刑侦工作的后劲；二是对犯罪活动规律和犯罪对策的调查研究工作薄弱，宏观决策、指导不够有力；三是立案不实的问题在不少地方还未完全解决，必须继续落实；四是在对待经济案件追赃的问题上，一些单位本位主义思想严重，配合不力，甚至不按规定办事；五是习惯于以直接损失判定犯罪性质，因而对盗窃破坏通信线路、电力设施等有关国计民生的犯罪估计不足、打击不力。另外，在办理拐卖人口的案件时，存在重解救工作而忽视对人贩子的追捕、打击；在处理黑恶势力的案件中，存在重打击、轻防范等。上述问题，尚须引起足够的重视，采取必要的措施，认真加以解决。

××省公安厅

20×8 年 1 月 10 日

［评析］

本文以“时限＋中心内容＋文种”构成标题，开篇概要介绍了总结的时限、背景、内容和主要成绩，以“回顾一年来的工作，着重抓了以下几个方面”领起下文。正文是总分式写法，有概述、有分写，有理论归纳、有实践印证，结尾揭示存在的问题。全文结构完整，层次清晰，语言严谨。

（二）知识要点

1. 总结的概念

总结是对某一时期或某项工作的成败进行回顾、归纳、分析，从中引出经验与教训，用以指导今后工作的事务文书。

总结和计划是密切相关的两个事务文书。计划在工作之前，是明确要做什么、怎样做的安排打算，它往往是在总结前段工作的基础上制订的；总结是在工作之后的分析、鉴定，回顾做了什么、怎么做的、做得怎样、为什么这样等，对工作的评价、检查往往以计划为依据，其目的又是为了今后的工作，所以往往还要简要地写一段今后的安排打算。计划与总结往往互相衔接，计划是总结的依据，而总结是下一个计划的前提。计划在总结的基础上进行，一次比一次完善，而总结根据计划执行情况，可以不断发现新的规律性的东西。

与计划相比，总结的应用更广泛、使用频率更高。工作告一段落，要回顾检查成绩、失误、经验、教训，需写总结；学习告一段落，要回顾学习内容、学习方法，思考学习心得，需写总结；某专项工作顺利完成，领导决策正确，下属措施得当，等等，都需要总结。

2. 总结的分类

根据不同的标准，可将总结划分为不同种类：

（1）按性质划分，有综合性总结和专题性总结。

（2）按内容划分，有工作总结、学习总结、思想总结、经验总结。

（3）按时间划分，有年度总结、季度总结、月份总结、阶段总结。

以上类型的总结，往往可以交叉、重合。如《××市教育局2017年工作总结》，既是单位工作总结，又是年度总结。

3. 总结的特点

（1）自身性和实践性。总结仅限于本单位、本部门、本系统或者本人前一阶段的实践和认识中的经验教训。这就确定了无论谁写，都是第一人称，而且一定是“过去时”的“亲自”经历过的内容。

（2）条理性与理论性。总结是对前段工作实践和认识的回顾，不仅要介绍“做了什么”，而且要讲清“为什么做”和“怎么做的”，把感性认识上升到理性认识。做到有较强的条理性，进而达到理论的概括性。表述富于条理是总结写作的最基本要求；表述能透过现象看本质，揭示某种规律，有理论深度，是总结写作的最高要求。

（3）过程性和真实性。总结要全面、系统地反映前段实践和认识的整个过程和真实情况。只有内容真实、确凿，经验教训才有意义；只有回顾全过程，经验才更准确、典型。

4. 总结的结构

总结没有固定的格式，总结的对象、目的、内容和要求不同，总结的结构形式也各不相同。一般说来，总结要具备基本情况概述、主要经验或教训、存在问题与努力方向等内容。在结构上通常由标题、正文、署名和日期等部分组成。

（1）标题。

总结的标题需根据总结的目的、要求和具体内容加以拟定，形式多样，不拘一格。

1）直接点明总结的单位、期限和文种的标题，如“辽宁省公安厅2017年工作总结”。

2）突出中心内容的标题，即用简明、概括的语句点明总结的中心内容，如“教学管理改革五步走”。

3）正副标题结合，即正标题概括总结的中心内容，副标题点明总结的单位、文种，如“法网疏而不漏　抓逃自有绝招——××市公安局抓逃工作回顾”。

（2）正文。

正文包括开篇、主体、结尾三部分。

1）开篇。也称导语、引言。多表明总结的目的，概述总结的基本内容。即扼要地交代总结的时段、背景、内容和主要成绩，先给读者一个总印象。

2）主体。这是总结的核心部分，一般包括实践情况和经验教训两个方面。主体部分要能反映出工作概貌，包括工作过程中的主要矛盾、困难曲折、失误成功；要注意发掘规律，把工作中带有普遍意义的情况，用概括的语言加以叙述，揭示其规律性；要注意尽量用事实说话，用典型事例证明，把总结的内容落到实处。

总结的主体部分内容繁多，结构方法多种多样，常见的形式有：

● 贯通式。先叙述基本情况、具体做法和成绩，然后分别概括经验和教训，最后写明存在的问题和今后的打算。全文一气呵成，融为一体。

● 总分式。先概述工作总体情况，然后对所涉及的几个方面，分别叙述其不同的情况和做法，既谈经验，又谈教训，夹叙夹议，最后得出总的结论。

● 链条式。以时间为序，将工作进程分成几个阶段，然后分别介绍每个阶段的工作情况、经验教训、存在问题，像链条一样，环环相扣。这种结构适用于时间跨度较大的总结。

以上 3 种基本结构在写作中，可根据内容、目的的要求，自然分段，或列序号，或写小标题，使之层次明晰。

3）结尾。一般揭示存在的问题，明确努力的方向。揭示问题是为了“对症下药”地解决问题；明确方向是为了使有关人员胸有成竹地面对未来，挑战困难。具体写作时，可酌情将二者合写或分写。有的总结是为了介绍经验，可不提存在的问题；有的总结已在主体部分边分析问题边指出了努力方向，也可不加结尾。总之，结尾要概括、简洁。

（3）署名和日期。

在正文右下方写明总结单位全称和成文年月日。如果标题中或标题下已有单位名称，此处可免写。

5. 总结的写作要求

（1）情况要实，思想要新。

总结中所用材料要丰富、真实、典型，具有说服力。切忌弄虚作假或报喜不报忧、罗列现象或空发议论。总结中提炼的观点要新颖独到，要用正确的理论分析实际情况，写出匠心独具的内容。此外，还要注意观点与材料的统一，材料说明观点，观点统率材料；材料是观点产生的基础，观点是材料的必然产物；观点有根据，材料有纲领。忌牵强附会、千篇一律。

（2）突出重点，兼顾一般。

总结的写作须重点突出，对成绩与缺点、经验与教训、批评与表扬的判定应确切公道。谈成绩不故意渲染，说缺点不敷衍搪塞。而且，对问题的分析也应客观全面、实事求是，切忌主观片面、简单化、绝对化。

（3）条理清楚，语言恰切。

总结不仅要言之有理，而且还应言之有序。总结的结构可以按照内容的客观顺序或逻辑关系来安排，也可以凭借添加标题或序号串联全文，达到脉络清晰，推理自然。总结的语言应言之有物，做到准确而不轻飘，简明而不烦琐，平实而不炫耀，通俗易懂而不晦涩难料，真正体现应用文的特点。

（三）病文修改

修改下面的公文，使之符合总结的写作规范。

××公司上半年工作总结

半年来本公司在精神文明和物质文明方面做了许多工作，取得了很大成绩。半年来，主要做了以下工作：动员组织公司干部和广大群众学习中央文件；安排、落实全年生产计划；推行、落实工作责任制；修建子弟小学校舍；建方便面生产车间厂房；推销食品、纺织产品；解决原材料不足问题；美化环境，栽花种草；办了一期计算机技术培训班；调整了工作人员，开始试行干部招聘制。

半年来，在工作繁杂、头绪多而干部少的情况下，能做这么多工作，主要是：

一、上下团结。公司领导和一般干部都能同甘共苦，劲往一处使。工作中有不同看法，当面讲、共同协商。互相间有意见能开展批评与自我批评，不犯自由主义。例如有干部就经理未经商议擅自更改销售奖励办法而影响产量一事有意见，经当面沟通商议，经理做了自我批评，并共同研究了新的奖励办法，又出现了增产势头。

二、不怕困难。本企业刚刚起步，困难很多，包括技术力量薄弱、原材料不足、产品销路没有打开等。为此，领导干部共同想办法，他们放弃自己的休息时间，忍饥挨饿受冻，四处联系，终于解决了今年所需要的原料，推销了一些产品。

三、领导带头。公司的几位主要领导带头苦干、实干，他们白天到下边去调查了解情况、解决问题，晚上开会研究问题，寻找解决的办法。领导干部夜以继日地工作，使公司工作上了台阶。

××公司

××××年×月×日

（四）写作训练

根据所给材料，为××市公安局宣教处代写一份工作总结。要求：内容翔实，有示范性；思想丰富，有启发性；条理清晰，有逻辑性。

××市公安局宣教处2017年配合局党委中心工作，先后起草领导讲话材料、宣传教育材料、上报材料126份，合计32万字。为推动“争创人民满意单位，争当人民满意民警”活动的深入开展，宣教处年初制订计划，年中树立典型，年末掀起“比学赶超”热潮，先后编发简报4期，上报先进事迹材料5份，共计16万字。

宣教处2017年举办民警素质培训班3期，实行军事化管理，集中时间、集中地点，统一组织民警学习培训。为大企业公安处人员、军转干部及社会公开招聘的干警开办新警上岗培训班2期，培训人员536人。

宣教处2017年举办“三基教育”培训班2期，请有丰富教学经验的院校教师讲授法规常识，请有实践经验的民警传授技能技巧。而且，注意加强对民警的思想教育和引导，使培训班民警放下包袱，轻装前进。

宣教处现有工作人员13人，50岁以上4人，30岁以下5人，体弱多病者6人。从处长到干事各负其责，又协同作战。对职责之内的工作做到了自觉学习先进经验，自觉思索出点子，自觉请示定任务，自觉工作办实事。对职责之外的事做到主动提建议，互通情况；主动议工作，互相帮助；主动搞协作，完成各项任务。如将全局的宣传、教育有机结合、互助互补，提高民警的思想素质和业务能力，保质保量完成了工作任务。

宣传工作尚需规范化。教育培训尚需制度化。处内同志的政治素质和业务素质尚需提高。与基层民警的工作联系尚需加强。

宣教处的全体同志注意从点滴小事入手，努力做好局党委的喉舌和助手。严守本分，克服接近领导的优越感；平等待人，克服作风上的“生冷硬”；严于律己，克服生活上的特殊化；破惰除懒，克服工作上的“等靠要”。

第二节 简报 调查报告

一、简报

（一）例文评析

［例文］

工作简报

第 18 期

××市公安局××分局　　　　2017 年 9 月 29 日

快速出击　深入调查

我局 20 小时破获“9·26”重大杀人案

我局刑侦大队与京八路派出所紧密配合，在分局统一指挥下，快速出击，深入调查，于“一节一会”前夕，经过 20 小时紧张工作，胜利破获“9·26”重大杀人案。9 月 27 日夜将李××（男，21 岁，××宾馆服务员，住××路 15 号院 2 号附 7 号）等 8 名犯罪嫌疑人一举抓获归案。

9 月 27 日凌晨 1 时许，京八路派出所接××市××销售公司职员王×报案，其公司临时工吴××（男，24 岁）于 1 小时前在黄河路上酒后骑车左摆右晃与骑车行走的一男一女两青年发生口角。10 分钟后，在黄河路与京五路岔口处路边馄饨摊吃饭的吴××遭到 8 人殴打，送医院途中死亡。

京八路派出所所长汪×、指导员何×一面向分局报告案情，一面带领值班干警快速奔赴现场。分局长王××等疾速赶到现场，与派出所干警紧密配合，立即开展现场调查访问。

调查发现，8 名行凶青年赤膊、光脚、穿拖鞋，手持长凳。根据发生口角的男青年能在短时间内纠集到这些帮凶的特点，分析认定，这帮作案分子居住在离现场不远的地方，极有可能正在一起活动。据此，参战干警连夜奋战，在现场附近居民区展开搜索查访，很快获悉，新华一厂家属院在深夜 12 时，有 7 名男青年慌慌张张蹿进院内，嫌疑重大。但是，经办案人员通宵调查，对 7 名男青年仍难以确认。

为尽快侦破此案，确保“一节一会”期间全区社会治安秩序的安定，分局长王××再次明确指示要抓紧战机，集中力量，在“一节一会”之前快速破案。

按照分局要求，副局长杨×到该所坐镇指挥，重新调整警力。所长汪×，副所长马××、崔×组织全所干警兵分数路，以新华一厂家属院为重点开展深入调查。

27日中午11时许，调查获悉，该院青年居民金×当晚与他人聚集一防空洞顶上打牌，十分可疑。侦查员王××、李×、杨××通过对金×政策攻心，金×交代了26日深夜与同院青年黄×（男，20岁）、张××（男，21岁）、郑××（男，21岁）、胡×（男，21岁）、古×（男，19岁）和江××（男，20岁）7人正在打牌时，见同学李××跑来，说被人欺负，遂跟李××一起跑到黄河路与京五路岔口处路边一馄饨摊前将一吃饭男青年殴打一顿，后又追赶30余米将此人打昏在地等犯罪事实。

按照金×的供述，指导员何×带领侦查员王××、李×、杨××快速出击，多方寻找，于27日晚6时30分，在东明路与黄河路将犯罪嫌疑人李××一举擒获。

经突审，李××对犯罪事实供认不讳。当晚，京八路派出所严格组织，分兵把住路口，奋战到深夜11时许，将其余6名犯罪嫌疑人黄×、张××、郑××、胡×、古×和江××全部抓获。

经突审和调查取证，8名犯罪嫌疑人对"9·26"行凶杀人的犯罪事实供认不讳，连夜已被依法刑事拘留。

目前，此案正在进一步审理中。

报：市公安局、区委、区人大、区政府、区政法委

送：本局领导

共印50份　　打字：王×　　校对：李×

［评析］

本文为报道性工作简报，标题灵活，准确醒目，体现了简报的特征。导语简要交代了事件发生的基本情况，继而完整叙述了破案始末。报头、报尾内容完整、规范。

（二）知识要点

1. 简报的概念

简报是机关、团体及企事业单位内部编发的汇报工作、反映问题、沟通情况、交流经验、传递信息的一种事务文书。"简报""情况反映""××动态""内部参考"等均属于简报。

简报有公文的特色，但又不是正式公文，没有公文的效能。对上不能代替请示、报告，对下不能取代通报、通知，对同级不能代替正式的公函。

简报有新闻性，但是不能公开发表；有调查报告的特点，却没有调查报告的深度和广度；它以叙述为主要表达方式，但是不能带感情色彩。

2. 简报的种类

简报按其内容的繁简，可分为综合性简报和专题性简报；按其内容的性质，可分为工作简报、动态简报和会议简报。

（1）工作简报，也称情况简报，是反映本部门、本系统各方面工作情况的简报。

（2）动态简报，是反映各部门、各领域的新情况、新动态的简报，如《市场动态》

《学术动态》《文化信息》等。

（3）会议简报，是举行会议期间编发的、报道会议进程和会议成果的简报。主要用于一些大、中型会议。

3．简报的特点

（1）简要。简报的内容集中、单一，须抓住重点，突出典型；叙述方式简洁明了，文字洗练，篇幅简短。

（2）及时。简报必须反映新情况、新问题、新经验、新动向、新事物的苗头、错误倾向的端倪，以配合中心工作，跟上时代步伐。

（3）准确。简报的材料真实可靠，确凿无误，严禁虚构想象，防止主观片面、以偏概全。

（4）灵活。简报的内容广泛多样，形式不拘一格，自由灵活。

4．简报的作用

（1）宣传功能。简报宣传党的方针、政策和国家法律，以及上级机关的指示，可促进职工队伍建设。

（2）报告功能。通过简报向上级反映情况，可及时得到指导和帮助。

（3）交流功能。通过简报与平级机关互通情况，交流经验，可及时把握相关情况，有效地进行优势互补。

（4）信息功能。简报真实地反映工作现状，能为领导决策提供参考，或作为史料备查。

5．简报的结构

（1）报头。

简报的报头一般在第一页的三分之一处，用套红粗线与另三分之二分开。粗红线上端居中写简报名称（如“××简报”或“××动态”）。简报名称下居中写期数，粗红线上左侧写编发机关全称，右侧写印发年月日。密级写在简报名称的右上方。

（2）按语。

按语如同报刊上的“编者按”。多数简报没有按语。转发的简报，或需要编者加上“按语”说明时，常以简短的文字说明编发这份简报的原因和目的。按语一般表现领导意志，具有一定的权威性。按语的字体小于正文的字体，两侧边距也宽于正文。

（3）标题。

简报的标题必须鲜明、简洁、醒目。常见以下三种形式：

1）单一式标题，如“社区民警向辖区百姓述职”。

2）引题与主标题结合式标题，如“助残扶困新景观——不以善小而不为”。

3）主标题与副标题结合式标题，如“廉洁奉公，拒腐防变——××派出所民警拒请小故事”。

（4）正文。

正文可分为导语、主体、结尾三部分。

1）导语。置于正文之首，扼要地交代事件发生的时间、地点、意义、作用等，点明主体的中心思想。导语的写法多样，常见的有综括式导语、问答式导语、结论式导语三种。

2）主体。即简报的核心部分。它是用真实、充分、典型的材料，把导语所提示的内容具体化，以证明其观点的正确。主体部分的写作方法多样，有的选用情节叙述法，即按事件发生、发展的时间顺序来安排材料；有的采用综合叙述法，即按照事件的内部逻辑关系来安排层次。对比较复杂的事件，可用序号或小标题分几个部分来写。

3）结尾。概括主要内容或指明事件发展趋势，或提出今后的要求和打算。

（5）报尾。

报尾是简报正文的固定化、程式化的版尾，位于末页正文之后的两条平行横线之间。在平行线内应写明报送发单位的名称、印发份数、打字员、校对者等内容。

6. 简报的写作要求

（1）求真而准，忌假而空。简报报道的内容必须准确真实，才能起到沟通情况、交流信息的作用。

（2）求快而近，忌迟而远。简报应迅速报道相关情况，以有助于及时解决相关问题。否则，就失去了报道的意义。

（3）求新而鲜，忌奇而怪。简报应报道新情况、新问题、新动态、新思索，以发人深省，给人启迪。但是，简报又不同于影视作品，不得肆意渲染、猎奇。

（4）求简而赅，忌繁而琐。简报的性质决定了其简洁明快、言简意赅的特点，啰唆烦冗是其大忌。

（5）求活而巧，忌高而飘。简报的写作无固定模式，可以根据简报内容表现的需要，采用灵活多样的写作形式和写作技巧。但是又不得远离写作内容而故意卖弄文采。

（三）写作训练

（1）按照简报的结构和写作要求，根据下面一则通讯，以××公安局的名义拟写工作简报的标题和导语。

民警徒手擒歹徒

［本报讯］2017年5月13日下午5时，正是下班高峰。北京路立交桥下车水马龙、熙来攘往，不时夹杂着叫卖声。忽然，桥东处西瓜摊前一阵骚乱，有人高喊："拿刀杀人了！"案情就是命令，身着便装的××市巡警支队青年民警王×调转自行车把，向出事地点奔去。

西瓜摊前，一个大汉双手挥舞着血淋淋的尖刀，正欲向已经倒地的人再砍。说时迟，那时快，王×一下从自行车上飞扑到凶手的身上。凶手被撞倒地，急翻身，手执尖刀向王×逼来。王×左腾右闪，连续躲过几刀，趁其不备，凌空一脚，踢在了凶手的肘上，尖刀应声飞落。凶手穷凶极恶，随手抓起地上半截砖头，砸向王×。王×躲闪不及，左手臂受伤。王×不顾伤痛与杀红了眼的凶手扭打在一起。这时，围观的群众纷纷上前助阵，凶手被左右夹击，进退无路，只好求饶臣服。

就在王×与凶手搏斗之时，正在附近执行巡逻任务的巡警支队李×、张×等5名巡警闻讯赶到，一边铐住凶手，一边拦截过往车辆。××食品公司司机贺×主动协助巡警运送伤者。伤者在去医院途中死亡。

据调查，杀人者是××市××区贩卖水果的业户徐×，33岁，死者是××市机械制造厂的工人孟×，42岁。两人因买卖西瓜发生争吵，互不相让，导致了血案发生。

（2）将以下会议记录整理成一份会议简报。

社科系会议记录

会议主题：系党总支会

会议时间：2018年3月8日

会议地点：会议室

应参加人数：48人

实参加人数：46人

缺席：2人

主持人：党总支书记李×

会议内容：

主持人李×：

1. 宣读学校后勤党总支“致全体党员的一封信”，要求全体党员积极行动起来，在“教风、学风、校风建设月”中起模范带头作用。

2. 民主评议蓝×等9名入党积极分子。

系主任邓×：

1. 就业形势分析。今年就业形势依然严峻，要求全系师生调整好就业心态，树立“先就业后择业”的观念，努力提高我系学生就业率。

2. 做好迎接高职高专教学评估的准备。各教研室抓紧审核本年度的教学大纲和授课计划，完成课时、考试形式、考试成绩、各科试题的整理和统计。

法律文秘班的班长黄×：

发出争做“三风建设月”积极分子的倡议，与会党员一致响应。

二、调查报告

（一）例文评析

［例文］

当前初中生学习心理的调查报告

沈阳市教育科学研究所

按照教育局的要求，我们于2017年11月—12月对皇姑区和沈河区的4所初级中学的学生学习心理状况进行了调查。通过此次调查，我们对城市初中生的学习心理有了初步的了解，为深化教育改革、加强教育教学的针对性、提高教育教学的实效性以及探索素质教育的新路子提供了客观依据。

一、调查的目标

1. 城市初中生的学习心理现状

2. 城市初中生的学习心理成因及对策

二、调查方法

1. 问卷调查

学生问卷内容涵盖教育价值观、学习态度、学习需求、学习目的4个方面。问卷调查在43中学、12中学、17中学、28中学进行，共发问卷1 600份，回收有效问卷1 588份。

2. 座谈会及个案调查

召开2次教师座谈会、4次学生座谈会。这些座谈会不仅为我们提供了大量生动的典型材料，而且为理性分析提供了依据。

三、调查结果分析

对学生问卷分析及师生座谈会结果显示，城市初中生学习心理具有明显的时代特征。

1. 城市初中生的学习心理现状分析

(1) 教育价值观。

调查显示，大部分初中生有明确的教育价值观。78%的学生认为学习的作用是提高自身素质。

调查还显示，大部分初中生的教育价值观带有明显的经济社会特征。他们认为经济收入与受教育程度成正比，85%的学生认为大学毕业生的收入比初、高中毕业生的收入高。

(2) 学习态度。

调查结果显示，76%的学生学习热情较高，18%的学生学习热情中等，6%的学生害怕学习。值得注意的是，90%的学生都有自己最讨厌的课程。学生害怕学习或讨厌某些课程的原因，一是与教师的教学方法有密切关系，二是与课程的实用价值紧密相连。调查结果显示，86%的学生对与现实生活联系紧、实用性强的语文、数学、物理、化学的学习热情高，而对学术性强的历史、地理、生物、英语等不感兴趣。

(3) 学习需求。(略)

(4) 学习目的。(略)

2. (略)

四、对调查结果的思考

1. 城市初中生的学习心理成因分析

当前城市初中生的学习心理状况的主流是积极向上的，但是消极的一面也不容忽视。

(1) 教师的影响。(略)

（2）家庭教育的影响。（略）

（3）高等教育改革的影响。（略）

（4）市场经济改革的影响。（略）

2. 形成健康的学习心理的对策

影响学生学习心理的因素非常复杂，因此帮助他们形成健康的学习心理的任务艰巨。

（1）增加投入，创造良好的教育教学环境。（略）

（2）全面提高学生综合素质。（略）

（3）帮助学生了解把握未来。（略）

（4）提高教师素养。（略）

2018 年 1 月 20 日

［评析］

本文属于专题性调查报告，标题严谨、准确，开篇概要介绍了调查的目的、调查的方式方法。正文对获取的调查材料及城市初中生的学习心理成因进行了深度分析，提出了形成城市初中生积极、健康的学习心理的对策。全文材料客观翔实，阐释充分有理，富有较强的现实针对性。

［例文］

看守所实施等级化管理所遇问题及工作对策

沈阳市公安局监管支队

按照公安部看守所实行等级化管理办法的整体要求，沈阳市公安局监管支队对全市所有看守所的硬件、软件现状进行了为期两周的情况调查，发现如下问题。

一、配套设施落后，制约管理等级实施

由于历史和现实等多方面因素的影响，我市监所设施陈旧老化、建筑布局不合理、监控设备短缺、车辆陈旧、经费不落实，以及看守所规划设计上缺少长远意向等问题比比皆是。主要表现：一是应有的关押条件欠缺。市局各直属看守所大多建在居民区内，监所围墙高度达不到要求，有的监所甚至没有围墙。按规定，监所围墙外 30 米内不允许其他建筑物存在，而上述各监所无一达到要求。二是建筑格局大多不合理，监所内的武警区、生活保障区、工作区、监区等设施不完备，有的看守所不得不采取相互替代的办法解决。三是监所与监室少、押量大，轻重刑犯罪嫌疑人、未成年犯罪嫌疑人与成年犯罪嫌疑人、团伙罪嫌疑人等做不到分室关押；审讯室、家属会见室、律师接见室等混用。各分局、县（市）看守所大多关押量大，却无放风场地。没有监控设备的看守所占 87%，缺少车辆配置的占 40%。于洪分局和康平县局的看守所，所在地势低洼，逢雨季污水倒灌，蚊蝇丛生，各种传染病极易流行。上述问题如不及时采取措施，至少 40% 的监所在三年内无法达标。

二、民警素质偏低，影响监管工作整体水平

长期以来，因多种原因，有的区、县（市）局监管工作始终没能得到应有的重视和理解，工作一直处于重要不重视的地位，不仅人力、物力、财力投入不够，甚至有相当多的领导把一些犯过错误的民警当作包袱甩给看守所。

据统计，全市监管系统民警年龄在30周岁以下的仅占10.9%，31周岁至50周岁的占52.5%，51周岁以上的占36.2%；文化程度在高中以下的高达56.4%。其看守所中，因犯有不同错误而被调入者占全员比例的41.2%。由于看守所民警素质不高，造成某些单位的违纪案件和责任事故屡屡发生。如：2016年年末，某区一看守所接收了一名受处分而无法安置的民警，该人在来所工作不到半个月时间里，就发生了接受犯人家属贿赂、拉关系等违法问题，致使该所在等级化考核中未能达标。

三、在押人员复杂，监管缺乏法规性

近年来，随着社会治安形势的日趋严峻，我市各监所羁押的犯罪嫌疑人数量都有所提高，“牢头狱霸”问题时有发生，仅2016—2017年，我市各监所发生的殴打致死同监室人命案就有5起。同时，由于多种原因，我市各监所管理工作距法制化、科学化和规范化的要求相去甚远，一些管教民警本身法律知识欠缺，对各种诉讼程序、审理时限、法律手续认识模糊，更不注重对犯罪嫌疑人合法权利的维护，提讯、押解、会见、出所、换押和超期羁押等环节上不规范问题和现象较为普遍；监所管理上的科学化成分也很低，严重困扰着监所等级化的实施。

为克服上述问题，尽快推进我市监所等级化实施的步伐，我们认为应通过以下有效途径来保障等级化管理的进程。

一、理顺监管工作体制，适应等级化管理需要

在目前经费不足的情况下，对关押条件不符合等级化管理要求的监所，该合的合，该并的并，既能节省新建监所的开支，又可改善监所的软硬设施，达到布局合理的要求。目前，市局直属看守所的合并工作已形成思路，决定将市属的一、二、五所合并为一个所，迁至新建的第四看守所，以解决未决犯、已决犯和重刑犯分别关押和集中管理的问题，增强看守所警力、减轻工作强度。原一所改建为沈阳市在押人员医疗所，解决因病因伤在押人员就医和集中管理问题；原三所改为市拘役所；原五所改为治安拘留所。通过上述改革，可充分发挥各所的专业职能，以提高监管水平。这种设想，既立足于现有编制、财政等实际状况，又着眼于长远的基础建设，对实现等级化管理将起到较好的推动作用。

二、加大硬件投入，保障等级化管理的科学有序

等级化管理的突出特征是科学化。加强严密的防范措施、提高工作效率的唯一出路就是增加工作中的科技含量。监管工作既要加快监控技术设备的安装，也要及早着手计算机系统的建设。几年来，我市已有8个看守所安装了监控设备，有2个所靠自筹资金配备了计算机并编制了监所管理软件系统。科技含量的增加，加强了监所的安全防范措施，仅去年全市监管系统就避免和制止了3起在押人犯企图脱逃事故的发生。由此可见，增加科技的投入、加强人机共防，是符合监所等级化管理要求的有效措施。

三、提高民警素质，实现监管的文明规范

要采取以会代训、以考促学、举办各种专题讲座等形式，对看守所民警进行强化培训，使广大民警具备一定的科学文化知识、高尚的职业道德和良好的心理素质，在监管工作中坚持依法、严格、科学、文明，真正做到监管以人为本，充分实现等级化管理。

四、完善监管制度，保证等级化管理的实施

作为市一级的监管部门至少应采取以下三项措施：一是建立制度。包括日常管理细则、看守警达标量化指标、人员淘汰制度等。二是开展评先选优活动。靠典型引路，带动全市监管工作不断跃上新台阶。三是搞好自查互查。通过查摆工作中的薄弱环节，制定整改措施，保证等级化管理沿着正确的轨道进行。

[评析]

本文属于公文性调查报告。标题严谨准确，正文根据调查所获翔实材料，据实列举看守所实施等级化管理所遇问题，进而提出相应对策。全文内容客观、真实，措施科学、得体，富有较强的现实针对性。

（二）知识要点

1. 调查报告的概念

调查报告是对典型事件、典型问题或社会现象进行深入调查、深度分析研究而形成的文字材料。

调查报告主要用于反映情况，发现和解决实际问题，总结经验，树立典型，探索和认识社会发展规律，反映群众的意见和愿望，从而为上级领导机关提供决策的依据。

2. 调查报告的分类

分类标准不同，调查报告的种类也各不相同。按调查范围，可分为专题性调查报告、综合性调查报告；按调查内容的性质，可分为社会情况调查报告、典型经验调查报告、揭露问题调查报告和重大事故调查报告。按发表载体，调查报告可分为：

（1）新闻性调查报告，是对当下社会敏感问题、热点问题进行调查分析，推导出结论的调查报告。新闻性调查报告主要发表于报纸上。

（2）公文性调查报告，是对社会现状、典型经验、存在问题或重大事故进行调查分析和探索，引出规律性内容的调查报告。公文性调查报告主要用黑头文件形式发表。

（3）论文性调查报告，是对调查所获得的有意义、有价值或代表某种倾向和发展方向的情况、现象、问题，进行科学分析，从确凿的事实中引出其内在规律和结论的学术性、实用性并存的调查报告。论文性调查报告主要发表于杂志上。

3. 调查报告的特点

（1）客观性。调查报告所涉及的人物、事件、背景、过程、数据等必须客观真实、准确无误，所揭示的主旨必须符合客观规律。切不可主观臆测，更不能想象虚构。

（2）典型性。调查报告往往是对带有社会倾向性和普遍意义的事物进行研究归纳，概括出反映社会本质和历史发展必然规律的内容，以此来指导和推动全局工作。

（3）政策性。调查报告必须以党的方针政策为依据，通过典型经验，体现和验证其正确性，使党的方针政策具体化，便于贯彻落实。

4. 调查报告与总结的区别

（1）写作的目的不同。调查报告是为了树立典型（或揭露问题），交流经验，指导基层的工作，因此，应着重阐明其性质、意义和作用，并说明写作此文晓示于众人的必要性和重要意义。总结主要是回顾本单位、本部门或本人的工作学习情况，便于吸取经验教训，把日后工作搞得更好，因而总结的重点应放在介绍具体的经验、措施、成绩、收获及其过程上。

（2）写作的范围不同。调查报告写作的范围较广泛，可以是关于一人一事的单一调查，也可以是有关问题的全面性调查；可以是典型经验、新生事物的调查，也可以是社会问题、重大事件的披露，还可以是某历史事件的调查等。总结往往局限于本地区、本单位、本部门、本人完成某项工作任务的经验教训等，只要实事求是地反映出来即可。

（3）写作的人称不同。调查报告的对象是他人，多用第三人称。总结的对象是自身，多用第一人称。所以，调查报告可以直接表明作者的立场观点、褒贬爱憎。总结的写作态度应谦虚客观，不能自我欣赏。

（4）写作的时间不同。调查报告的行文时间灵活多变，可以根据需要，随时捕捉现实生活中带普遍性的某一问题或某一侧面，进行调查研究，及时配合中心，指导工作，有较强的时效性。总结一般只在某项工作完成或告一段落后记写，内容较为全面、完整。

5. 调查报告的结构

一般说来，调查报告都有完整的篇章性，由标题、正文、尾部构成。

（1）标题。

调查报告的标题主要有两种形式：

1）公文式标题，用于公文性调查报告，如“关于我市涉外盗窃案件情况的调查报告”“小学生违法犯罪情况调查”。

2）自由式标题，如“从打假英雄到走私囚徒”“黄色书刊影碟泛滥应引起有关部门重视——××文化市场制黄贩黄情况纪实”等，这些标题鲜明、生动，多用于新闻性调查报告；而“铲除文化垃圾，净化成长环境——预防青少年犯罪研究”“我国大陆黑社会势力的现状及对策研究”“城乡接合部治安协作问题探讨”等标题，既体现了现实的针对性，又有深刻的理性思考，多用于论文性调查报告。

（2）正文。

调查报告的种类不同，正文的结构内容及侧重点也各有不相同，但大体的结构内容又万变不离其宗。本教材仅以公文性调查报告为例，加以介绍。

1）导语。也称前言，写法灵活多样，有的交代调查的时间、对象、范围、方式、简单经过，并点明本文的主旨；有的概括介绍调查对象的基本情况、本文的主要内容；有的表明调查的目的及要解决的问题。典型经验调查报告的导语可概述成绩意义；事故、事件调查报告的导语可简述问题的严重性、危害性，引人注目。当然，也有的调查报告省略导语，直入主体，需视具体情况而定。

2）主体。主体是调查报告的核心，虽写法各异，却有一定的规律可循。公文性调查报告的主体一般由事实、原因、对策构成。事实包括经过、表现、特点等；原因包括主观、客观原因，直接、间接原因，显性、隐性原因；对策即提出作者的见解、建议。

调查报告主体的结构形式分别有纵式结构、横式结构、纵横交错式结构三种：

● 纵式结构，是按照事物形成、发展的自然顺序，逐层反映调查经过和结果、意义和作用，揭示事物发展的客观规律。

● 横式结构，是按事物的内在联系和逻辑顺序，将反映的内容分为几个关系并列的部分，其内容互相关联，围绕主旨。

● 纵横交错式结构，是将纵、横两种结构方式交叉使用，纵向叙述，横向比较，突出主旨，增强论证力度。

3）结束语。视调查报告的具体情况而定，可有可无。常见以下几种形式的结束语：

● 结论式结语：归纳全文，点明主旨。

● 问题式结语：突出重点，强调应注意的问题，发人深省。

● 对策式结语：提出建议、意见或整改措施。

（3）尾部。

签署调查人或调查单位名称（也可写在标题下）、成文时间。

6. 调查报告的写作要求

（1）深入调查，充分掌握材料。要深入、细致地收集真实、典型、反映事物本质的第一手材料，包括今昔材料、正反材料、点面材料。这是写作调查报告的前提基础。

（2）认真研究，科学分析材料。对占有的材料去粗取精，去伪存真，鉴别主次，明辨是非，从现象看本质，找规律、掘经验、抠教训，确保调查内容的真实性、准确性和典型性。

（3）确定主旨，精心选择材料。要围绕主旨选材，实现观点与材料的统一，即观点来自材料，材料证明观点，观点统率材料。

（4）斟酌推敲，准确运用语言。调查报告的语言应准确、简洁、恰如其分。忌用模棱两可的语句，忌空话、套话、大话。

（三）病文修改

请修改下面的公文，使之符合调查报告的写作规范。

大学生课外阅读情况调查报告

阅览室、教学楼、草坪里、沙滩上……到处可以看见书不离手的大学生，他们脸上洋溢着灿烂的笑容。

“你课外阅读的主要目的是什么？”“你平时看一本书需要多长时间？”……前不久，我们青岛大学团委对大学生的阅读取向进行了一次访问式调查，目的是了解当代大学生读什么书、读多少书、怎样读书的问题。

调查显示，59%学生的课外阅读主要是为了休闲。他们认为平时专业课程的阅读量已经很大了，课外阅读当然选择内容轻松的课外书籍，以缓解读书的压力。8%的学生的课外阅读是为了拓展知识面。

不少招聘单位感慨现在的大学生专业知识不够扎实，学以致用的能力差。在校期间不注意专业知识的积累和专业技能的训练，不阅读、不关注相关专业课外书籍，是原因之一。

针对“你最喜欢阅读哪种类型的书”，多数学生选择报纸、杂志。多是因为阅读方便、信息量大。调查中发现，学校为学生免费提供的《中外期刊文摘》成为阅读人数最多的报刊，《环球时报》《参考消息》《读者》《电脑报》有一定的市场。在阅读内容上，阅读新闻占56%，阅读生活信息及收集资料占24%，阅读文学作品占16%，阅读评论文章占4%。

当下大学生的阅读结构对大学生的世界观、人生观的形成极为不利，亟须加以正确引导。

第三节　述职报告　先进事迹材料

一、述职报告

（一）例文评析

［例文］

述职报告

局领导和同志们：

2017年，我作为市局办公室副主任，主抓文秘、调研工作。在局党组和办公室主任的领导下，我围绕局党组的总体思路，认真履行职责，竭尽全力开展工作，较好地完成了局领导交办的各项工作任务，发挥了应有的参谋助手作用。

一、政治思想方面

认真学习领会党的路线、方针和政策，不断提高自己的政策理论水平。无论是起草领导讲话稿、撰写理论文章还是对各种文稿的审核把关，都把坚持正确的政治方向放在首位，与党中央保持高度一致。能够按照党员的标准严格要求自己，做到光明磊落，清正廉洁，不徇私情。

二、业务工作、队伍建设方面

2017年，市公安局召开的大型会议多，市委、市政府听取公安工作汇报多，局党组抓队伍建设、“三基”工作、治安管理力度大，文秘调研任务十分繁重。我与分管科室的同志一道主要做了以下工作：

1. 完成了领导交办的各类文稿起草任务。2017年办公室主办或参与筹办的全市综合性、专业性会议有40多次，如：全省“二十公”、公安处长会议、巡警工作会议、派出所所长工作会议、“打黑除恶”表彰会、队伍建设动员会、加强交通管理会、“三基活动”动员会、见义勇为表彰会等，办公室都承担了会议主要文稿的起草工作，不少稿子质量较高，受到市委、市政府和厅领导的表扬。向市委、市政府呈报的4次治安现状汇报，有情况、有分析、有建议、有措施，被市委、市政府转发，成为指导全市治安工作的重要文件。

2. 全局的目标管理工作是由办公室负责的，2017年市公安局第六次夺得市政府目标管理优秀单位。（略）

3. 编发《××公安简报》43期，共计150余篇，被公安部采用8篇，采稿率在全省名列第二。

4. 向公安部、省厅、市委、市政府报送重要工作信息100余条，被公安部、省厅采用15条，被市委、市政府采用42条，在市直机关名列前茅。市公安局被市委、市政府评为信息先进单位。

5. 收集大量资料，组织编写了《公安工作手册》。

6. 撰写各种理论文章10余篇，分别发表于省级学术刊物中。

7. 坚持局领导提出的“一手抓工作，一手抓队伍，抓好队伍促工作”的指导思想，注重队伍建设，分管科室没有发生违法违纪现象，有10人次立功受奖。

三、工作作风方面

树立“四实”（说实话、办实事、鼓实劲、求实效）、“两高一快”（高质量、高效率、快节奏）的工作作风，做到了一切以工作为重，不讲条件，不讲价钱，勤勤恳恳，任劳任怨，努力做到高质量、高效率。全年没有休过公休假、探亲假，节假日也很少休息，全年加班在90天以上。

四、缺点和不足

1. 一味忙于事务性工作，组织开展深层次的调查研究工作不够。

2. 分管工作的规范化程度有待提高。

李××

2018年1月7日

［评析］

此份述职报告标题简明，称谓得体，由概述全年基本情况引入正文。然后从三个方面汇报工作，展示成绩，继而点明不足，明确今后的努力方向。全文条理明晰，有具体实例，有理性归纳，且详略适宜。

（二）知识要点

1. 述职报告的概念

述职报告是领导干部、公务员、专业技术人员向所在工作单位的组织人事部门或主管领导以及上级机关，如实陈述本人在一定时期内履行岗位职责的实绩、问题和设想的自我评述性的文字材料。

述职报告是一种新兴、常用的事务文书。

2. 述职报告的种类

（1）按述职者可分为领导者个人的述职报告和领导班子集体的述职报告。

（2）按述职时限可分为年度述职报告、任期述职报告，还有不定期应上级或群众要求以及自己因故要求做的临时述职报告。

（3）按述职内容可分为专题性述职报告和综合性述职报告。

3. 述职报告的功用

（1）述职报告中述职者的德、勤、能、绩是上级主管部门考核、评估、任免、使用干部的依据。

（2）述职报告中述职者对照职责的回顾、反思是述职者本人总结经验、改进工作、提高素质的一个途径。

（3）述职报告是领导干部与所属单位群众之间一个很好的交流思想感情和工作见解的渠道。

（4）述职报告是建立健全党和政府有关部门考察领导干部、公务员及专业技术人员的重要一环，是考核工作制度化、规范化的基础。

4. 述职报告的特点

（1）评述的自我性。述职是述说自己在一定时期内履行职责的情况。“述”就是检查、汇报，也是解剖、评价，是以当事人的身份、第一人称的叙述方式进行自我评述。

（2）评述的标准性。在述职报告中的自我评述必须有标准，这个标准就是自己所在岗位的职责和目标。岗位职责和目标是由国家、部门或单位统一制定的。岗位层次和种类不同，述职的内容和要求也不相同，即岗位职责及目标任务是既定的、明确的，又是具体可循的。

（3）实绩的呈现性。实绩是指干部在一定时期内，按照岗位职责的要求，做了哪些工作，完成了哪些指标，有哪些成绩和贡献，工作效率怎样。在述职报告中，不仅要有定性分析，而且要做出定量分析。因此，述职者必须紧密结合自身岗位职责和目标的实际，把工作实绩、经验教训、看法、建议等内容表述清楚，并做出恰当的自我评价。

（4）行文的庄重性。述职报告是述职者向有关部门正式、严肃、庄重的工作汇报。因此，写作态度必须严肃认真，写作内容应该确凿无误，自我评价力求准确恰当，评述语言尽量平实质朴。唯其如此，才能收到良好的效果。

5. 述职报告的结构

述职报告可以根据主旨的不同，选择安排适宜的结构。

（1）表格式述职报告。表格式述职报告中“基本情况”“完成的主要专业技术工作、创造发明及成果登记”“著作、论文及重要技术报告登记”“工作失误、失职情况登记”和“其他考核测验登记”等项内容已设专栏，因此，在填写“本人述职”栏时只要着力写好主体部分的内容即可。

（2）文章式述职报告。此类述职报告的结构通常包括标题、称谓、正文、落款四个部分。

1）标题。常见的标题类型有两种：

一种是公文式标题，由述职者＋述职时限＋文种构成，如“××市公安局局长李×2017年度述职报告”。有时，述职者和述职时限可省略。

另一种是文章式标题，可以用文章主旨做标题，也可以另加副标题，如“勤政廉政从我做起——××市公安局纪检委书记李×三年任期述职报告”。

2）称谓。即述职报告的主送单位、部门。须顶格写。

3）正文。正文多由开头、主体、结语构成。

● 开头需写明述职的时限、范围及对任职的自我评价。

● 主体需写明任职实绩与缺点、经验与教训。这是正文的核心部分，要言之有物，尽量以事例、数据及所获荣誉证明成绩，忌空话连篇。要体现自身及工作特色，忌千篇一律。

● 结语。即全文的总收束，可表决心、提建议，也可表达应有的礼貌，如“不妥之处请指正，谢谢大家”等。

4）落款。即署名（单位、姓名）和日期。如有附件，应一一写明附件名称；如需抄送，就注明抄送单位、部门或领导人。

6．述职报告的写作要求

（1）实绩确凿可信。实绩是述职的基础，也是任职的基础。因此，述职时，讲成绩要恰如其分，说问题要抓住要害，谈体会要有理有据。

（2）评价客观恰切。对自己履行职责的评估，应公正客观，过分谦虚和过分夸耀都不可取。

（3）特色突出明显。述职内容要主次分明，重点突出，要体现自身及具体岗位特色，避免千人一面、众口一词的弊端。

（三）写作训练

请根据下面的材料，代为撰写一份任期述职报告。要求：内容充实，言之有物；条理清晰，言之有序。

我主持社科系教学、科研、学生管理全面工作。全系学生941名，分属5个专业，分驻新老校区。支持学生管理副主任的工作，4年举办迎新生联欢会、书画展、运动会、智力竞赛、就业招聘会等大型活动20余次。组织系内教师开展科研工作。本人主持省级课题4项。被省委宣传部确定为××省新世纪中青年社科理论人才培养工程入选者。

我于1984年毕业于东北师范大学，到××学院工作至今。34年来，忠于党的教育事业，热爱本职工作，团结同志，关心集体，钻研业务，始终坚守教学一线，年年超额完成教学、科研任务。多次获得教学质量优秀奖，还被评为全国公安系统优秀教师。

自2004年担任社科系负责人以来，带领全系39名教师完成全院的政治理论课和体育课，还承担了法律文秘、司法警务、司法会计、社区管理、国际贸易通关等5个专业的专业课和专业基础课。人均授课350课时。人均发表学术论文2篇。

2012年组织系里教师完成了3门院内精品课和2个省级品牌专业的建设工作。

2013年本人主持申办了高职教育书记官专业，填补了国内高职教育的空白。2014年又主持申办了高职教育司法警务专业。2015年再次成功申办了高职教育国际贸易实务（通关）专业。由于这3个专业定位准确，培养目标明确，深受学生及家长的欢迎，在高职院校招生普遍低迷的形势下，连续3年招生人数创历史新高。

自2014年以来，社科系连续4年被评为学院先进集体、科研先进单位、省直机关先进处室。本人连续4年被评为优秀处级干部。

二、先进事迹材料

（一）例文评析

［例文］

肩扛大义保平安

——平安派出所所长赵安先进事迹

赵安，男，现年44岁，中共党员，大专文化。2000年由部队转业到市公安局工作，现任平安派出所所长。赵安同志牢记宗旨，无私奉献，甘当公仆。17年来，他凭着一名公安民警的智慧与忠诚，和同志们一起狠狠打击了各种犯罪活动，使辖区90%的街道和社区无刑事案件，无治安案件，无民事纠纷激化，无群众上访。2015年平安派出所在其带领下，荣立集体三等功，并被省公安厅授予“全省规范化派出所”；2016年被省公安厅命名为“人民满意的派出所”。2017年赵安同志荣记个人一等功。

赵安深受百姓的爱戴和拥护，主要缘于以下几点。

一、知民心、顺民意，力促和谐，力保平安

平安派出所辖区既是历史文化名城的闹市区、店铺密集的商业区，又是一个典型的回汉共居区。为协调好回汉族群众之间的关系，共同维护好一方平安，他带领全所民警，深入8个社区、100多家特种行业、20多所学校、两座清真寺，走访群众，辖区内的每个角落都留下了他的足迹。为密切同群众的关系，赵安同志还将全所同志的电话号码打印在“民警提示”卡上，送到家家户户，增强了群众的安全感和信任感。

自2010年以来，针对辖区西部和××路商业区治安局势波动较大的情况进行了专项治理，连续摧毁了7个扒窃团伙，抓获各类违法犯罪嫌疑人60多人，破获案件40余起，追回被盗自行车100余辆。在此期间他曾化装成三轮车夫、商人在×××广场、××商品批发市场等处蹲点守候10多天，抓获犯罪嫌疑人14人，受到了当地群众的称赞。在2017年“严打”和“追逃”专项斗争期间，他和全所同志破获现行案件8起，追捕各类逃犯13人。

二、淡名利，重事业，清正廉洁，一尘不染

赵安同志的家庭并不富裕，在权与钱、情与法的面前经受住了考验。他手中有权，但是为了使神圣的法律不受玷污，他甘守清贫。

2017年元月7日上午，菜农甘××在××农贸市场卖菜时，被3名城管队员无故殴打。案发后，群众都说：“亲向亲，邻向邻，公家人向着公家人，这事拖一拖，也就不了了之。”当天晚上，3名城管队员到赵安家送去礼品，并在一家酒店备好了酒席，他们单位的领导也出来说情。赵安同志将礼品原封退回，备好的酒席也没去吃，而是带着民警连夜查清了事情的前因后果。第二天就对3名城管队员宣布了治安处罚决定。甘××出院后，特邀了一班唢呐，抬着一块“包公再世，为民做主”的匾额，来到派出所感谢。一外地记者路过此地，目睹了此情此景。他专门赶到派出所进行采访，并在《×××报》上发表了一篇题为“心跟百姓一起走”的通讯。

三、舍小家，为大家，忘我工作，心系群众

赵安同志关心群众，爱护同志，对辖区居民的家庭情况了如指掌，而他家缺啥有啥却不清楚。他一心只想着工作，成年累月超负荷工作，节假日从没休息过，每年派出所的考勤簿上清楚地记录着他值夜班均在150个以上。赵安同志是一个沉默的人，但沉默的他却拥有一个并不沉默的人生。他的先进事迹得到了党委政府的充分肯定；他的无私奉献、超人的付出使他赢得了人民群众的一致拥戴。在他每一步坚强的足迹里，无不写就他对公安事业、对党、对人民群众的无限忠诚，对养育他的这片沃土的深沉、真挚的爱。

［评析］

本文采用主副标题式，既标示了主旨，又点明了文种。开篇综述先进人物的先进事迹，又以简洁、明晰的小标题，分别具体叙述了先进人物的优秀品质和所作所为。事例生动典型，精神令人赞叹。全文条理清晰，语言简洁、得体。

（二）知识要点

1. 先进事迹材料的概念

先进事迹材料是将先进人物或先进集体的先进事迹，系统、全面、真实地反映出来的一种书面文字材料。

当实际工作中涌现出先进人物或先进集体时，为了宣传他们的事迹，弘扬他们的精神，并激励先进、推动工作，基层部门往往以书面材料形式上报上级机关。对于特别典型的人物或集体，上级机关决定表彰时，常常以决定、通报、通知等文件形式将先进事迹材料印发有关部门，供大家学习。

2. 先进事迹材料的结构

（1）标题。

先进事迹材料的标题制作较为灵活，一般可以由先进人物的姓名或先进集体的名称和文种组成，如“王××同志的先进事迹”“××科研处先进事迹”；也可以采用正题和副题的形式，如“肩扛大义保平安——××派出所所长何××先进事迹”。

（2）正文。

先进事迹材料的正文多由开头、主体、尾部构成。

1）开头。简要介绍先进人物或先进集体的基本情况，如先进人物的姓名、性别、年龄、政治面貌、工作单位、职务、参加工作以来取得的主要成绩及评价。

2）主体。这是先进事迹材料的核心内容。根据所报层级的高低来确定内容写法。所报层级较高的，写作时应将事迹认真整理分类，采用分项列小标题的形式处理材料，每项内容代表先进的一个方面。所报层级较低的，可将材料加以综合，用一个大的段落来处理材料，字数不宜过多，应体现出层次感。不论采用哪种方法，均应对材料进行加工提炼，高度概括出先进人物或先进集体的闪光点，使人看后确实感动。这些事迹是一般人或一般单位做不到的，即使是小事、平常事，也能从中看出伟大来。

3）尾部。先进事迹材料的尾部处理较灵活，可以将事迹介绍完即结束全文，也可以在结尾点明所述事迹的典型意义，进行总体评价，号召人们学习。

3. 先进事迹材料的写作要求

（1）要真实。制作这一材料的目的，是为了树立榜样，让大家学习；同时也是为了激励先进，起好表率作用。因此，材料必须是真实的。只有真实，才能使人信服，才能起到激励和示范作用。否则，将会失信于民，产生消极影响，不利于工作的开展。

（2）要典型。典型材料最能反映先进人物的闪光思想，材料中应当可以捕捉到典型的语言、行为来反映先进性。若事迹材料很一般，是一般人都能做到的，就失去了典型意义，起不到先进作用。

（三）写作训练

请根据提供的素材，为被评为省直机关先进集体的××公安司法管理干部学院社科系撰写一份先进事迹材料。

××公安司法管理干部学院社科系是拥有40名教师、930名学生、5个专业的教学单位。

社科系教师承担了全院的政治理论课、体育课，以及5个专业的专业课和专业基础课的授课工作。年人均授课350学时。授课教师常常奔走在2个校区上课。已建设3门院级精品课、2个院级示范专业。

40名教师中，有教授4名、副教授22名、讲师12名、全国公安系统优秀教师2名。全院评出的10名教学质量优秀的教师，社科系占了4名；全院评出的10名最受学生欢迎的教师，社科系又占了4席。

社科系先后从社会需求着眼，申报了法律文秘、司法警务、司法会计、社区管理、国际贸易实务（通关方向）、书记官6个高职专业。这些专业招收人数多，学生就业率高。特别是申报的书记官专业填补了我国高职教育的专业空白。

社科系科研成果多，其中发表省级课题3项，出版规划教材3本，发表论文39篇。

社科系5个专业的学生分驻新老两个校区，老校区位居市中心，喧嚣繁华，歌厅、迪厅、游艺厅、网吧林立，充满诱惑；新校区地处郊区，交通不便。学生管理难度大。

社科系开展了新年联欢会、与敬老院老人共度中秋、知识竞赛、趣味运动会、“一二·九”长跑等丰富多彩的校园文化活动。

第四节 竞聘演讲词 领导讲话稿

一、竞聘演讲词

（一）例文评析

［例文］

公安交警支队副教导员竞聘演讲词

各位领导、评委：

大家下午好！

首先我要感谢局党委、领导和同志们给了我这次展示自我的机会。

2008年我从×××公安高等专科学校毕业后先后在××××派出所、××治安支队、××交警支队工作，现在在××交警支队综合科负责全面工作。

作为一名青年干警，面对这个充满生机和活力的新世纪、面对充满挑战和希望的公安工作，实现自我、超越自我是我实现人生价值的最大目标和追求。为此，我参加本次干部竞聘，我竞聘的职位是交警支队副教导员。我主要基于以下三方面的考虑：

第一，我有立党为公的政治信念和工作责任感。2009年12月，我光荣地加入了中国共产党，通过党的多年教育和培养，“立党为公、执法为民”的思想深深地扎根在我心中，实事求是、争做人民的公仆成为我的自觉行动。为此，我在内勤、治安警、基层党支部书记等平凡普通的工作岗位上，坚持从点滴做起，从每一件小事做起，做好本职工作，赢得了组织和群众的支持和肯定，我多次荣获优秀共产党员和优秀党务工作者称号。

第二，我有吃苦耐劳、无私奉献、善于钻研的敬业精神和求真务实、雷厉风行、敢于碰硬的工作作风。敢于决断的气质、竞争开放的性格和坚韧不拔的意志品质是新时代对青年干部的要求，也是我不断努力的方向。多年来，正是这些要求不断激励着我在一个又一个平凡的公安岗位上发挥着自己的光和热。2011年，我通过学习取得了辽宁大学法学专业的本科学历。在工作中，我能坚持不唯人、不唯书、只唯真、只唯实的工作态度，敢于管，更善于管，不断积累从事本职工作所必需的业务技能和担当领导所必需的管理艺术。多次获得市局“十佳”干警、分局优秀公务员称号，赢得市局业务标兵的嘉奖。

第三，我有较为丰富的公安工作经历。尤其是在交警支队工作多年。我深深地热爱公安事业，渴望通过自己的不懈努力和奋斗为公安事业多做贡献。在我所从事的多个公安岗位上，我都出色地完成了各项工作任务。特别是在近一年负责交警支队综合科全面工作中，更能根据上级公安机关对政治、党建、纪检等工作上的要求，紧密结合本单位实际，创造性、灵活性地协调、开展各项工作，取得了一些成绩，积累了一些党务工作的实践经验。

作为一名青年干警，担任副教导员是组织赋予我的一次机遇和挑战，是在不断实践中的自我超越，是回报组织和领导关心的人生又一新起点。

假如我这次竞聘成功，我将围绕以下四方面开展工作。

一、着力抓好队伍建设

队伍建设是公安工作的根本，也是保证。首先，我将坚持“两手抓”“两手都要硬”，切实担负起从严治警的政治责任，牢固确立“以人为本”的管理理念，以率先垂范和自己非权力的影响力、亲和力，充分调动干警的工作积极性，将政治工作贯穿在业务工作的每个环节。当前，主要是抓好“端正执法思想、坚持执法为民”的专题教育，在稳定队伍的基础上，提高干警的综合素质。

二、配合抓好业务建设

积极围绕建立现代警务机制，紧扣“排堵保畅、街面防控、事故防范三个重点”，通过逐步完善夯实基础工作、路政设施、业务管理三大建设，努力确保责任区域的交通管理有序、街面控案有力和市容秩序良好。

三、注重抓好自身建设

交巡警业务对我来说是一项比较新的工作，我将变压力为动力，努力按照政治强、业务精、善管理的复合型高素质公安领导干部的要求，爱岗敬业、履行职责，要求民警做到的自己首先要做到，率先垂范，严予律己，努力争当一名合格的公安基层干部，全力实践“团结、务实、严谨、拼搏、奉献”的公安精神。

四、重视抓好班子建设

正确认识和充分发挥副职的辅助作用，当好配角，摆正位置，做到到位而不越位，敢于工作，更要勇于承担责任；讲究管理艺术，注重吸收、借鉴现代行政管理的科学思维和方法，摈弃因循守旧、单向思维的思维定式，将严格管理融入对每一位干警的体贴与爱护之中，把民警当作自己的朋友或者亲人，把同级和上级当作自己的老师，多一点将心比心、诚心公心、真心关心，把思路拓得宽一些，将问题想得全一点，使工作做得实一点，努力创建一个团结进取、正气浩然、充满激情而富有战斗力的先进警队。

各位领导、同志们，也许我今天的演讲并不动人，也并不精彩，但是我一定会以自己的实际行动来为我所热爱的公安事业奉献我全部的青春与热情，决不辜负大家对我的厚望。最后，我想向在座的各位领导、同志们表个态：无论我这次竞聘成功与否，我都将一如既往、忘我奋斗，因为结果不是目的，能够参与，能够在参与中检验自己的能力、水平，激励自己更加奋发有为地做好工作，才是应有的目的。

谢谢大家！

竞聘人：××

2018年1月8日

［评析］

此竞聘演讲词称谓得体，导语自然，对自身情况及工作经历的介绍富有针对性。自身具备的素质和能力又以所获得的殊荣为证，言之有物，增加了可信度，避免了空泛的自我夸饰。提出的工作设想先进科学、客观适度，有可操作性。全文感情真挚，语言平易质朴，容易赢得理解和支持。

（二）知识要点

1. 竞聘演讲词的概念

竞聘演讲词是为通过自由竞争形式达到被聘用之目的而写作的应用文，是竞聘演讲的书面文字材料。

随着人事制度改革的不断深入，“公平竞争、择优聘用”已成必然；自由竞聘、双向选择、寻求自我发展已成为时尚和潮流。竞聘演讲词作为应运而生的应用文，越来越广泛地应用于各行各业的竞聘演讲中，显示出了盎然的生机与活力。

竞聘演讲词的写作目的在于表达个人意愿、展示个人才华，谋求实现个人理想与抱负的机会，即向听众展示自我，“推销”自我，以得到公众的赏识和认同。

2. 竞聘演讲词的结构

（1）导入语。简述竞聘的目的和愿望，或以一些寒暄语表达此时的心情。有时也可以省略导入语，直入主旨。

（2）个人简历。简要介绍与竞聘岗位相关的学历、经历。

（3）竞聘的岗位及自己具备的条件。明确申明竞聘的岗位，客观、具体地介绍自己的能力和业绩，务求用公认的优点和曾经获得的荣誉来证明，做到言之有物、言之可信。切忌鉴定式的抽象语言。

（4）应聘后的设想与打算。

3. 竞聘演讲词的写作要求

（1）导入语要新颖、别致。好的开篇等于文章成功了一半，新颖且吸引人的导语也是演讲成功的前提基础。

（2）自我介绍有针对性。竞聘演讲词的写作目的在于使听众对演讲者有充分的了解和认识，从而鉴别演讲者是否胜任此岗位。因此，竞聘演讲词必须针对竞聘岗位介绍自己的学历、经历、政治素质和业务能力，引导听众自然而然地推导出此岗位非演讲者莫属的结论来。

（3）应聘后的工作目标要有感召力。应聘后的目标和措施是竞聘演讲词的重要内容，是获得听众信任和支持的关键。必须围绕听众关注的热点、难点，提出明确的工作目标和切实可行的措施，力求达到客观性、可行性和先进性的统一，以增强竞聘演讲的感召力和征服力。

（4）表述富于幽默感。竞聘演讲词不是政府工作报告，也不是倡议书、检讨书，所以，通篇高亢的慷慨激昂令人生厌，满纸低沉哀婉的痛心疾首也只能令听众恶而远之。演讲词中适当融入幽默诙谐的语言更容易赢得听众的好感，收到事半功倍的效果。

（5）缺点点到为止，不宜过细、过多地展示不足，以防喧宾夺主，误导听众。

（6）语言应通俗准确，忌晦涩难懂。

（三）病文修改

修改以下公文，使之符合竞聘演讲词的写作规范。

各位领导：上午好！我感谢领导、同事们的信任和支持，给我机会参加竞聘演讲。我是一名工作在机械车间的普通工人，今天竞聘的岗位是车间主任一职。我今年25岁，曾就读于××省技师学院机械系机械装配与维修专业技师班，毕业于2015年7月。在校期间完成了所有理论课程和实践课程的学习，并获得高级机修钳工职业资格证书。我成绩优异，两次获得三好学生，三次获得一等奖学金，我性格开朗，爱好广泛，责任心强，并有团队精神。我相信，凭着我的聪明才智一定能胜任车间主任一职，请大家相信我。

（四）写作训练

某工商局拟招聘法制科科长，要求35岁以下、大学本科以上学历，有实践经验的，条件可以放宽。请你根据以下提供的材料，代为撰写一份竞聘演讲词。

某男，38岁，辽宁师范大学法律系毕业，当过3年高中教师，勤奋治学，是该校学科带头人，区优秀教师。做过2年团委书记，善于做学生思想工作。通过公务员考试进入工商局，2次被评为区优秀公务员。吉林大学经济学院工商管理硕士在读。做过沙山旧物市场管理员、白塔工商所管理员、法制科宣传干事、区消费者协会副秘书长。

二、领导讲话稿

（一）例文评析

［例文］

庆祝“五一”国际劳动节暨表彰大会工会主席讲话稿

各位领导、同志们：

在这英模汇聚、群星荟萃的今天，区委、区政府隆重举行庆祝“五一”国际劳动节暨表彰大会。借此机会，我谨代表区工会向全区奋战在各条战线上的建设者致以节日的问候和崇高的敬意！

几年来，我区工人和全体劳动群众在党的领导下，紧紧围绕区委、区政府确定的工作目标和任务，积极投身于经济建设主战场，在各自的工作岗位上创造出了不平凡的业绩，为全区的经济发展和社会进步建立了不可磨灭的功勋，同时涌现出许许多多值得颂扬的先进事迹，这是我区的光荣，更是我区全体劳动者和建设者的骄傲。他们爱岗敬业、乐于奉献、勇于开拓、艰苦创业的大无畏精神，为我区的改革、开放、发展、稳定做出了贡献。

我区大开发、大建设、大发展的时机已经到来。全区的开发建设速度加快，给我区带来了千载难逢的历史机遇，我区的改革开放和现代化建设必将给全区人民带来美好的、全新的生活环境和社会环境。

同志们，艰难困苦，玉汝于成。要实现我区的宏伟蓝图，全区的工人责无旁贷。让我们携起手来，在区委、区政府的领导下，坚定信心，同心同德，真抓实干，奋发图强，牢固树立大局意识和科学发展观，坚持与时俱进、勇于开拓创新，一如既往地支持全区的改革开放和建设大业，积极投身于我区的大开发、大建设热潮，为加快我区的城市化、现代化、国际化进程再立新功、再铸辉煌！

［评析］

该领导讲话稿开篇点明会议议题，并向取得成绩、受到表彰的人员表示祝贺。由回顾过去几年的成绩，引出今后加强全区大开发、大建设的几点意见。本文条理明晰，意见中肯，有指导意义，且体现了口语化、规范化的特点。

（二）知识要点

1. 领导讲话稿的概念

领导讲话稿是领导人在各种会议上发表讲话时所使用的书面文字材料。这种书面材料经领导人在会上宣读后，可作为公文材料发诸报端，或通过各种媒体向读者宣传。有些重要文稿则作为印发性通知的附文下发有关单位，具有指导性作用。

领导人的讲话稿，原则上应由领导人亲自起草。但是，为了让领导腾出更多的时间去思考重大问题，在领导授意下，代为起草讲话稿也是文秘人员的一项重要任务。

2. 领导讲话稿的结构

领导讲话稿一般由标题、称谓、开头、主体、结尾等部分组成。

（1）标题。

根据会议的内容，标题一般可由讲话人、会议名称和文种三部分组成，如“×××同志在××会议上的讲话”，题下标明日期；也可直接拟为“在××会议上的讲话”，将讲话人姓名和日期各占一行置于标题下方。

（2）称谓。

根据听众、场合的不同情况，可以为“同志们”“朋友们”“女士们、先生们”“各位领导、各位来宾”等。

（3）开头。

开头是讲话稿的重要组成部分，一般先向大家问好，向参加大会的来宾表示欢迎，向取得成绩、受到表彰的人员表示祝贺，向支持活动的领导、群众、集体表示谢意。然后，结合会议内容，或做简要总结，或谈主要议题，从而引入正文。

（4）主体。

主体是讲话稿的核心部分，一般采用列小标题的方法，或按照事物发展的先后顺序做安排、进行总结；或从活动的几个主要方面进行部署，提出要求。可采用逐层深入的方式循序展开；亦可采用并列的方式，分项安排。无论采用哪种方法，阐述观点时，均须用理论材料和事实材料说话，切忌假、大、空。要在全面评价的基础上突出重点、突出典型。

（5）结尾。

讲话稿的结尾应简洁有力，或提出希望和努力方向；或明确表示决心；或展望未来，增强信心。

3. 领导讲话稿的写作要求

（1）要领会意图。撰稿前应认真听取领导的授意，明白会议的主题，然后搜集资料，列出提纲，将翔实的材料、明确的观点嵌入文稿，才能真正将领导的意图传达给听众。

（2）掌握听众。听众是领导讲话稿的接受者、评判者，听众不同就决定着领导讲话的语气不同、风格不同。对广大群众讲话，就要生动形象、朴实自然，不可大量使用专业术语、生僻词语；对业内人士讲话，就要简洁准确、切中要害，体现专业、行业特色。

4. 讲话稿与发言稿的区别

（1）主体不同。讲话稿的主体是领导人，代表着组织；发言稿的主体是一般群众，代表个人或某种群体。

（2）内容不同。讲话稿的内容较为庄重、严肃，多是政策性较强、具有指导意义的内容；发言稿则较为随便，代表个人或某种群体发表一些建议或看法，不具有行政约束力。

（3）语气不同。讲话稿是以领导人的口气行文的，多是肯定的、指示性的语气，有着较强的感召力；发言稿是以个人身份来发表意见的，语气则较为平缓，更多是建议性的语气。

（4）形式不同。讲话稿一般在会议召开前经过领导授意和文秘人员的草创、修改，最后以公文形式印成文本，作为会议的重要材料；发言稿不一定要打印成文，或只是拟出发言提纲，或简要写出片段，逻辑性、准确性无法与讲话稿相比。

（三）写作训练

春节前夕，辽宁省见义勇为基金会拟召开会议，慰问全省在见义勇为的英雄壮举中光荣牺牲的英烈子女代表。请你为辽宁省见义勇为基金会秘书长撰写一份领导讲话稿。

第五节 开幕词 闭幕词

一、开幕词

（一）例文评析

［例文］

××集团公司商品交易洽谈会开幕式致辞

（××××年××月××日）

董事长 ××

女士们，先生们，朋友们：

值此××集团公司商品交易洽谈会开幕之际，我谨代表本集团公司向远道而来的各国来宾、港澳同胞、海外华侨表示热烈的欢迎和诚挚的问候！前年金秋，在庆祝本集团公司产品研发中心落成典礼时，我们曾在这里举办过一次商品交易洽谈会。与上一次洽谈会相比，今年这次洽谈会规模更大、内容更丰富。本次洽谈会将进一步扩大本集团公司和有关国家、港澳地区的经济技术合作和贸易往来，增进相互了解与友谊。

本集团公司地处我国沿海发达省份，对外经贸事业的发展有广阔的前景。目前，本集团公司已与世界上30个国家和地区建立了贸易往来和经济合作关系，这种合作关系正在日益巩固和发展。

本次洽谈会，本集团公司将推出轻工、机电、陶瓷、电子及食品等250余种商品，供各位来宾选择。所展出的商品多是我国或我省的名牌产品和新开发的出口产品。欢迎各位来宾洽谈贸易，看样订货。

今天在座的来宾中，有许多是我们的老朋友，我们之间已经建立了长久而良好的合作关系。对于各位真诚的合作精神、良好的信誉，本集团公司表示由衷的赞赏和感谢。同时我们也热情欢迎来自各国家、各地区的新朋友，我们为有幸结识新朋友感到十分高兴。我们欢迎新朋友和老朋友发展相互之间的友好合作关系。

最后，预祝本集团公司商品交易洽谈会圆满成功！

谢谢！

［评析］

本文标题规范，称谓适宜，问候语言亲切得体。借召开洽谈会之际，感谢老朋友，追述上次的辉煌；欢迎新朋友，推销今年洽谈会的热点；并预祝本次洽谈会圆满成功。通篇讲话环环相扣，结构严谨，语言充满激情。

（二）知识要点

1. 开幕词的概念

开幕词是党政机关、企事业单位和群众团体的领导宣告会议开始、交代会议任务、阐述会议宗旨、介绍与会议有关事项的致辞。

2. 开幕词的特点

（1）宣告性。开幕词是会议开始的序曲、标志。讲完开幕词后，会议的各项议程才能陆续展开。因此，开幕词具有宣告会议开始的特性。

（2）引导性。开幕词一般要阐明会议的宗旨、任务、目的、意义等，这对于整个会议的成功召开无疑起着引导作用。

（3）鼓动性。开幕词带有对期望开好会议的良好祝愿，并通过向与会者介绍会议的议程和宗旨，以期激励与会者的参与意识，调动其开会的积极性。

3. 开幕词的结构

（1）标题。常见以下三种形式：

1）由会议全称加开幕词构成。标题下面注明开会时间，并加圆括号。在其下正中署致开幕词者姓名。

2）把致开幕词的领导人姓名写进标题中。标题下面注明开会时间。在报刊发表时多使用这种标题。

3）正副标题结合式。正标题概括会议宗旨，副标题注明会议名称及“开幕词”。

（2）正文。包括开头、主体和结语三部分。

1）开头。在称谓之后，用简短、有鼓动性的语言宣布大会开幕，接着介绍会议的规模、出席会议的人员情况、会议的筹备情况等，并对会议的召开表示祝贺，对与会人员表示欢迎。

2）主体。主体通常包括：说明与会议有关的形势、会议的目的与任务；阐明会议的指导思想、主要任务（议题和议程）、会议的意义，并对会议做出预示性的评价；对与会者提出希望和要求。

3）结语。一般用“祝愿会议圆满成功”之类的话语做结。

4. 开幕词的写作要求

（1）处理好与大会报告的关系。开幕词对会议宗旨、意义、议程只能做画龙点睛的提示，切忌长篇大论，不要成为大会报告的缩写。

（2）要注意营造庄重热烈的会议气氛。为此，开幕词除了庄重、严肃外，还要写得生动，且富于感情色彩。

（3）语言明快流畅。应用词谨慎，大方有礼，不卑不亢。适当口语化，注意与会场场景气氛和谐融洽。

（三）病文修改

修改下面的公文，使之符合开幕词的写作规范。

××股份有限公司股东大会开幕词

总经理　××

各位先生、各位女士、各位朋友：

欢迎前来参加这个盛大的聚会。今年是本公司快速成长的一年，在此，请允许我代表董事会向为此付出了辛勤劳动的全体员工表示感谢。正是全体员工的不懈努力，本公司在过去的5年中战胜了亚洲金融危机等因素带来的困境，业绩增长了40倍，股票价格上涨了800%。

在过去的几年中，本公司在技术积累和人力资源储备开发方面取得了长足的进步，为公司下一步的发展奠定了坚实的基础。我相信，在全体员工的不懈努力下和各位股东的鼎力支持下，本公司在不远的将来一定能实现跻身世界同行500强的目标。各位股东也将得到丰厚的回报。

但是还应看到，机遇与风险并存。IT产业属于高成长、高风险的行业，技术创新投入巨大，市场环境瞬息万变，本公司的发展也将面临众多困难与挑战。董事会有信心领导公司，迎接挑战，开拓前进，取得新业绩。

各位先生、各位女士，最近传闻本公司出现了财务问题，这是毫无根据的。谣言是不攻自破的，我们这次股东大会的召开，就是要向各位股东澄清这一点。现在，我宣布××股份有限公司股东大会开幕。

（四）写作训练

学院首届“秘书节”活动即将举行，请你作为活动的组织者写一份开幕词。

二、闭幕词

（一）例文评析

［例文］

人大会议闭幕词

各位代表、同志们：

在党的十九大精神鼓舞下，经过全体代表的共同努力，××省第十一届人民代表大会第一次会议，圆满完成了各项预定任务。各位代表不负重托，忠实履行了人民代表的光荣职责。这次会议，开得很成功，是一次继往开来、与时俱进的大会，是求真务实、谋划发展的大会，是发扬民主、团结奋进的大会。会议审议批准了政府工作报告和其他报告，明确了今后5年我省全面建设小康社会的目标、任务和主要措施。大会选举我担任省人大常委会主任，×××同志担任省人民政府省长，选举产生了新一届省人大常委会组成人员、省政府领导人员、省两院主要领导和省人大法制委员会组成人员，选举了第十二届全国人大代表。我们衷心感谢全体代表和全省人民的信任和支持。我们决心不辱使命和责任，不负重托和信任，为加快我省发展，全面建设小康社会扎扎实实做好各项工作。

人民代表大会制度是我国的根本政治制度，是实现人民当家做主的最好的政权组织形式。省十届人大及其常委会在过去5年中，扎实工作，勇于开拓，做了大量富有成效的工作，对促进我省经济发展和社会的全面进步做出了重要贡献。我们要在以往工作的基础上，把省人大的工作做得更好。由于年龄原因，省十届人大有不少人大代表和人大常委会组成人员离任，一些省政府组成人员转岗。在这里，我代表十一届人大及其常委会，向十届人大及其常委会和十届人大代表，表示衷心的感谢和崇高的敬意！对这次换届离任和转岗的同志所付出的辛勤劳动和做出的积极贡献，表示衷心的感谢和崇高的敬意！各位代表，未来5年，是我们贯彻党的十九大精神、落实省第六次党代会提出的各项任务、努力开创我省改革开放和现代化建设新局面、全面建设小康社会的重要时期。为了实现这次大会确定的奋斗目标，我们必须紧紧抓住发展这个第一要务，围绕全面建设小康社会这一总体目标，分阶段、有重点、有步骤地加以实施，努力做到速度与结构、质量、效益的统一，促进经济、政治、文化的协调发展。

我们要坚持解放思想、实事求是、与时俱进的思想路线。既要有加快发展的紧迫感，又不能急于求成。要遵循市场经济规律，想问题、办事情、做决策都要从我省的实际出发，确保经济持续、稳定、健康发展。

我们一定要从我省人民的长远利益出发，把可持续发展战略作为我省首要的发展战略，坚持人口、环境、资源与经济社会协调发展的方针，坚决遏止对生态环境的任何破坏，保护好、利用好我省的蓝天碧水、优美环境和得天独厚的资源，把我省建设成为人与自然和谐共存的生态大花园。

我们必须把改善投资环境作为一个至为紧迫的任务切实抓紧抓好，以优良的环境促进经济的发展。各级党委、人大、政府、政协，各类企业和全省人民，都要充分认识自己在环境建设中的责任，共同创造一个具有投资吸引力的法制环境、行政服务环境、司法服务环境和市场环境，共同致力于信用建设，为树立我省人的信用、市场的信用、投资环境的信用添砖加瓦，贡献力量。

我们要坚持把改革开放作为我省发展的根本动力，深化以社会主义市场经济为取向的各项改革，大力推进体制创新，坚决扫除一切阻碍发展的思想和体制障碍，进一步解放和发展生产力。要在国有企业和国有资产管理体制改革、农垦改革、农村经济体制改革、政府机构改革等方面有新的、更大的作为。

实现全面建设小康社会的目标，关键在人，关键在干部。我们要不断提高各级干部的执政能力和领导水平。各级领导干部要倍加珍惜人民赋予的权力，不负众望，不辱使命，为全省人民掌好权、用好权。要发扬艰苦奋斗的延安精神，廉洁从政，执政为民。人大代表是国家权力机关组成人员，要学习和掌握宪法、法律知识，正确行使代表权力，履行代表职务，密切联系群众，切实提高素质，真实反映人民的愿望和要求，更好地代表人民的意志和利益。

各位代表，尽管我们还面临着这样那样的困难和挑战，但是只要我们心往一处想，劲往一处使，办法总比困难多。只要我们持之以恒，咬住发展不放松，我省的明天一定会更加美好。让我们解放思想，与时俱进，开拓创新，埋头苦干，为开创我省改革开放和社会主义现代化建设事业的新局面而努力奋斗！

谢谢大家！

×××

××××年×月×日

［评析］

本篇闭幕词的称谓适宜，正文部分首先概要回顾大会的要点，肯定了大会的成绩，继而分析了当前形势，指出今后任务，号召大家共同努力。全文既有严谨的结构，又体现了口语化的特色，有一定的感召力。

（二）知识要点

1. 闭幕词的概念

闭幕词是在重大会议即将结束时，由有关领导向全体与会人员所做的总结性讲话。

闭幕词是对整个会议的总结，同时又是对今后如何贯彻落实会议精神的动员。

闭幕词与开幕词互相呼应，但是又各有侧重、各具特色。

2. 闭幕词的特点

（1）总结性。主要体现在讲话人概括总结大会所完成的任务，所通过的报告、决议，以及大会的经验等方面。

（2）要求性。主要体现在讲话人提出贯彻会议精神的要求和希望，号召大家为实现大会提出的目标而奋斗。

3. 闭幕词的结构

（1）标题。

与开幕词的标题结构基本相同，但文种是“闭幕词”。

（2）正文。

1）称谓之后，一般要简要回顾大会的议程及有关报告人讲话的要点，并肯定大会的成绩或收获。

2）主体部分应总结大会取得了什么成果、达到了什么目的，以及会议的基本精神和会议的影响等。有的闭幕词在主体部分还分析当前形势，并指出今后的任务等。

3）结尾通常提出贯彻落实大会精神的号召、希望和要求，表示祝愿，然后宣布大会胜利闭幕。

4. 闭幕词的写作要求

（1）重点总结会议的成绩、经验。开幕词是大会的序曲，重在阐明大会的任务，为会议顺利进行打基础、定基调，对会议产生指导、定向和“提神”作用；闭幕词是会议的尾声，要对会议的主要成果给予准确的评价和总结，重点放在总结大会的成绩和经验，以及强调大会精神对今后工作的指导作用。

（2）闭幕词要言简意赅，与会议的基调保持一致，应富于感染力，能鼓舞人心。

（三）写作训练

请加工、续写下面的闭幕词。

教职工大会闭幕词

2017 年教职工大会，经过与会同志的共同努力，已经结束了全部议程，完成了预定的各项任务，取得了圆满成功。在此，我谨代表学校党支部和本届大会主席团，对大会的成功表示热烈的祝贺！对各位代表和为这次大会成功召开而辛勤工作的同志们，表示衷心的感谢！

这次大会认真总结了 2017 年学校各方面的工作，明确提出了今后一段时期我校改革创新和和谐发展的主要任务。会议自始至终充分发扬民主，严格按照教代会章程办事。这是一次民主、团结、求实、奋进的大会，它对于动员、鼓舞全体教职工进一步解放思想、团结一致，推动学校的各项改革，加快学校发展步伐，必将产生重大的影响。

本次大会，校长做了题为“构建和谐教育，建设四大（平安、学习、人文、文明）校园”的学校工作报告，对 2018 年的工作做了全面的部署。

第六节　会议记录　电话记录　大事记

一、会议记录

（一）例文评析

［例文］

××案件分析会议记录

开会时间：2018 年 3 月 14 日上午 8 时

会议地点：××市公安局会议室

出席人：张××、李××、葛××、温××、许××

缺席人：汪××（到省公安厅开会）

列席人：魏××（××处处长）

主持人：张××（市公安局局长）

记录人：许××（办公室秘书）

张××：今天是××案件分析会，根据现在掌握的情况，大家可以各抒已见。

葛××：关于行凶手段，我认为死者身上有刀痕和勒痕，并无搏斗的痕迹，可以推断为先勒后杀，符合鉴定的结论。

李××：关于案件的性质，即杀人的动机问题，我觉得就现有材料虽然无法确定，但是从凶手刺杀了20余刀的凶狠劲，仇杀的可能性是存在的。现场的那条休闲裤和皮鞋是谁的呢？经法医化验，裤子上和鞋上的血与死者的血型完全相同，这很可能是凶手扔下的血衣，我怀疑盗窃和杀人是一个人干的。

温××：我认为盗窃和杀人是有关系的。两个案子发生得太凑巧了，而且赵××丢了新裤子，现场恰巧有条血裤。从发案的时间及作案者行窃后逃跑的路线看，他行窃后又到杀人现场的可能性是存在的。行窃后，路遇孤身妇女，见色起意，威胁不从，从而动杀机，也许想抢劫财物，但是案犯为什么没拿走死者的财物，反而把自己的东西抛了呢？也可能是杀人后被路人惊走。无论如何，那条休闲裤多半是作案者扔下的，应当作为重要线索。

张××：大家提得很好，有些问题不能马上弄清，要防止主观主义，我们除了立即上报省厅和公安部外，要做以下工作：再去农学院深入调查李××生前的作风、交往，尤其是恋爱方面的情况，了解其家庭情况，以及其亲朋故旧之间有无仇怨；两案可以合并，通报全市，布置追查，把跟踪走访和物证查证工作密切结合，查清现场遗留物的来源；此案由刑警队××队长负责。各位还有别的意见吗？如果没有，那么今天的会议到此结束。散会。

记录人：许××

主持人：张××

[评析]

此为详细会议记录。它内容完整，做到了如实记写。不仅记录了会议名称、参加人数、主持人、会议发言人、发言内容，而且记录了会议的决定、安排，是一份较为规范的会议记录。

（二）知识要点

1. 会议记录的概念

会议记录是开会时由会议指定的专职记录人员当场如实记写会议基本情况、发言内容和决议事项的事务文书。

会议记录是一种重要的档案材料，是传达和执行会议决定、贯彻会议精神的依据，是分析、研究、总结和检查工作时的凭证，是撰写报告、讲话、简报、会议纪要、工作计划等文书的最可信的资料。

2. 会议记录的种类

（1）详细记录：把会场的全部情况，包括会议名称、参加人数、主持人、会议发言人、发言内容，以及会场气氛等完整、具体地记载下来。详细记录适用于决定重大原则问题的会议和涉及面较宽、有重大影响的会议。

（2）摘要记录：提纲挈领地记录讨论的问题，发言的重点、中心、结论，以及会议通过的决定、决议。摘要记录适用于不太重要的事务性会议。

这两种会议记录可分别独立使用，也可交叉使用，视会议性质和内容而定。但是，重要的会议、讨论关键性的问题、有重大决议时，必须做详细的会议记录。

3. 会议记录的特点

（1）实录性。会议记录的本质是如实记载，真实录述。特别是与会者的发言，应怎么讲就怎么记，即不论是拥护还是反对，不论是原则同意还是完全赞成，都要如实地反映出来。既不能张冠李戴，也不可添枝加叶，更不能删繁就简。

（2）条理性。会议记录是会议情况的综合反映，它往往要再现整个会议的进展情况及会议的成果。因此，记写时，要全面了解会议的主旨，清楚会议的每一个阶段的变化，善于抓住线索，有重点、有条理地反映会议动态，避免“大杂烩”式的材料堆砌。

（3）准确性。会议记录的备查缘于表述的准确。因此，对会议召开的时间、地点、参加会议的人员、会议召开的过程以及与会者发言的中心内容、关键词语等的记录必须准确无误，绝不允许掺杂记录人的观点和倾向。语言的准确性是会议记录的“实录性”的具体体现。

4. 会议记录的结构

会议记录一般由标题、会议的基本情况和会议的主要内容三部分构成。

（1）标题。

会议记录的标题由开会机关＋事由＋文种组成，如“××专案组第一次工作会议记录”。有时也可以省略开会机关，如“社会治安综合治理工作会议记录”等。

（2）会议的基本情况。要记写会议名称、时间、地点、出席人、缺席人、列席人、主持人、记录人等。

（3）会议的主要内容。需记录会议主持人的发言、与会者的发言、会上做了什么报告、传达了什么事情、讨论了什么问题、做出了什么决议等。

5. 会议记录的写作要求

（1）记录要迅速。记录时必须一边细听，一边快速做出判断，决定详略取舍，应尽可能迅速地记下与会者发言的全部内容，以避免记录的残缺遗漏，影响中心内容的表达。

（2）记录要准确。会议记录必须准确地再现会议的全部情况，要忠实原貌，特别是与会者的主要观点、主要分歧、列举的主要事实和数据等必须准确。若有些情况记不下来，可暂时空着，会后想办法核实补上，绝不能凭主观臆断和随意想象添加上去。切不可夹杂记录者的好恶，更不可有意增删发言内容。

（3）记录要清楚。会议记录要清楚地再现会议的阶段与进展情况，善于抓住会议内容的线索，将与会者发言的内容层次、前后次序的有机联系及最后的结论清晰地反映出来。当然，也不能忽略表现形式上的分段、分行。

6. 会议记录与会议纪要的异同

（1）相同点。

二者都是对会议情况的记录和总结。会议纪要是在会议记录的基础上，对会议的主要内容及议定的事项，经过摘要整理的、需要贯彻执行或公布于报刊的具有纪实性和指导性的文件。会议记录是秘书人员或专职速录师现场记录会议情况以供备查的一种文体。

（2）区别。

1）性质不同：会议记录是讨论发言的实录，属事务文书；会议纪要只记要点，是法定行政公文。

2）功能不同：会议记录一般不公开，无须传达或传阅，只做资料存档；会议纪要通常要在一定范围内传达或传阅，要求贯彻执行。

（三）写作训练

请根据提供的素材制作一份会议记录。

××政法职业技术学院于2018年1月29日召开了院长办公会议，确定老校区置换、新校区建设的问题。与会者有党委书记韩×、副院长关×、副院长孟×、后勤处长张×、基建处长方×、计财处长王×、学生处长李×、教务处长刘×、法学院长赵×、社科系主任郑×、外语系主任高×、院办主任李×。院办副主任王×记录。党委书记韩×主持。主持人介绍了学院已与国有资产储备局签约，对方给学院1.08亿元建新校区，学院必须在2018年10月30日前腾出老校区，如违约则每天支付10万元违约金。关×做工作安排，成立新区建设指挥部，总指挥韩×，副总指挥关×，基建处长为办公室主任。后勤处负责学生食堂，学生处长负责安置住宿学生，教务处负责教室的临时调整。纪委负责建筑材料的采购。

学生处长提出新校区学生全部转到老校区，学生能走读的尽量走读，大三学生照常离校实习，宿舍安排尽量以系为单位相对集中。教务处长提出压缩各系办公用房，使新校区的师生有办公场所，外语系腾出一间办公室做教室，社科系腾出两间办公室给法学院。

主持人请相关部门负责人表态，再次强调从大局出发，必须在3月8日将新校区师生撤下来，保证新校区按时开工、按时竣工。副院长孟×提出，教学工作还要正常开展，认真严谨，不能误人子弟。

（四）病文修改

修改以下公文，使之符合会议记录的写作规范。

××公司党支部会议记录

时　间：2018年3月8日

地　点：会议室

出　席：赵××　白××　于××　刘××　郑××　刘××

记录人：刘××

主持人：赵××

首先由赵××发言。接着进行了两项内容。第一项是对入党积极分子的培养情况进行了总结。对各人的缺点和进步进行分析，提出了改进之处，支部成员一致同意将蔡××、尚××列为党建对象。

第二项是召开了党内民主生活会，全体党员进行了自我检查，并开展了相互批评。张××认为支部成员的工作还不够细致，工作方法还应改进。支部书记赵××对此进行了解释，并表示将尽力改善。

散会。

二、电话记录

（一）例文评析

［例文］

××政法大学值班室电话记录

2018 年 3 月 18 日　　　　　　　　　　　　编号：（2018）0038 号

<table>
<tr><td colspan="2">来电机关</td><td>××省教育厅</td><td colspan="2">来电时间</td><td>2018.3.18</td></tr>
<tr><td rowspan="3">发话人</td><td>部门</td><td>教育厅办公室</td><td rowspan="3">受话人</td><td>部门</td><td>政法大办公室</td></tr>
<tr><td>职务</td><td>主任</td><td>职务</td><td>秘书</td></tr>
<tr><td>姓名</td><td>黄×</td><td>姓名</td><td>程×</td></tr>
<tr><td colspan="6">来电内容：
定于 2018 年 3 月 25 日在××省教育厅二楼报告厅召开 2018 年高校招生工作会议，你单位招生办主任参加。3 月 24 日报到，会期两天。食宿费自理。</td></tr>
<tr><td colspan="2">拟办意见</td><td colspan="4">请李×主任阅示　　　　程× 2018.3.18</td></tr>
<tr><td colspan="2">批办意见</td><td colspan="4">请招生办王×主任准备参会　　　　李× 2018.3.18</td></tr>
<tr><td colspan="2">处理结果</td><td colspan="4">已按李×主任批示通知了王×同志</td></tr>
<tr><td colspan="2">承办时间</td><td>2018.3.18</td><td colspan="2">承办人</td><td>王×</td></tr>
</table>

记录人：程×

［评析］

此电话记录有基本情况记录，有来电内容记载，并有对来电的处理结果。其录述简明，事项完整，结构规范，便于了解把握相关情况，便于及时掌握处理结果。

（二）知识要点

1. 电话记录的概念

电话记录是用电话处理公务时当场制作的记载电话内容和有关情况的文字材料。它是行政机关、社会团体、企事业单位上情下达、简要布置工作的工具，也是各单位、各部门处理有关公务的依据和凭证。

2. 电话记录的特点

（1）使用频率高，内容庞杂。

各行政机关、社会团体、企事业单位的行政管理事务和业务活动繁忙，经常会通过电话听取和汇报情况、请示和询问事项，或通过电话发出指示、布置工作、接受报案等，对于重要和较为重要的内容必须记录下来，便于开展工作或以备查考。

（2）时间性强，言简意赅。

电话记录是在收听和发出电话时记写的，文字往往简明扼要，内容常常具体而完整，其详略程度根据具体内容而定。

（3）文件性质，备忘作用。

电话记录不是正式文件，却具有文件性质，是开展相关工作的依据，其重要内容可与正式文件一起整理立卷，归档保存，而且所有电话记录都有备忘录的作用。

3. 电话记录的结构

（1）接收电话记录。接收电话记录由首部、正文和尾部构成。

1）首部：包括来电话的时间、来电话人姓名及单位与身份。

2）正文：记录打来电话的主要内容，可按事项逐条记写或分段。

3）尾部：记录与本次电话有关的事项。一般只写接电话记录人的姓名、身份；有的还要让有关领导人及处理人阅示签名。如有交办内容的电话，则须详写将本记录交有关人员阅示的内容和处理结果，以示负责和备查。

（2）发出电话记录。

1）首部：写清所指定的接收电话人的单位、姓名与身份。

2）正文：写明发出电话的内容事项。

3）尾部：注明发出电话的时间和发出电话人的身份、姓名。

4. 电话记录的写作要求

（1）记录准确。这是电话记录的基本要求。拨出的电话要讲得准确、清楚，使对方明白无误；接听的电话也要听得明白、准确，如遇不清之处，一定要反复核对，询问清楚，把重要内容如实地记录下来。不得凭主观印象随意记写。必要时还需问清联系方式。

（2）结构完整。这是电话记录规范化的要求。电话记录是将一闪即逝的听觉信息变为永驻性的视觉信息的关键环节，所以它不仅包括电话内容，还包括来电话人的姓名、身份及电话记录人姓名、身份，以便向本单位领导汇报。此外，还要写清楚领导阅示及处理结果，有利于责任落实到人。

（3）简明有序。电话问答要有时间观念，要简洁明了，条理清楚，详略适宜，提高工作效率。不能漫无边际，神侃闲聊，浪费办公经费。

（4）及时处理。电话记录必须及时向本单位主管领导汇报，并交有关人员酌情处理。

（三）写作训练

请根据提供的材料，代值班员制作一份电话记录。

2018 年 1 月 22 日晚 9:38，××电业局值班室值班员魏××接到电话。对方自称是××医院医生黎×，正准备给一孕妇做剖宫产手术。突然，医院门前发生车祸，一载重货车将路边的电线杆撞断。整个医院立即停电，手术无法进行，孕妇生命垂危，请求立即供电。

三、大事记

（一）例文评析

［例文］

××职业技术学院大事记

2017 年 9 月

9 月 1 日：××职业技术学院 3 000 余名学生返校，学生开始新学期的学习。

9 月 3 日：新生在新校区报到。1 805 名来自省内的新生到校报到，他们分属 5 个院系、20 个专业。报到率最高的是社科系的司法警务专业和国际贸易实务通关专业。

9 月 9 日：××省教育厅授予 81 名教师优秀教育工作者称号，我院的××老师名列其中。

9 月 10 日：学院召开教师节庆祝会。表彰 10 名教学质量优秀的教师和 10 名最受学生欢迎的教师。其中，30 岁以下的年轻教师占 30%。

9 月 15 日：学院教学工作委员会公布院内示范专业 4 个，分别是法律文秘专业、社区管理专业、法律事务专业、法律英语专业。

9 月 20 日：学院学生工作委员会公布降级学生名单，106 名学生分别来自 5 个院系，均为 3 科以上考试不及格者。

9 月 28 日：学院被省档案局评为保密工作先进集体。

［评析］

本文围绕学院教学、师资、学生管理等中心工作，记载了学院一个月内发生的重大事件和重要活动。本文按时间顺序择其要而记之，条理清晰，语言简明，数据准确，重点突出。它便于查阅，具有重要的史料价值。

（二）知识要点

1. 大事记的概念

大事记是行政机关、社会团体、企事业单位用来记载本单位发生的重大事件和重要活动的记事性文体，可作为总结、检查、统计和资料编纂的重要依据，具有备查和史料作用。

2. 大事记的结构

大事记可按时间顺序记写，也可按事件主次记写。

（1）按时间顺序记写：年度大事记一般以月、日为单位来记事；月份大事记则精确到时为单位。持续数天的事件要写清起止日期。

（2）按事件主次记写：记大事、要事，即影响单位的发展前途、带有全局性的事件，如人事、组织机构变动，以及重大活动、重要会议、主要工作等。应写明事件的涉及人员、起因、经过、结果。

3. 大事记的写作要求

（1）一事一记。可一日一事，也可以一日二事、三事，按时间顺序排列，便于统计查寻。

（2）准确精练。内容完整，要素齐全，概括准确，语言精练，突出重点。

（3）及时收集。避免时过境迁，遗失有关资料，造成漏记、错记。如发现漏记、错记应随时补充修正，确保其完整性及存档价值。

（三）写作训练

请结合所在单位工作实际，制作一份大事记。

第七节 公示 启事 公务电子邮件

一、公示

（一）例文评析

［例文］

公　示

经本人申请、党组织培养和考察、群众评议，×××党支部于2017年××月××日支委会讨论同意，并报学院党委审查，将王××同志列为发展对象。现根据辽经党发〔2017〕23号文件规定，公示如下：

王××，男，汉族，辽宁沈阳人，2013年7月参加工作，大学本科学历，××系教师。于2015年3月4日申请加入中国共产党，2016年6月9日支部大会确定为入党积极分子，2017年6月9日支部大会确定为发展对象。

按照文件规定，自2017年6月10—17日，凡认为该同志不符合党章规定的党员标准的，或有问题不宜发展的，请以口头或书面形式，实名向党委据实反映。

受理意见部门：辽宁××职业技术学院党委办公室

联系人：张××

联系电话：024-8686××××

特此公示

中共辽宁××职业技术学院委员会

2017年6月10日

［评析］

本文为组织发展公示，是党组织确定发展对象时发布的，以接受群众监督。它体现了党务公开的组织原则。开篇交代了公示的目的与依据，介绍了公示对象的基本情况，提出了公示的要求和时限。本文结构规范，内容简洁。

［**例文**］

公　示

经我省高等学校教师资格认定专家审查委员会审查通过，下列同志取得高等学校教师资格，现予公示。公示时间从2017年5月25日上午8:30至5月31日下午5:30。若对下列教师取得资格有异议，请电话或书面向我厅或学校人事部门反映。反映情况时要自报或签署真实姓名，要有具体事实；不报或不签署真实姓名的，以及不提供具体事实材料的，一律不予受理。

学校受理部门：各高校人事处

教育厅受理部门：省教师资格认定工作办公室

联系人：陈××

联系电话：020-3762××××

联系地址：××市××路××号

邮政编码：××××××

E-mail：××××××@××××××.edu.cn

附件：取得高等学校教师资格人员名单

××省教育厅

2017年5月25日

［**评析**］

本文属于专业技术职称评聘公示，是省教育行政机关为接受群众监督在确定高等学校教师资格时发布的，体现了专业技术职务评聘的公开、公正、公平。开篇交代了公示的目的与依据，介绍了公示对象的基本情况，提出了公示的要求和时限。本文结构完整、规范，内容简洁、明晰。

［**例文**］

××省委管理干部任前公示

为了加强对干部选拔工作的监督，提高识别和任用干部的准确程度，现对省委常委会议研究决定的下列6名拟任职人选进行任前公示：

王××，女，汉，1962.12，在职大学，中共党员，省高级人民法院执行局副局长（正处级），任省高级人民法院副厅级干部（执行局局长）。

李××，男，汉，1964.07，大学，中共党员，省委办公厅副厅级督办员，任省国家保密局局长。

李××，男，汉，1968.12，在职研究生，中共党员，省委组织部干部二处处长，任省委组织部副巡视员。

李××，女，汉，1978.11，在职研究生，硕士，中共党员，省直工会常务副主席，任省直机关工委委员。

李×，男，汉，1967.12，大专，中共党员，省水利厅副厅长、党组成员，任省信访局局长、党组书记。

吴××，男，汉，1968.08，中央党校函授本科，中共党员，省人大常委会办公厅信访处处长，任省人大常委会信访办公室主任。

受理举报时间：2017年12月20日—26日

受理举报单位：××省委组织部干部监督处

受理地点：省委大院一办公楼

专用举报电话：0731-123×××

邮政编码：××××××

中共××省委组织部

2017年12月19日

[评析]

本文属于干部任职前公示，是组织管理部门在任命领导干部时发布的，以接受群众监督。它体现了党务公开、政务公开。开篇交代了公示的目的与依据，介绍了公示对象的基本情况，提出了公示的要求和时限。它内容明晰，要件齐全，语言简洁，格式规范。

（二）知识要点

1. 公示的概念

公示是指组织管理部门把某些决策和决策实施情况公之于众，并让群众知晓或向群众征求意见的一种应用文书。

2. 公示的种类

（1）干部公示，如任职前公示、任职公示、考核公示、后备干部公示等。

（2）组织发展公示，如确定入党积极分子公示、发展预备党员公示、发展党员公示等。

（3）推荐先进公示，如先进集体公示、先进个人公示。

（4）专业技术职称评聘公示，如专业技术职称评审公示、专业技术职称聘任公示等。

（5）重要举措的公示，如工程招标公示等。

3. 公示的特点

（1）时限性。无论是何种类型的公示，都有一个共同的特点，那就是阶段性、时限性，而不是无限期地公示。公示期限因公示种类的不同而不同，公示期限一般为自公示之日起三天至十五天。

（2）单一性。无论是何种类型的公示，公示的目的都很单一，内容也有限，主要介绍公示对象的自然情况、公示目的和公示要求，使相关人士对公示对象有所了解和掌握。

4. 公示的结构

(1) 标题。公示的标题有四种类型:

1) 发文单位+事由+文种,如“辽宁省公安厅拟任干部公示”。

2) 发文单位+文种,如“辽宁省公安厅公示”。

3) 事由+文种,如“拟任干部公示”。

4) 文种,如“公示”。

(2) 引语。交代公示的目的与依据。

(3) 公示对象的基本情况。

(4) 公示的要求。

(5) 公示的时限。

(6) 落款。应写明公示发布单位全称、公示发布时间。

(三) 写作训练

(1) 请修改下面两篇公示。

推荐“我最喜爱的十大人民警察”候选人公示

广大网迷:

公安部政治部与中央电视台联合组织开展第二届“我最喜爱的十大人民警察”评选活动,公安部要求各省推荐2～3名人员作为“我最喜爱的十大人民警察”的候选人。经研究,拟推荐广州市局兴华派出所民警刘××(全国五一劳动奖章获得者)、清远市局刑警支队侦查员王×(全国五一劳动奖章获得者)、中山市公安局出入境管理科科长林××(全国先进工作者)三位同志为“我最喜爱的十大人民警察”候选人。现予公告。

本次公告自201×年5月9日开始至5月15日结束。公告期间,如有问题、意见、建议,请在上述规定时间内,匿名向省公安厅政治部教育培训处奖励科来访、来电、来函反映。

特此公告

广东省公安厅

市管干部任前公示通告

×组公字〔201×〕24号

根据中央颁发的《党政领导干部选拔任用工作条例》和中央、省委有关领导班子换届调整配备的政策规定及民主测评、民主推荐、民意调查、组织考察和实绩分析的情况,经中共× ×市委常委会研究,现将拟进新党政班子和拟提拔对象人选进行公示,征求党员、群众和各单位的意见,并就有关事项通告如下:

在公示期限内,任何个人和单位均可通过来信、来电、来访等形式,向× ×市委组织部反映公示对象在德、能、勤、绩、廉等方面的情况和问题。以个人名义反映的提倡签署或自报本人真实姓名;以单位名义反映的应加盖本单位印章。反映公示对象的情况和问题，要坚持实事求是的原则，不得借机诽谤和诬告。

公示时间从8月25日至8月31日止。

受理单位：××市委组织部干部监督科

地址：××市西区大道2号

中共××市委组织部

附名单（略）

（2）请根据工作实际制作一份公示。

二、启事

（一）例文评析

［**例文**］

××市公安局招聘启事

××市公安局公共信息网络安全监察处现面向社会公开招聘，欢迎广大立志从事公安事业的专业人才应聘，我处将择优录取。

招聘条件：

1. 热爱国家、热爱中国共产党、热爱人民，具有远大的共产主义理想、坚定正确的政治方向。坚持全心全意为人民服务，坚决维护人民群众的利益。

2. 遵纪守法，在校期间没受过任何处分，学习成绩优良，学历为本科以上，专业为计算机、法律、外语的国家计划内统招统分的应届毕业生（北京生源优先）。

3. 身高170cm以上，其身体条件符合《公安机关录用人民警察体检项目（体能项目）和标准》。

4. 取得2017年《××市应届毕业生国家公务员录用考试公共科目笔试合格证书》。

5. 取得大学英语四级以上证书。

凡同时具备上述5个条件的男性毕业生，可与××市公安局公共信息网络安全监察处联系。您可以选择以下联系方式：

联系电话：×××××××××（9时至11时、14时至17时）

联系人：××

地址：××区××东大街9号××市公安局网监处

请将个人身份证复印件、简历、××市应届毕业生国家公务员录用证书复印件等资料发送到：

E-mail：×××××@vip. sina. com（任何时间）

招聘截止日期：2017年6月7日17时

××市公安局公共信息网络安全监察处

2017年6月3日

［评析］

本文属于招聘启事。招聘目的明确，招聘条件明晰，准确写明了招聘对象的职别、岗位、应具备的条件，交代了报名方式和截止时间。体现了招聘启事公开性、单一性的特点。它标题醒目，要素齐备，格式规范。

［例文］

消防宣传语征集启事

××区各界热心消防工作的人士：

一年一度的119消防宣传周就要来到了，××消防监督科为了使今年的消防宣传周活动取得更好的效果，热忱向社会各界征集消防宣传语。和一般意义的标语、口号相比，我们的要求是：更有人情味、更亲切、更诙谐、更易于为人们接受、更贴近时代的脉搏。

征集时间：即日起至11月10日

征集方式：

1. 直接送到××市公安局××区分局消防监督科

地址：××区街道口××路798号13楼

2. 邮寄至：××市公安局××区分局消防监督科，邮编：××××××

3. E-mail：×××××××××@sina. com

其他：应征宣传语请注明作者、联系方式，我们会在应征作品中评出优秀奖10名，给予奖励，并实际应用在我们的宣传活动中。

期待您的参与！

××市公安局××区分局防火监督科

2017年9月10日

［评析］

本文属于征集启事。征集消防宣传语的目的明晰，征集消防宣传语的要求行业特色明显。准确写明了征集时间和征集方式。体现了征集启事的公开性、单一性、期望性的特点。它标题醒目，要素齐备，格式规范。

［例文］

××市公安局自行车招领启事（第一批）

××市公安局尚有各区公安局、派出所及社会各部门收缴的自行车，请失主于即日起，一个月内凭自行车行驶证、自行车丢失报案证明、车主身份证前来认领，过期做无主车处理。

认领时间：每周一至周五早8:30—16:30

认领地点：××区××乡××村（××路小学后身）

电话：8663××××

注：以下为每台自行车的钢印号码（略）

××市公安局

2017年6月6日

［评析］

本文属于招领启事。准确写明了招领时间、地点和招领的必备凭证，体现了征集启事公开性、单一性的特点。它标题醒目，要素齐备，格式规范，语言简洁、严谨。

（二）知识要点

1. 启事的概念

启事是单位或个人将需要向大众公开说明并希望获得关心、理解支持和协助的事情简写成文，然后通过传媒公开的一种应用文体。

2. 启事的特点

（1）公开性。启事通过传媒向社会广泛发布，无秘密可言。

（2）单一性。启事的事项单一，不掺杂无关的内容。

（3）期望性。启事不是行政公文，没有行政约束力，它只期望得到人们的了解、支持和协助，而不强制读者承担责任和义务。

3. 启事的类型

常用常见的启事有 12 种：找寻启事，招领启事，征集启事，招聘启事，开业、庆典启事，迁址启事，庆典启事，遗失作废启事，征婚启事，征订启事，致歉启事，更正启事。

4. 启事的结构

（1）标题。

启事的标题要醒目，通常在标题中写出事由，如“开业启事”“招领启事”。有的在“启事”前冠以单位名称，如“××局招聘电脑工程师的启事”。若事项重要或紧急，可在“启事”前加“重要”或“紧急”字样，如“××局紧急启事”等。

（2）正文。

正文用简明的语言交代启事的目的、原因、具体事项、要求、联系方式、联系人等。如果内容多，可分条列项，逐一写明。

正文部分是体现各种启事不同性质和特点的关键，应依据不同启事的内容和要求，变通处理。

开业启事一般要写明企业性质、宗旨、经营范围及地址、电话等，而且要写上“欢迎惠顾”之类的词语。有的开业启事还写上负责人姓名。

迁址启事一般要写清迁移日期、新址、电话等相关事项。

招聘启事要写明招聘对象的职别、岗位、应具备的条件、报名事项、考场及录用办法，有的还须说明待遇。

征集启事一般要说明征集目的、有关背景、设计要求、奖励办法及截稿日期。若希望对方与启事方联系，则须写明联系方式。

（3）落款。

写明发启事单位的全称或个人姓名及日期。如标题或正文中已写明单位名称，此处可略。以机关、团体、单位名义张贴的启事，一般应加盖公章。

5. 启事的写作要求

（1）内容要真实。启事的内容不能弄虚作假，否则不但欺骗他人，还会损害单位和个人形象。

(2) 标题要简短、醒目。揭示事由，吸引公众。

(3) 要一事一启，便于读者迅速理解和记忆。

(4) 语言应通俗、简洁、庄重。

（三）写作训练

请根据提供的素材，为蓝天出租汽车公司制作一份寻车启事。

2017 年 4 月 1 日上午 7 时 30 分，蓝天出租汽车公司的司机王××（男，45 岁）驾驶京 B×××××牌号红色夏利出租车外出营运，至 4 月 5 日仍未归。

该车发动机号为：97501××，车架号为：9708××，车门上印有“蓝天出租汽车公司 110××”字样。

联系电话：6254××××

联系人：王××

三、公务电子邮件

（一）例文评析

［例文］

1. 表头

发件人：sbtw@126. com

发送时间：2017 - 09 - 27　10:14:36

收件人：小王、小闻、小祁

抄送：蔡总

主题：关于书稿的注意事项

2. 正文

小王、小闻、小祁：

《新闻》册交稿了，《法律》《日常》两册也快了吧？《新闻》册书稿多了几万字，所以审稿的第一关是删节。为了少做无用功，请你们注意控制字数。请逐页用电脑统计，连空格计算 26 万字左右就够了。我传上一个示范页给你们。你们按同样字体、字号编排，220 页即可。

记住，要写内容简介。书稿要编页码。

《实用旅游写作》和《实用经济写作》8 月份已经出书，因样书太少，不能送给你们，你们可到书店购买。

黄卓

2017/09/27

3. 附件

［评析］……

这是某丛书主编从神笔图文（sbtw）策划工作室发给两个分册的3位年轻作者的邮件正文部分。虽然是公务信函，但是因为发件人是前辈，3位收件人是晚辈，所以以“小×”称呼，显得平易亲切。同时，文字简明扼要。因为经常联系，前面“你们好”之类的问候语和后面“此致　敬礼”的结束语都省去了。这些都体现了公务电子邮件简约的风格，以及比公务纸质邮件更为自由、随意的特点。

（二）知识要点

1. 公务电子邮件的概念

电子邮件，即E-mail，是一种由电子计算机生成、处理，并通过电子邮件系统经由计算机网络发送和接收的电子信息。它包括信息文本本身及其附件，其长度和格式不受限制。它是一种现代化信息载体。

电子邮件可在机构内部进行传递，也可以在政府部门之间或政府部门与公众之间进行传递。

电子邮件分为三种：公务电子邮件、暂时性公务电子邮件、私人电子邮件。

公务电子邮件专指具有办公用途的电子邮件。狭义上是指党政机关公务电子邮件，广义上包括大大小小的企业、事业单位和群众团体办公用的电子邮件。

2. 公务电子邮件的特点

（1）快速。电子邮件被发送后，只需几秒钟就可通过网络传送到邮件接收者的电子邮箱中。

（2）方便。书写、收发电子邮件都通过电脑自动完成，即写即发，网络邮路24小时全球畅通无阻，收发邮件不受时间和地点的限制。还可设置“定时发送”和“自动回复”。“定时发送”可以控制发件时机，“自动回复”则让对方及时知道邮件已经送达。

（3）廉价。许多门户网站都有免费邮箱可供注册，机关、单位无论大小，都可以设置自己的免费电子邮箱。即使是收费邮箱，费用也很少，比普通信件便宜得多。

（4）可靠。每个电子邮箱地址都是全球唯一的，这样确保了邮件可以按发件人输入的地址准确无误地被发送到收件人的邮箱中。

（5）内容丰富。电子邮件不仅可以传送文本，还可以传送声音、视频等多种类型的文件，这是电子邮件在内容上更优胜于普通邮件的地方。

由于电子邮件优点很多，因而被广泛地应用，它使人们的交流方式得到了很大的改变，也使办公方式和文书工作发生重大变化。

3. 公务电子邮件的结构

公务电子邮件由表头、主体组成。

（1）表头。

表头大体类似于传统邮件的信封。

完整的表头包括：发件人（单位）、收件人（单位）、邮件主题、邮件寄出日期、邮件传输路径，以及使用者的邮件软件名称、版本，还有邮件使用的编码方式。

在电子邮件里，一封邮件可同时邮寄多人（单位），所以收件人（单位）会出现下列三种收件身份：

1）正本收件人：为邮件的正本收件人；

2）副本收件人：为邮件副本的抄送收件人；

3）密件收件人：为邮件副本的秘密抄送（暗送）收件人。

每一收件人在阅览信件时，可见到收到此封信件的所有正本及副本收件人的邮件住址，但不会显示出密件收件人的电子邮件地址。

完整的表头内容举例如下：

发件人（From）："joan" <joan. liu@hotmail. com>

收件人（To）："xintong" <xintong@163. com>

抄送（Cc）："janet" <janet. he@hotmail. com>

日期（Date）：2017-06-20　14：32：21

主题（Subject）：关于公司搬迁费用

（2）主体。

邮件主体指信件内容。主体除了文字信息外，还可附加图片、声音及其他计算机档案。主体包括正文和附件两部分，它们可以同时存在，也可以单独出现。

1）正文。个人用途的信件对正文的要求并不严格，但公务用途的信件就需要有收件人的称呼、问好、信件内容、发件人的签名、日期，甚至附加发件人的电子名片。

2）附件。电子邮件的附件使用起来非常灵活，它可以是文本文件，也可以是表格文件，还可以是语音文件或影像文件，文件格式包括 . doc、. exe、. txt、. pdf 等，而且同一个电子邮件里可以带多个附件。在电子邮件里，遇到正文不便详述的事宜，通常会在正文对其内容进行概述，然后使用附件对内容加以清楚说明和叙述。如"例文评析"中邮件的附件就是"示范页"，它起到对正文补充说明的作用。

4. 撰写、传递公务电子邮件的要求

（1）拥有自己的邮箱。

电子邮件的运作方式是通过互联网进行远程传输，并采用应用程序型邮件收发器或网页型邮件收发器进行收发、转发、回复、阅读、编辑和删除。

电子邮件的单位用户，应在互联网的站点申请一个电子邮件地址。电子邮件地址的典型格式是 abc@xyz. com，这里@之前是用户选择代表本单位或本人的字符组合成代码，如 sxlycbs 代表陕西旅游出版社，@之后是提供电子邮件服务的服务商名称，如 163. com 代表网易网站。

（2）行款格式相对自由。

公务信件之所以采用电子邮件的形式发送，最主要的是看重传输速度。为了快速和实用，写作时不必像传统公函那样讲究行款格式，甚至可以比传统便函更简约。有的邮件只是发送附件（文件或图片等），正文只写"请收附件"一语，甚至不写正文，电子邮件用户已经习惯于这种简约的风格。

（3）表达力求清楚、明白。

电子邮件写作上的随意性并不等于马虎。公务电子邮件毕竟有它的严肃性，表达要清楚、明白，要有条理，不能令收件方产生疑问或误解。这一点与传统邮件的写作是相同的。

（4）“自动回复”的设置。

设置“自动回复”时，要以礼貌、普遍适用为原则，如应用“发来邮件收到，待处理”之类的话语。

5. 撰写、传递党政机关公务电子邮件的要求

（1）公务电子邮件标题、正文内容的撰写以及署名规则应参照相关纸质公文规定。

（2）各单位应在公务电子邮件系统的公务信箱中发送和接收公务电子邮件，不得使用私人邮箱。邮件一经发出，必须原样保存。应尽量避免公务邮箱用于私人活动。

（3）涉密公务电子邮件应使用专网和专门的邮件服务系统进行发送和接收，并对发送的邮件进行加密处理，同时应对网络环境、服务器、工作站进行安全性验证。

（4）在发送公务电子邮件时应使用真实身份，并根据电子邮件的密级和发送范围，确定是否应进行加密和电子签名。不得在公务电子邮件及其附件中使用扫描签字等易被修改、伪造的签字方式。

（5）各单位系统管理人员或有关人员应保存经由公务电子邮件系统传送的所有电子邮件收发记录，作为指导、监督归档的依据。公务电子邮件收发记录应当归档，只有授权人员方可查询。

（6）使用公务电子邮件系统的工作人员不得开启可疑电子邮件，如发现病毒，应立即通知系统管理人员。

（7）公务电子邮件收发日志应备份、脱机保存，并定期移交档案部门。

6. 国际通行的发送公务电子邮件的三项原则

（1）使用企业或单位邮箱。

（2）少使用附件。

（3）回复邮件时尽量不要删除对方的原件。

（三）写作训练

请结合工作、学习的实际，向相关部门发送一份公务电子邮件。

第四章

财经文书

学习目标

1. 了解财经文书的概念，掌握财经文书的特点，熟悉财经文书的写作要求。

2. 重点掌握合同、协议、意向书、可行性研究报告及调查问卷的结构及写作要求。

3. 注意合同、协议、意向书的异同。

4. 通过例文评析、写作训练，掌握相关财经文书的写作技能。

第一节 合　同

一、例文评析

［例文］

建筑安装工程承包合同

工程名称：××市城东体育馆　合同编号：20170069

工程编号：20170136　签订地点：××市体育局

发包方：××市体育局　签订时间：2017年10月8日

承包方：××省第六建筑工程公司

根据《中华人民共和国合同法》和《建筑安装工程承包合同条例》及有关规定，明确双方在施工过程中的权利、义务和经济责任，经双方协商同意签订本合同。

第一条　工程项目

一、工程名称：××市城东体育馆

二、工程地点：××市朝阳区254号

三、工程项目批准单位：××市政府

批准文号：（指此工程立项有权批准机关的文号）

项目主管单位：××市体育局

四、承包范围和内容：（详见工程项目一览表）；工程建筑面积12.6万平方米。

五、工程造价：2 500万元，其中土建1 800万元，内部设备及装修700万元。

第二条　施工准备

一、发包方

（一）2018年2月28日前做好建筑的“三通”，负责进场道路的维修。

（二）2018年3月15日前，负责接通施工现场总的施工用水源、电源、变压器（包括水表、配电板），应满足施工用水、用电量的需要。做好红线外场地平整，拆迁全部障碍物（包括架空的、隐蔽的），并提供有关隐蔽障碍物的资料。

（三）本合同签订后30天内提交建筑许可证。

（四）本合同签订60天内（以收签最后一张图纸为准）提供完整的建筑安装施工资料18份、施工技术资料（包括地质及水准点坐标控制点）30份。

（五）组织承、发包双方和设计单位以及有关部门参加施工图交底会审，并做好三部门的交底会审纪要，在20天内分送有关单位，40天内提供会审纪要和修改方案。

二、承包方

（一）负责施工区域的临时道路、临时设施以及水电管线的铺设、管理、使用和维修。

（二）组织施工管理人员和材料、施工机械进场。

（三）编制施工组织设计或施工方案、施工预算、施工总进度计划，材料设备、成品、半成品等进场计划（包括月计划），以及用水、用电计划，并送发包方。

第三条 施工期限

一、根据国家工期定额和施工需要，商定工程总工期为229天，自2018年4月1日开工至2018年11月15日竣工验收（附各单位工程开竣工日期，见附表一）。

二、开工前15天承包方向发包方发出开工通知书。

三、如遇下列情况，经发包方现场代表签证后，工期相应延长：

（一）按施工准备规定，不能提供施工场地，水源、电源、道路未能接通，障碍物未能清除，影响进场施工。

（二）凡发包方负责供应的材料、设备、成品或半成品未能保证施工需要或因交验时发现缺陷需要修、配、代、换而影响进度。

（三）不属包干系数范围内的重大设计变更，提供的工程地质资料不准，致使施工设计方案改变或由于施工无法进行的原因而影响进度。

（四）在施工中，如因停电、停水8小时以上或连续间歇性停水、停电3天以上（每次连续4小时以上），影响正常施工。

（五）非承包方原因而监理签证不及时影响下一道工序施工。

（六）未按合同规定拨款付预付款、工程进度款或代购材料差价款而影响施工。

（七）人力不可抗拒的因素而延误工期。

第四条 工程质量

一、本工程质量经双方研究要达到：（略）

二、承包方必须严格按照施工图纸、说明文件和国家颁发的建筑工程规范规程和标准施工，并接受发包方派驻代表的监督。

三、承包方在施工过程中必须遵守下列规定：（略）

第五条 建筑材料、设备的供应、验收和差价处理（略）

第六条 工程价款的支付与结算（略）

第七条 施工与设计改变（略）

第八条 工程验收（略）

第九条 违约责任

承包方的责任：

一、工程质量不符合合同规定的，负责无偿修理或返工。由于修理或返工造成逾期交付的，偿付逾期违约金。

二、工程不能按合同规定的工期交付使用的，按合同中第九条关于建设工期提前或拖后的奖罚规定，偿付逾期罚款。

发包方的责任：

一、未能按合同规定履行自己应负的责任，除竣工日期得以顺延外，还应赔偿承包方由此造成的实际损失。

二、工程中途停建、缓建或由于设计变更、设计错误造成的返工，应采取措施弥补以减少损失。同时，赔偿承包方由此造成的停工、窝工、返工、倒运、人员和机械设备调迁、材料和构件积压的实际损失。

三、工程未经验收，发包方提前使用或擅自动用，由此而发生的质量或其他问题，由发包方承担责任。

四、承包方验收通知书送达 15 日后不进行验收的，按规定偿付逾期违约金。

五、不按合同规定拨付工程款，按银行有关逾期付款办法规定的延付金额每日万分之一偿付承包方赔偿金。

第十条　纠纷解决办法

任何一方违反合同规定，双方协商不成，按以下方式解决：

一、向合同仲裁机关申请仲裁。

二、向人民法院起诉。

第十一条　附则

一、本合同一式六份，合同附件六份。承包方和发包方各执正本一份，其余副本由发包方报送经办银行、当地工商管理机关、建设主管部门备案，并送建筑物所在地的公证部门办理公（鉴）证。

二、本合同经双方代表签字之日起生效，工程竣工验收、结清工程款之后终止。

三、本合同签订之后，承、发包双方如需提出修改时，经双方协商一致后，可以签订补充协议。

发包方：××市体育局（章）
法定代表人：张×（章）
委托代理人：杜×（章）
单位地址：（略）
开户银行：（略）
账号：（略）
电挂：（略）
邮编：（略）

承包方：××省建筑工程公司（章）
法定代表人：李×（章）
委托代理人：夏×（章）
单位地址：（略）
开户银行：（略）
账号：（略）
电挂：（略）
邮编：（略）

2017 年 10 月 8 日

经办建设银行（章）
建筑管理部门（章）
鉴（公）证机关（章）

2017 年 10 月 19 日

附表一：工程项目一览表

附表二：发包方负责供应的设备和材料表

［评析］

这份合同由于建设工程项目比较大，所以内容安排得十分详细。如“施工期限”一条，天数计算得明确、具体，各种可能出现的主客观情况都有具体分析，使得责任明确。此合同内容翔实，将来实施起来人们会感到十分方便，一旦出现分歧，协调或诉讼都有依据。此合同内容合法，格式规范，条款完备，语言准确，是一份很有参考价值的合同。

二、知识要点

（一）合同的概念

合同是平等主体的自然人、法人或其他组织之间设立、变更、终止民事权利义务关系的协议。合同是当事人协商一致的产物，是当事人意思表示相一致的契约。所以，合同也称为“契约”。依法签订的合同，具有法律约束力。

（二）合同的种类

因分类标准不同，合同的种类也不同：

（1）按时间，可分为长期合同、中期合同和短期合同。

（2）按交割方式，可分为现货合同和期货合同。

（3）按表述方式，可分为条款式合同和表格式合同。

（4）按业务性质和内容，可分为买卖合同、赠与合同、借款合同、租赁合同、融资租赁合同、承揽合同、建设工程合同、运输合同、技术合同、保管合同、仓储合同、委托合同、经纪合同、居间合同，以及供水、电、火、气、热合同等15种。

上述15种合同中较为常用的有4种：买卖合同，供水、电、火、气、热合同，借款合同，建设工程合同。

（三）合同的特点和作用

1. 合同的特点

（1）合法性。

内容合法性，是有效合同最基本的特征。如双方签订的合同的内容与国家的法律、法规、政策相悖，应视为无效合同，不受法律保护。另外，合同的订立程序也必须合法。

（2）平等性。

合同双方的权利、义务和责任也是平等的。任何一方不能凭借垄断地位或特殊的权力，在签订合同时出现不平等的霸王条款。

（3）规范性。

合同文本的书面形式是统一的、固定的，其内容构成、先后顺序都有严格的要求。在语言方面，合同要求使用规范的表达方式，用语、数字、简称及计量修改符号，都应当按照有关标准和规定使用。语言要准确、严密，措辞要精当，绝不能含糊不清、出现歧义。

2. 合同的作用

（1）合同是完成预定任务的保障。

（2）合同是维护合法权益的凭证。

（3）合同是提高工作效率和经济效益的手段。

（四）合同的结构

合同文本有文字条款式、表格式和混合式三种。文字条款式是最常用的。

文字条款式合同的结构包括标题、合同当事人基本情况、正文、附件四部分。

1. 标题

标题的写法有两种：第一种写法是文种前只写合同的类型，如“买卖合同”“建设工程合同”“借款合同”。第二种写法是在合同类型前再加一些其他要件，如“生猪购销合同”“市政府办公大楼工程建设合同”“大连港务局 2017 年第一季度钢材货运合同”。

2. 合同当事人基本情况

如果是双方或多方当事人，要分行单写；如果是法人单位，应当写上单位名称以及法人代表姓名、年龄、职务等。

一般称双方为“甲方、乙方”，也可称“卖方、买方”“发包方、承包方”等。

3. 正文

合同的正文由前言、主体部分和尾部三部分组成。

（1）前言。前言应写明当事人签订合同的依据、目的。

（2）主体部分。主体部分是合同中最重要的内容，关键是要写明双方当事人承担的义务和应享受的权利，这是双方履行合同承担法律责任的依据。合同主体部分应写明以下内容：

1）标的。

标的是合同当事人权利和义务共同指向的对象。合同标的可以是货物，可以是货币，也可以是工程项目、智力成果等。合同的标的要写明标的名称，使标的特定化，以便确定当事人的权利和义务。

2）数量和质量。

数量是以数字和计量单位来衡量标的的尺度。质量是标的的内在素质和外观形态的综合，包括标的名称、品种、规格、型号、等级、标准、技术要求、物理和化学成分、感觉要素、性能等。数量和质量条款是合同的主要条款，没有数量，权利义务的大小很难确定；没有质量标准，极易发生纠纷。因此该条款要给予明确、具体的规定。

如果购货品种较多，合同中商品名称、数量部分可用表格式表现。

3）价款或者报酬。

价款是根据合同取得财产的一方当事人向另一方当事人支付的以货币表示的代价。报酬是根据合同取得劳务的一方当事人向另一方当事人支付的货币，又可以称为酬金。

价款或报酬是有偿合同的必备条款，合同中应说明价款或报酬数额及计算标准、结算方式和程序等。

4）合同的期限、履行地点和方式。

合同的期限包括有效期限和履行期限。有的合同如租赁合同、借款合同等必须具备有效期限。合同的履行期限是当事人履行合同的时间限度。履行的地点和方式是确定验收、费用、风险和标的物所有权转移的依据。

5）违约责任。

违约责任是违反合同义务的当事人应承担的法律责任。合同约定违约责任有利于督促当事人自觉履行合同，发生纠纷时也有利于确定违约方所承担的责任，这是合同履行的保障性条款。违约责任大都用违约金表示。

6）解决争议的方法。

合同发生争议时，其解决方法包括当事人协商、第三者调解、仲裁、法院审理等几种。当事人在订立合同时，应当约定争议解决的方法。

7）其他。

除合同主要条款以外，双方当事人应根据实际情况约定其他有关双方权利和义务的条款。

（3）尾部。合同的结尾部分一般包括：双方当事人签名盖章、单位地址、电话号码、邮政编码、开户银行、开户银行账号、鉴证或公证单位及公章。

4. 附件

附件主要是对合同的条款的说明性或证明性材料。

（五）合同的写作要求

（1）必须坚持双方协商平等互利的原则。

（2）结构必须规范完备。金额数字要用大写，如果出现修改，必须经双方同意，并在改动处加盖印章。

（3）内容必须符合法律、法规。

三、写作训练

请从格式、内容以及文字等方面，修改下面这则合同。

电气线路维修承包合同

新华灯具厂（以下简称甲方）由于电气线路长期失修，急需整改，委托外包工需费用2 700余元，故委托本厂职工戴××（以下简称乙方）在业余时间进行整修，经双方同意签订如下合同：

1. 乙方应于11月10日前完成甲方指定的全部整改项目（另见12个整改项目清单）。甲方验收合格后，甲方一次性奖励乙方1 500元。如逾期完成的，甲方有权按每逾期1天扣发10%的奖金。

2. 甲方全权委托乙方整修和改装电气线路，由乙方自由聘请辅助工，甲方不加干涉。

3. 乙方在整改电气线路隐患时，不得占用生产时间，如需占用生产时间，应做调休或事假处理。

4. 乙方在施工前提出施工材料需用清单，甲方应保证供应。如因甲方材料供应不及时影响整改进度时，不属扣奖范围。

5. 乙方整改时确保安全生产，如发现违章操作，第一次扣奖金5%，第二次扣奖金10%，以此类推。

6. 本合同一式两份，双方各执一份，经双方签章后生效。

甲方：　　　　　　　　　　　　　　乙方：

公章　　　　　　　　　　　　　　　签名：

××××年××月××日

第二节 协　议

一、例文评析

［例文］

合作培训协议书

甲方：××大学软件学院现代科技培训中心

乙方：××市××区人民政府

经双方商讨，拟合作举办一期办公软件培训班，初步意向如下：

一、培训方式与时间为脱产培训一个月。

二、培训学员20名。由乙方选送25岁以下、具有高中以上文化程度的人员。

三、培训费由乙方在开班前支付给甲方50%；其余50%结业后一次性付清。

四、甲方提供培训场地、师资、教材，并负责教学管理，发放结业证书。

五、未尽事宜，经进一步商定后签订合同。

甲方代表 李×（签字）　　　　　　乙方代表 张×（签字）

（公章）　　　　　　　　　　　　　（公章）

2017年8月4日　　　　　　　　　　2017年8月4日

［评析］

此意向式协议书，是正式合同的“开篇”“序言”。双方决定举办培训班，但培训内容、人员名单、培训时间、培训费用等尚未确定。因此这份协议书只是为签正式合同做准备。

二、知识要点

（一）协议的概念和类型

协议也称协议书，是单位或个人为了某个问题，经双方共同商谈，取得一致意见后整理出来供双方共同遵守的条文，如“技术合作协议书”“厂房转让协议书”“广告牌租用协议书”。

按性质和作用来划分，协议书可以分为以下三种。

1. 意向式协议书

意向式协议书是为正式签订合同做准备，制作于正式合同之前。在社会交往尤其是经济往来中，由于双方当事人初次接触，或者问题比较复杂，通常不可能迅速求得共识，需要多次谈判、反复协商方能最后决定。在这种情况下，为了表达双方的诚意，在签正式合同之前先签协议书。协议书的内容具有原则性，不做具体的规定，只是为正式签合同提供参考和依据。

2. 补充修订式协议书

这种协议书制作于正式合同制作之后，用于补充或修订已签订合同中的不足。在合同履行过程中，由于客观环境变化，原合同中某些条款无法继续履行，如建筑合同中原材料涨价等。在这种情况下，就需要双方当事人签订协议，对原合同某些条款进行修改或补充。这样的协议书，实际上是合同的一部分。

3. 合同式协议书

凡在《合同法》规定的 15 种合同形式之外的合作形式，都可以用协议书的形式来实现。合同式协议书从内容到形式到法律效力，都与合同相同。

（二）协议的特点

协议与合同有许多相同之处，如内容的合法性，协商的平等性、自愿性，格式的规范性，以及对双方当事人都有法律约束力等。协议与合同还有许多不同之处：合同的使用更加严格，行文更加谨慎，而协议则相对较灵活，范围更宽泛，条款制作可粗略也可细致，局限性较小。凡不宜签订合同的合作形式，只要双方协商好，都可以签订协议。

（三）协议的结构

1. 标题

协议书的标题，可以只写“协议书”三字，也可加上协议事项，如“联营协议书”。

2. 双方当事人基本情况

此项内容应写在标题之下，甲乙双方（或多方）要分段写清。

3. 正文

（1）前言。

也称引言。即写明签约的缘由，交代签订协议的目的和经过、依据。如：“为了……，根据……的规定，双方经过充分协商，订立本协议，以便共同遵守执行”。

（2）协议条款。

即把协议的事项加以整理，并按一定的逻辑顺序记录下来。这是正文中最重要的部分。之所以多采用条款式，是为了表达上的方便、清楚。最后的条款一般是写协议的有效期、份数等。如果协议的事项不多，也可以像一般文章那样用段落式的表达。

（3）附件说明。

假如有与协议相关的附件（有关文件、表格、图纸、样品等），应在正文末尾列出名称、件数。

4. 尾部

尾部通常包括：

（1）签名。订立协议双方（或多方）的名称（全称）、公章以及代表人签名（最好是法人代表的签名）。

（2）日期。

（3）附项。签署各方的地址、邮政编码、电报挂号、电话及传真号码、银行账号等。

（四）协议的写作要求

1. 内容合法，形式规范

协议书的内容必须符合国家的法律法规、方针政策，否则即使是双方当事人意见一致，协议在法律上也是无效的。如使用童工协议书、传销商品协议书、高利贷款协议书等，都是无效协议。

2. 忠实记录协商成果

协议书是经过协商之后制定的记录性文件，它必须忠实记录协商过程的情况以及谈判的结果。在谈判中没有顾及，而又应当写入的内容（往往是一些细节），在草拟时应征求参加协商各方的意见。在措辞上，常带公关色彩，如常用“在友好的气氛中”“经过认真、友好的协商”之类。

3. 仔细推敲协议条款

协议与合同有共通之处，内容比较严密、完备的商业交往协议书，其条款部分应参考合同的必备条款，如标的、数量、质量、价款或酬金、履行期限、履行地点和方式、包装、验收、结算方法、违约责任等。为利于执行，并在执行过程中避免纠纷，协议书在文字的表达上要力求严密、准确、明白，不产生歧义。

4. 注意签署的有效性

签署的有效性主要是指内容（条款）和签署手续的合法性。签署的手续，应由法人代表履行。如法人代表不能出席或内容不那么重要的协议，可交由法人代表指定的代表签署，但该代表应持有法人代表的委托书。单位之间签署的协议，应加盖公章。

三、写作训练

××建筑公司拟与××装修设计公司建立技术合作关系，今后凡承接工程、装修设计任务均交给××装修设计公司，实现互惠互利。请你为××建筑公司和××装修设计公司制作一份技术合作协议书。

第三节 意向书

一、例文评析

［例文］

代理销售意向书

甲方：××生物科技发展有限公司

乙方：××黄河集团公司

为在平等、互利、互信的基础上发展合作，××生物科技发展有限公司（以下简称甲方）与××黄河集团公司（以下简称乙方）依据中华人民共和国相关法律，本着友好、协商的态度，达成初步销售代理意向如下：

一、甲方初步同意将自己生产的 SBW 添加剂产品授权乙方作为地区的唯一指定销售代理商。

二、从签订本意向书之日起 3 个月内为试代理期，乙方需按甲方要求在试代理期内完成 50 吨的销售指标。

三、订货前，乙方应向甲方提供详细产品清单，首批订购量最低为 20 吨，同时向甲方提供试销期内的工作计划。

四、当试代理期满，乙方未能达到甲方要求的订购额，甲方有权取消同乙方合作代理的意向；若试代理期满，乙方的销售情况良好，甲、乙双方签订正式代理合同，并发授权证书、授权牌。

五、其他细则：

1. 甲方向乙方提供产品完好无损，并经乙方认可品质的产品。

2. 甲方规定产品的保质期为两年，非质量问题不退货。

3. 乙方新增订货需要提前 10 天通知甲方。

4. 甲方推出新产品、调整市场价格必须提前一周通知乙方。

5. 乙方须在销售区域内尽力拓展客户，并严格执行甲方的产品政策和价格政策。

6. 乙方在销售区域内的市场促销活动的宣传导向要旗帜鲜明，形象要统一，甲方有义务给予适当的配合。

7. 乙方需尽可能维护甲方在当地的公司形象和产品的品牌形象，乙方不得以各种名义侵占甲方的专利权（包括发明、信息、文件、总公司产品所产生的下游产品，以及各种养殖、种植的试验报告）。

8. 在试代理期间，乙方应每个月向甲方提供一次有关当地市场情况和用户意见的详细报告，同时乙方应随时向甲方提供同行及同类产品的市场情况（包括广告资料、价格、销售情况和样品等）。

9. 涉及甲方产品范围的对外公开方案（包括具体活动、促销方案），必须得到甲方的认可后方可执行。

本意向书为非正式代理合同，一式四份，具有同等效力，复印件无效。

甲方：××生物科技发展有限公司	乙方：××黄河集团公司
（签章）：	（签章）：
代表人：郑××（签名）	代表人：李×（签名）
2017 年 4 月 5 日	2017 年 4 月 5 日

［评析］

本文是双向意向书，其形式及内容与合同相似。但仔细阅读，这只是一个比较粗线条的文书，在双方责权利方面尚有许多事项没有详细地说明，这也是意向书的基本特点之一。这份意向书格式上比较规范，符合意向书撰写的基本要求。

二、知识要点

（一）意向书的概念

意向书是国家、单位、企业以及经济实体与个人之间，对某项事务在正式签订条约、达成协议之前，由一方向另一方表明基本态度或提出初步设想的一种具有协商性的应用文书，如“寻求合作意向书”“转让专利意向书”“出让土地意向书”等。

意向书与合同、协议的区别体现在以下两方面：

一是内容不同。意向书的内容比较概括，仅表明当事人的初步想法和打算，而协议则比较具体，合同的条款更加完备。从一定意义上讲，意向书是制作协议书的基础，协议书是制作合同的前提，合同比协议书和意向书更规范、更具体。

二是法律效力不同。意向书不具有法律效力，不受法律保护，而协议书和合同书一经签订，只要条款内容和程序合法，则具有法律效力，违约者要承担法律责任。

（二）意向书的分类

1. 单向意向书

也称单签意向书，指先由一方提出自己的合作意向，寻求合作者和回应者。

2. 双向意向书

是由双方（或多方）协商以后签订的意向书，双方分别在意向书上签字，各执一份为凭。

3. 换文式意向书

即用双方换文的方法表达合作意向，各在自己的文书上签署。这种换文式意向书显得更加周到和郑重。

（三）意向书的作用

1. 传递信息，表明意向

无论何种意向书，都是当事方意向的真实反映。意向书，尤其是单向意向书，一般都登载在报纸、杂志上，广泛宣传，寻求合作者。

2. 记录意向，为下一步协作打基础

意向书虽无法律效力，但双方签订之后，是不可以随意撕毁的。参与协商的各方，可在意向书的基础上进一步调查研讨、协商、谈判，达成共识，从而签订正式合同。因此，意向书是正式合同的准备性文件。

（四）意向书的特点

1. 协商性

写意向书多用商量的语气，不带任何强制性。

2. 灵活性

意向书的灵活性主要表现在两个方面：

（1）可以随时改变自己的主张。意向书发出后，对方如有更好的意见，可以直接采纳，部分改变或全盘改变都是可能的。

（2）在同一份意向书里可以提出多种方案供对方选择，或者对其中的某项某款同时提出几种意见或调查，让对方比较好选择。

3. 临时性

意向书是协商过程中对各方基本观点的记录，一旦达成正式协议，便完成了意向性的使命。

（五）意向书的结构

意向书由标题、正文、落款和附项组成。

1. 标题

意向书的标题一般由缘由＋文种组成，如“寻求外商合作意向书”“技术转让意向书”“合作培训意向书”等。

2. 正文

正文采用条款式，无论是单向还是双方，都把自己的观点、意向和打算，用条目式写明。条目排列可按由主到次、由次到主，或按办事的时间顺序，但不可混乱无序。

3. 落款

单向式意向书只出具一方公章和负责人签名，双向式意向书则由当事双方或多方签署。换文式意向书各方应分别在自己的意向书上署名，最后写上日期。

4. 附项

内容包括地址、邮编、电话、传真、联系人等。

（六）意向书的写作要求

1. 意向要切实可行

意向的切实可行，除了协商双方（或多方）的内在因素，还要考虑外界大环境、大气候的变化，包括政治经济形势、社会发展趋向、国家及地方的政策及发展规划、人们消费意识的变化、行业以及同行间的竞争等方面的因素。意向是一种主观愿望，主观愿望是受到客观因素制约的，只有与大环境的客观因素相协调时，这种愿望才有可能实现。因此，可行性应当建立在主客观一致的基础之上。

2. 要坚持互利互惠

一个好的意向，应当建立在互利互惠、双赢共荣的原则上，做到既合情又合理。在拟制意向书时，要充分考虑自己提出的条件是否能为对方所接受，对方的收益是否能等于或大于付出，这些收益是否可以得到切实保障等。以损人利己为目的，一旦被对方识破，意向必将失败。即使一时未被识破，今后实施的过程也不会顺利。反之，为了达成意向，刻意迁就对方，也是不明智的。

3. 文字要简单明了

表意要明确，文字要简洁。一般都开门见山，直奔主题，不加修饰。文字表达要准确，“商定”就是“商定”，“未定”就是“未定”，不可含混不清。

三、写作训练

请阅读下面这份意向书，并回答文后问题。

开展技术经济合作意向书

××对外经济办公室（甲方）与××市××有限公司（乙方），经双方协商同意，确定如下技术经济合作关系：

一、双方合作范围

1. 高科技产品开发。

2. 农副产品深加工与综合利用。

3. 外贸出口。

4. 合办第三产业。

5. 技术咨询。

6. 高新技术以及资金等方面的引进合作。

二、双方义务

1. 甲方负责提供其资源、项目及资料和项目的落实。

2. 乙方负责提供合作开发项目的技术资料，组织有关技术力量，以及协调开发项目的有关关系。协助或代理甲方产品的出口，合作项目产品的出口，以及甲方所需或双方合作项目所需的设备、技术的引进。

3. 双方确定具体的联络人员，进行经常的联络工作。

三、双方合作程序

由双方商定在适当时间相互考察，根据考察结果，共同商拟双方合作项目、方式、内容和步骤。

四、双方合作方式

双方本着互惠互利、利益共享、风险共担的原则，根据不同的项目采用相应的合作方式。具体合作项目由双方另行签订合同。

五、本意向书一式四份，双方各执两份。

甲方：××对外经济办公室
法定代表人：××
联系地址：××××××
电话：××××××××
××××年××月×日

乙方：××市××有限公司
法定代表人：李××
联系地址：××市××路××大厦206室
电话：××××××××
××××年××月×日

问题：

（1）这份意向书的标题属于哪种结构类型？

（2）请简要分析本文的基本结构和主要内容。

（3）试举例说明本文是如何体现意向书“表达初步意向”这一特点的。

第四节 条 据

一、知识要点

（一）条据的概念

条据是大众化的应用文体，是在日常生活中个人或单位写给对方说明情况的简短字据。由于它文字简短，通常书写为纸条的形式，所以称之为条据或便条。

（二）条据的特点

1. 简便性

条据内容很单一，所以字数很少，正文也不分前言、主体和结尾。

2. 单一性

一张条据只说明一个问题，即一事一条。

3. 过程性

写条据都有明确的目的。目的达到后，条据便失去了存在的意义。一件事情完成后，条据有的返还给当事人，有的当场销毁。一般不归档，不存留，不挂失。

（三）条据的作用

1. 对事物或行为的凭证

在社会生活的人际交往中，条据具有某种事实的证明作用。例如，借条就是欠款的凭证。

2. 对一定意图或目的的说明

条据是联系工作或联系非实物事宜向对方说明情况或理由的字据，如留言条、预约条等。

（四）条据的分类

1. 凭证性条据

（1）收条。

收条也称收到条或收据，是收到个人或单位交还的钱物时，写给对方的表明收讫的条据。写收条时，先要把钱物当面点查清楚，数量和金额要用大写。例如：

收　　条

今收到王××同志归还的借款伍仟元整。

××市体育总会计财处
经手人：丁××（签字）
2017年2月18日

如果是代本单位的某一部门或代熟识的个人收到钱物时，所开的条据叫代收条，例如：

代 收 条

今收到××市审计局驻我局工作组归还给财务科的计算器三个、算盘两个，均完好无损。

此据。

××市文化局办公室
代收人：郭×（签字）
2017年7月29日

（2）借条。

借条是向单位或个人借款借物时写给对方的条据，一般借条中应说明归还日期。当归还钱物时，一定要取回借条并及时销毁，以免发生事端。例如：

借　　条

今借到张××人民币20 000元（贰万元），期限2年，并无利息。定于2019年9月1日前归还。

李×（签字）
2017年8月3日

（3）欠条。

欠条是人们在经济往来中，因不能立即结清某种款物手续而写给对方的条据。欠条有四种情况：一是购物时携现款不够，赊欠部分需要打欠条；二是归还钱物时，只归还一部分，尚欠部分需要打欠条；三是购物时，因商店商品不足，未给足消费者全部商品，不足部分需打欠条；四是向单位或个人借款借物时，当时因各种原因未打借条，事后需补写欠条。例如：

欠　　条

欠沈阳××装饰公司装饰费共捌万元整，今付伍万元整，尚欠叁万元于2018年5月1日前结清。

××经纪有限责任公司（公章）
2017年12月31日

（4）领条。

领条是向单位或部门领取发放的钱物时，给经手发放人写的条据。领条是发放人结账的凭证。例如：

领　　条

今领到学院后勤处发放的8月份劳保用品，计肥皂14条（拾肆条）、香皂14块（拾肆块）、毛巾6条（陆条）、手套6双（陆双）。

此据。

经手人：汽车队张×（签字）
2017年7月24日

2. 说明性条据

（1）请假条。

请假条是因为生病或因事不能上班或不能出差、参加会议以及其他活动而向有关领导部门说明情况的条据。例如：

病假条

李××主任：

我因患肺内感染，难以坚持工作，特此按医嘱请假七天。

附：××医科大学附属第一医院诊断书

请假人：黄××（签名）
2017年5月17日

事假条

行政第一联合党支部书记徐××同志：

接学院办公室通知，派我明天去省教育厅汇报本年度学院招生工作，故不能参加支部例会。特此请假。

请假人：杜××（签名）
2017 年 8 月 18 日

（2）留言条。

留言条是在日常生活和工作中，因未能见到期望人而留给对方的说明性条据，或者是已同别人约好而因有事外出或突然有变无法赴约时，需要给对方留言所写的条据。例如：

留言条

张××同志：

今天晚上值班巡视中，发现男生宿舍三楼和五楼走廊上的灯坏了六盏。我明天早上要去市委宣传部开会，请你尽快通知后勤处同志把灯修好。

特此留言。

张××
2017 年 10 月 21 日夜 11:00

留言条是一种传递信息的工具，可以在约人不见、等人不见、求人不见的情况下，把有关情况介绍给对方，以免引起误会或等候。

留言条的突出特点是说明性和公开性，有保密性的信息传递是不能用留言条的。

留言条的传递方式有：第一，请传达室、办公室或相关人转交；第二，自己将留言条放至对方的留言袋或信箱中；第三，张贴在自己或对方办公室、家门口或其他容易被发现的地方。

（五）条据的结构

无论何种条据，都由首部、正文和尾部构成。

1. 首部

首部包括标题和称谓。

（1）条据的标题一般由事由＋文种构成，如“欠条”“请假条”，其中“欠”“请假”为事由，“条”为文种。

（2）条据的称谓即收条人的姓名或再加上职务、尊称等。称谓独立成行，顶格书写，后加上冒号。

2. 正文

正文是条据的核心，关键在于把主要内容写清楚，如“今借到人民币叁万元整”“明天上午 8 点我再来，请等候”等。

正文最后应写上结语，如“此据”“谨此”“此致敬礼”等。

3. 尾部

尾部包括署名及时间，位于正文右下方。如果是熟人，署名只写姓名；如不是熟人，需写上单位、部门、科室、职务。如“经办人：社会科学系邢××”“辽宁公安司法管理干部学院教务处电教科设备管理员：赵×”等。

（六）条据的写作要求

1. 选对文种

条据虽小，但是种类繁多，有些条据与其他文种有交叉重叠之处。因此必须选对文种，该用“函”，就不要用“便条”；该用“通知”，就不要用“留言”；该用“代收条”，就不要用“收条”。

2. 要言不烦，言简意赅

无论何种条据都很短小，撰写时不要啰唆，要抓住要害，一般只讲结论，不要过程。

3. 书写工整，结构完整

条据是一种常见的实用文书，虽然不是正式文件，但书写一定要工整，结构要齐全，千万不能马虎潦草，缺三少四。否则，一是显得作者不尊重对方，二是达不到目的。尤其是涉及购物、借债、还钱等问题，更需要认真、仔细。

二、写作训练

请进行情景模拟训练。假如你班举行文艺晚会，你是组织者，请按要求完成以下任务：

（1）你需要到生活委员处领取班费购买所需物品，请写一张领条。

（2）购物回校后，在生活委员处清点物品，请你代生活委员写一张收条。

（3）需到校团委处借一套音响设备，请你写一张借条。

（4）需向校工会租借场地（100 元/晚），但班费不够，请你写一张欠条。

（5）班上刘×同学因病不能参加晚会，请你代写一张请假条。

第五节 可行性研究报告

一、例文评析

［例文］

“城南春天”可行性研究报告

第一章 投资环境分析

一、国内环境

中国房地产业已经成为国民经济的重要支柱产业。在 2008 年中国 GDP 增长的 9.3

个百分点中，有1.8个百分点是由房地产业直接贡献的。中国房地产业直接带动了57个相关产业的产出增加，没有一个其他行业有如此广泛的行业推动力。2005年以来，中国房地产开发投资、竣工面积、销售面积始终保持了年均20%左右的增长。2008年中国住宅投资占GDP比例超过了美国，已经达到了5.7%。到2020年，中国的城镇人口将达10.2亿人，年均增长4%，年平均需净增12.4亿平方米。

二、××房地产市场

1. 外来投资者增加、农村人口城镇化，为××市的商品房消费市场增添了新的主力军。

2. 人均收入的增加、人民生活水平的提高，使市场消费能力逐步增强。

3. 荆州花园、顺驰太阳城、翰林苑、白云绿水、丽景家园等一批高档次概念住宅的推出，完成了对本类产品的市场说明任务，人们对高档住宅已广为认同和接受，并希望拥有这类高档住宅。在此基础上，本类产品的推广、销售也逐步成熟，深入人心。

三、××房地产消费市场的新机遇

1. 旧城改造，造成了需求量的增加。（略）

2. 银行按揭政策让大量经济实力不是很强的家庭也步入了购房者的行列，增加了市场的需求量。（略）

第二章　项目概况

一、建设地址

“城南春天”项目（以下简称“本项目”）位于××城南经济技术开发区、建设中的大学城的中心。它北临交通主动脉——高规格景观路南环路，西接南环路与市中心的屈原南路。这无疑增强了本项目的地理优势。

二、项目规模

“城南春天”项目目前已列入××市20×9年度房地产开发计划。用地面积52 064.24平方米，总建筑面积82 000平方米，其中含住宅建筑面积70 803平方米，商业用房面积9 659平方米，公建面积1 538平方米。总套数为636套，入住人口约2 000人。

三、总体规划设计理念

1. 充分利用地理优越性及周边的自然资源，注意人文和环境的可持续发展，创造既能享受现代都市文明，又能享受生态自然的居住环境。

2. 适应大学城、开发区高知人士需求，创造切合21世纪生活模式的高尚、新颖、舒适的居住环境。

3. 利用科学的环境规划方法，为××市的住宅小区发展创造良好的典范。

四、总体规划构思

本项目取各地域房地产业界的优点，结合本地区实际情况，邀请国内知名景观设计单位、规划大师倾力打造，对建筑外立面、户型设计、楼宇间距、休闲会所、中心广场等合理规划。小区内配套设计齐全，规划建设5 000平方米中央绿地广场、1 000平方米时尚休闲会所、400米特色商业街、大型地下停车场、社区医疗保健站，以及健身房等娱乐休闲设施。

1. 规划结构

小区以城市主干道、小区广场、小区干道、小区道路为网络。整个小区地形呈矩形，南环路上设入口广场，其余路设次入口，小区中心设区内广场，小区主干道串联若干个小区广场作为主交通网络。

2. 建筑单体设计

小区建筑单体呈南北向，以点面结合式布局，以小区主干道组织交通，均设公共绿地，单位建筑间距保持规定系数以上，使每个建筑具有较多绿地、阳光和较好通风。建筑底层设汽车库，均与区内主干道相连。中心广场设置中心会所，满足小区管理、服务、休闲等配套所需。次入口设置相应的管理用房和停车场地。小区住宅单体定位于公寓式住宅，由不同户型组成，兼有舒适、自然、集中的布局形式，拥有公共绿地、车库、屋顶露台等配套设施，同时具有结构紧凑、布局合理、功能分区科学、外表亲和不张扬的特点。

3. 建筑环境及园林景观设计

结合自然、地势、地貌，塑造小区优雅、宁静、宜人的居住环境。设计立体可参与式园林，开辟运动场所、休闲场所，使小区的绿化景观真正成为业主的休闲享受乐园。

五、物业管理

优良的物业管理，不仅能让住宅本身保值、增值，也可使业主的利益得到保障。本项目聘请××省知名××物业公司进行全程物业指导。该公司从事专业物业管理多年，服务过众多中、高档楼盘并深受好评，资质深厚，经验丰富。该公司将在本项目竣工前即开始介入，从物业管理的角度及早发现问题、解决问题，避免出现入住后的管理、使用难题。

第三章　项目市场分析与整合营销

一、项目市场分析

1. 地段环境优越

本项目位于××城南经济技术开发区、建设中的大学城的中心。它北临城南交通主动脉——高规格景观路南环路；西临市中心屈原南路，具有明显的地理优势。

2. 周边生活配套完善

本项目周边有新风超市、金丰园超市、明珠超市，新风菜场、金丰园菜场，农业银行、工商银行，胸科医院、二医院、××市中心医院，以及金九龙酒店、九龙渊公园、龙舟赛场、东门风景区等休闲配套，生活十分便利。

3. 园林景观设计突出

本项目对××住宅市场的园林景观设计进行了巨大突破，以100亩的社区规模，开辟5 000平方米中央绿地广场，实行立体绿化、多组团绿化，设计可参与式园林，开辟运动休闲场所，保证植被的多样性和色彩性，建造约1 000平方米时尚休闲会所，等等。

4. 教育配套优势显著

全国各大城市的“教育楼盘”普遍畅销，销售价格高于周边其他条件相同楼盘10%～

20%。本项目地处大学城中心，教育配套优势极为显著。随着××大学的成立，高级职业技术学校等20余所学校逐步迁入大学城，得天独厚的文化教育氛围，以及业主以教师为主的特点，将吸引越来越多的高知、高收入人群投资置业。

5. 建筑施工品质过硬

本项目施工队伍来自中国“建筑之乡”浙江上虞，推行品牌第一、信誉至上的原则，对施工品质精益求精，深受业界好评。施工方在本项目的建造中，将继续秉承精益求精的作风，把本项目建造成××市品位最高、质量最好、设施最完善的住宅示范小区，创造良好的社会效益和经济效益。

6. 市场供求关系良好

本项目作为城南开发区、××大学城、景观路南环路上第一个大型住宅社区，大学城20余所学校的迁入，将为本项目带来庞大的消费群体，营造兴旺蓬勃的人气，强力推进本项目住宅、商铺的销售。宽松的市场竞争环境、巨大的目标消费群体，使本项目处于良好的市场供求关系中，市场前景乐观。

7. 开发区的升值潜力巨大

本项目所处的城南经济开发区，属省级经济技术开发区、省级台商投资区，近年来发挥其特有的区位、土地、港口、大学城高校科教优势，打“高校牌”“科技牌”，做到引资引智并重，在××市的几大开发区中格外引人注目。

城南经济技术开发区、大学城大力建设的同时，也刺激了周边各相关行业的发展，使得城南片区人气骤增。恰逢现阶段××房地产市场迅猛发展、持续升温的大好时机，作为城南开发区、××大学城、景观路南环路上第一个大型住宅社区，本项目前景十分被看好。

二、一期现房整合营销（略）

三、“城南春天”价格定位（略）

四、“城南春天”整合营销（略）

第四章　投资计划及经济分析

一、前期工程情况（略）

二、投资计划及建设周期（略）

三、建设周期及资金来源计划（略）

四、经济分析

本项目的成本、利润由住宅、商业用房、架空层（车库、储藏室）三部分组成，且架空层成本已摊入住宅商业用房成本中，其销售所得即为纯利润，具体分析如下：（略）

[评析]

这份房地产项目可行性研究报告紧扣当地经济发展形势和房地产市场现状，详细论证了项目的主题、位置、规模、质量、管理、价位等市场优势，结合投资计划和效益分析，充分论证了该项目的可行性，是一份较为完备的可行性研究报告。

二、知识要点

（一）可行性研究报告的概念

可行性研究报告又叫可行性论证报告，主要用于经济领域。它是在具体的项目实施以前，对项目的市场、技术、经济等方面进行全面的分析研究、计算、评估、论证，以找出最佳行动方案的书面报告。

（二）可行性研究报告的作用

1. 决策的依据

可行性研究报告的研究对象是将来要实施的项目，正因为该项目还未进行实践，所以存在着极多的不确定因素，而可行性研究报告的研究过程即是一个对影响项目的多种因素，如规模、物资金额、市场销路、竞争能力等进行充分认识，做出越来越明确的预测的过程，所以可行性研究报告为投资者提供了决策的依据。

2. 制订计划任务书的主要依据

可行性研究报告通过后，项目就进入实施阶段，这时就要编制计划任务书。而在可行性研究报告中，已对基建规模、产品方案、建设进度等做了技术经济分析和论证工作。这就为编制计划任务书提供了可靠的依据。虽然项目实施过程中会有新情况、新问题出现，但是可行性研究报告中的指标不能随意改变。

3. 向银行贷款的依据

银行发放贷款或拨款，均需要审核申请者的资格，确认其款项用途、还款能力等。可行性研究报告中已对财务、经济效益、贷款清偿能力等具体的数量指标、筹资方案、风险程度等做了详细的计算，银行以此为凭据，即可决定是否放款。

4. 落实项目中各项具体活动的依据

项目在完成过程中，会与诸多单位部门，如原材料、水电、运输、工程建筑等相关单位签订相关的合同和协议，而可行性研究报告就自然成为其签订合同与协议的依据。

（三）可行性研究报告的种类

（1）按产业性质分为：工业项目可行性研究报告和非工业项目可行性研究报告。

（2）按资金来源分为：国内资金项目可行性研究报告和利用外资项目可行性研究报告。

（3）按固定资产的再生产分为：基本建设项目可行性研究报告和更新改造措施可行性研究报告。

（4）按建设的性质分为：新建项目可行性研究报告、扩建项目可行性研究报告和改建项目可行性研究报告。

（5）按技术来源分为：选用国内领先技术项目可行性研究报告和引进国外先进技术项目可行性研究报告。

（四）可行性研究报告的结构

可行性研究报告一般包括标题、正文、落款、附件四部分。另外，一份完整的可行性研究报告还应包括编制说明和目录两部分。

1. 标题

标题的写法较为固定，一般为项目＋文种。

2. 正文

正文有前言、主体和结论三部分。

(1) 前言，又叫总论、概论，主要包括项目的背景和概况，即项目名称、起止时间，以及目前具备的条件等。

(2) 主体，是报告的重点，是运用定性分析和定量分析的方法，对所指定的项目的技术、市场、财务经济方面进行论证和评价。它主要包括四方面内容：

1）项目的宏观背景研究：对国内外同类项目现状，包括技术、经济、地位、影响等的研究。

2）项目技术方案分析论证：包括技术方案、施工方案、经营方式的初步拟订，所运用的理论或实验方法、步骤的比较分析；建设性项目中的地址选择、建设方案、建设规模、物资供应、工艺设备方案、环境保护、人员定员及培训等问题的分析论证。

3）项目的经济效益分析及预测：包括市场需求、产品竞争能力、成本结算等。

4）项目的计划和进度。

(3) 结论，是依据上文的分析，对项目做出判定，选出最佳方案。有的报告还在结论部分写有“问题和建议”，给决策者提供参考。

3. 落款

需要写明单位名称和成文的时间，并加盖公章。

4. 附件

附件是根据报告需要所附的表格、文件、图纸等，如：项目批准文件、物料供应协议、勘察设计、土地使用相关文书、财政支持证明、投资估算表、地理位置及平面设计图等。

（五）可行性研究报告的写作要求

1. 尊重事实，客观评价

可行性研究报告的结论为决策者提供了重要的决策依据，在很大程度上影响决策的正确与否，所以可行性研究报告的写作一定要摆脱个人偏见以及领导的意图，冷静、客观地分析、评估、计算、论证。若在某个问题上意见有分歧，写作者也要在报告中如实反映。

2. 专业知识要求很高

编写可行性研究报告是一项很复杂的工作，内容涉及诸多方面，而且对知识的专业性要求很强。所以要编写一份有价值的可行性研究报告，必须请多个领域的专家参与，使编写过程尽可能科学，论证尽可能严密细致。只有这样，才能使结论尽可能可靠。

3. 重视不确定性因素分析

可行性研究报告的结论大部分来自预测和估算，与将来的实际情况会有出入，因为信息中存在不确定因素，这些不确定因素会给项目带来潜在风险，甚至导致决策失误。因此要重视盈亏平衡分析、敏感性分析、概率分析等不确定性因素的分析。

三、写作训练

请根据提供的素材，为××商业集团制作一份建设一个大型的综合性商业大厦的可行性研究报告。

××市政府拟将长江街打造成全市第三大商业街。长江街地处老市中心，早市、夜市常在，小铺、小店多见，但缺少大型日用百货商场，仅有的两家超市规模较小且商品有限，难以满足周边居民的生活需求。市内现有的两大商业街分别在城东和城南，与地处城北的长江街相距甚远，周边居民购物极为不便。长江街城区拓路改造工程已经开始，完工后将道路宽阔，交通便利。当地区政府正在大力推进招商引资工作，提出减免税收、减免工商管理费等优惠政策。长江街上一所大学正拟联系商家置换搬迁到近郊，建设一个现代化的新校区，该校址除教学楼外，还有800米的环形操场，动迁的琐碎事件少。

第六节　调查问卷

一、例文评析

［例文］

大学生恋爱心理问卷调查

亲爱的同学：

您好！

我们是××大学教育科学研究所的科研人员，本调查是想了解那些通过网络建立起恋爱关系的人（即经由网络认识，并已确定男女朋友关系，无论是否见面均可）与经由传统方式建立恋爱关系的人在心理感受上的异同。调查的结果有助于我们科学了解网络在人的情感生活中的作用，因此您的真实回答至关重要。所有问题无所谓对错，没有标准答案，您只需真实填写即可。

回答时请注意：

1. 请放心作答，调查结果将完全保密。

2. 答案无对错之分，请不要顾虑，也不要参考他人的答案，只需按第一反应回答。

3. 每一条目都要回答（包括个人信息），不要漏答或不答，以便于信息的反馈。

谢谢！

如果您的恋爱方式是两种“都有”，请根据您在经由网络建立恋爱关系时的内心体验回答以下问题。

每一个问题都要回答，但只选择您认为最合适的答案。句中的“他/她”指您的恋人。

一、您的个人信息

学校：　　　　　　　专业：

性别：1. 男　2. 女　QQ 号或 E-mail：

学习科类：1. 文科　2. 理科　3. 艺术类　4. 工科

年级：1. 大一　2. 大二　3. 大三　4. 大四

家庭来源：1. 城市　2. 县城　3. 乡镇　4. 农村

有无私人电脑：1. 有　2. 无

网龄：1. 半年到一年　2. 一年到两年　3. 两年到三年　4. 三年以上

相对上网时间：1. 多　2. 较多　3. 一般　4. 较少　5. 少

性格：1. 非常外向　2. 较外向　3. 内外皆有　4. 较内向　5. 非常内向

二、您的恋爱基本情况（用“√”标出与您实际情况相符合的选项）

1. 恋爱方式：

a. 传统恋爱　b. 由网络认识开始　c. 都有

2. 恋爱状态：

a. 正在进行　b. 曾经有过

3. 恋爱持续时间（恋爱关系确定后持续到现在或结束前）：

a. 1～3 个月　b. 4～6 个月　c. 半年～1 年　d. 1～2 年　e. 2 年以上

4. 网络在您本次恋爱过程中所起的作用：

a. 偶尔的交流工具　b. 主要交流工具　c. 恋爱平台

5. 最初相识方式：

a. 偶遇　b. 主动寻找　c. 他人介绍　d. 其他

6. 地理距离：

a. 同一学校　b. 同一城市不同学校　c. 同一省份不同城市　d. 不同省份

e. 异国

7. 本次恋爱前的恋爱经历：

a. 无　b. 一次　c. 两次　d. 三次以上

8. 本次恋爱的目的：

a. 排遣孤独　b. 寻找情感依托　c. 体验浪漫　d. 跟随大众

e. 长久打算（认真的恋爱或以步入婚姻为目的）

9. 本次恋爱的认真投入程度：

a. 非常投入　b. 较投入　c. 一般　d. 敷衍　e. 随意尝试

10. 我认为，我在网上与现实生活中的表现是：

a. 同样主动　b. 同样被动　c. 网上更主动　d. 网下更主动

11. 我猜想，网上爱情的发展进程会比现实更快：

a. 非常赞同　b. 赞同　c. 中立　d. 不赞同　e. 非常不赞同

12. 如果让我在网上找个人恋爱，我的选择要求较现实中可能：

a. 网上更苛刻　b. 以现实要求为标准　c. 网上更宽松

13. 选择恋人时，我考虑最多的因素是对方的（限选两项）：

a. 外表或气质　b. 性格　c. 共同语言　d. 文化层次　e. 家庭条件等背景

f. 思想、素养

14. 恋爱开始前，我对本次恋爱可能失败的预设接受程度是：

a. 极可能失败　b. 有可能失败　c. 无所谓　d. 有可能成功　e. 极可能成功

15. 总的来说，我对这次恋爱的满意程度是：

a. 非常满意　b. 满意　c. 一般　d. 不太满意　e. 非常不满意

16. 在恋爱过程中，我们使用最多的沟通手段是（限选两项）：

a. 面谈　b. 打电话　c. 发短信　d. 利用网络（QQ/E-mail 等）　e. 写信

17. 我确保自己所做的选择是符合自己实际情况的：

a. 是　b. 否

18. 在以下（　　）内，请填写 a 至 e 中所代表的与您实际感受最相符合的字母：

a. 非常不同意　b. 不同意　c. 中立　d. 同意　e. 非常同意

(1) 如果自己是网恋，我认为我可以完全接受。（　　）

(2) 对于大学生网恋，我周围的同学都能接受。（　　）

(3) 无论周围同学（含自己的好朋友）是进行传统恋爱还是网恋，我都可以接受。（　　）

(4) 我认为，网恋比传统恋爱更好。（　　）

(5) 他/她能够让我感觉到有很强的安全感。（　　）

(6) 我们对彼此的各个方面都非常了解。（　　）

(7) 如果这次恋爱失败，会对我产生严重的影响。（　　）

(8) 如果他/她不值得信任，对我来说也不会造成很大的实际损失或影响。（　　）

(9) 我觉得，他/她总会及时、有效地给我关心和支持，为我们的感情付出了很多。（　　）

(10) 在恋爱过程中，我对他/她的情感付出是有所保留的。（　　）

(11) 在恋爱过程中，我不会投入太多的物质（含金钱）性消费。（　　）

(12) 在恋爱过程中，我不会耗费太多的时间或精力。（　　）

(13) 在恋爱过程中，我沉迷于这段感情而无法自拔。（　　）

(14) 对待这次恋爱，我是非常严肃而认真投入的。（　　）

三、情感体验

以下是有关恋人间责任或承诺的感受、体验或观点的表述，请根据您的恋爱关系回答以下问题。在回答问题的过程中，请选择最能与您的实际情况相符合的字母选项，并填写在相应题项的（　　）内。

a. 非常不同意　b. 不同意　c. 中立　d. 同意　e. 非常同意

1. 我确信我在乎他/她。（　　）
2. 我有责任维持我和他/她之间的关系。（　　）
3. 我不会让其他人介入我们之间。（　　）
4. 我相信我们的关系会稳定发展。（　　）
5. 我不会让任何事情影响到我对他/她的承诺。（　　）
6. 我希望在以后的日子里一直爱他/她。（　　）
7. 我将一直对他/她负责。（　　）
8. 我认为我对他/她的承诺是坚定可靠的。（　　）
9. 我无法想象会和他/她结束关系。（　　）
10. 我很确定我对他/她的爱。（　　）
11. 我认为我们的关系会天长地久。（　　）
12. 我认为与他/她在一起是很明智的决定。（　　）
13. 我感到我对他/她是有责任的。（　　）
14. 我打算将我们的关系继续发展下去。（　　）
15. 即使有时候他/她难以相处，我还是会对我们的关系保持忠诚。（　　）

请您将结果信息发送到××××××××@×××. edu. cn

我们会尽快将结果信息反馈给您！

调查到此结束，非常感谢您的合作！

××大学教育科学研究所

××××年××月××日

［评析］

这份调查问卷的前言部分采用传统写法，内容详细规范。问题部分设计了封闭式选择题。题目设计得详细具体、明确、得体，包括大学生恋爱基本情况、相互沟通、感情体验、亲密关系、依恋体验、相互信任、社会支持等方面的详细情况，基本涵盖了大学生网恋（传统恋爱）的全部过程和感受，能够准确反映当代大学生对爱情的理解和感情的发展状况。这是一份较为科学、严谨的调查问卷。

二、知识要点

（一）调查问卷的含义

调查问卷又称调查表、调查提纲，是调查者根据调查目的和要求设计的由一系列问题、备选答案、说明及代码组成的书面或电子文案，是用来搜集调查情况和数据的一种文书。

（二）调查问卷的结构

1. 问候语

写好问候语十分重要，它可以引起被调查对象对调查的重视，消除顾虑，提高参与的积极性、主动性。问候语要诚恳、亲情、礼貌，文字简练，在尾部要表示对调查对象的感谢。

2. 填写说明

填写说明是告诉被调查对象如何填写问卷，并如何将问卷返回到调查者手中。

3. 主体部分

主体部分是调查问卷的核心内容，包括所要调查的全部问题及其备选答案。

4. 结尾部分

在结尾部分有被调查人员签名及填写的日期。

（三）设计调查项目的注意事项

1. 调查问卷要简短

调查问卷要简短，以免引起填表人的厌烦。在一般情况下，全部问题最好能在15～20分钟答完。

2. 问题要确切

调查问卷的问题要确切，意思要明晰，避免应用“一般”“通常”等意思的词语。具体按照“谁”“何处”“何时”“为什么”“什么事”“如何”的准则加以推敲，以此来判断问题是否清楚。

例如：“请问您使用什么牌子的洗发水？”这个问题中，“何时”未表明，很容易造成回答上的偏差。应当改为：“请问您最近三个月使用什么牌子的洗发水？”再如：“您觉得这种电视机的画面质量怎么样？”应当改为：“您觉得这种电视机的画面是否清晰？”

3. 避免诱导性提问

调查问卷中的问题不能带倾向性，应保持客观中立。题目中不应暗示调查者的观点，不要引导被调查者做出何种回答。如：“人们认为×××电热水器质量不错，您觉得怎么样？”应当改为：“您觉得×××电热水器的质量怎么样？”

4. 避免否定式的提问

例如：“您认为中小学收取择校费不合理吗？”应当改为：“您认为中小学收取择校费合理吗？”

5. 一项提问只包含一项内容

例如：“您觉得这种户型别墅的结构与价位怎么样？”题目中包括了“结构”与“价位”两项内容，被调查者一时难以做出判断和回答，应当分成两个问题来问。

6. 问句要有亲切感

调查问卷的问句要有亲切感，要考虑答卷人的自尊。例如：

您没买钢琴的原因是：

a. 买不起　b. 式样不好　c. 住房太拥挤　d. 不会使用

应当改为：

您没买钢琴的原因是：

a. 价格不满意　b. 式样不合意　c. 住房不允许　d. 用处不大

7. 问题安排要先易后难

调查问卷中问题的安排要先易后难。核心问题应当放在问卷的前半部分。

（四）提问的方式

1. 封闭式提问

封闭式提问指调查人员事先准备好备选答案，被调查者从中选择。有以下几种方法：

（1）二项选择法。即调查人员就一个问题提出两个答案供选择。例如："是与否""有或无""喜欢或不喜欢""买过或没买过"。

（2）多项选择法。即对一个问题给出三个或三个以上的答案，被调查者可以任意从中选一项或几项。例如：

您喜欢购买××电冰箱的原因是：

a. 制冷快　b. 容积大　c. 价格适中　d. 噪音小　e. 外观漂亮　f. 别人推荐

g. 售后服务好　h. 耗电量少　i. 使用寿命长

（3）顺位法。即调查人员为一个问题准备若干个答案，让被调查者根据自己的喜爱程度定出先后顺序。例如：

请您按照喜爱的程度对下列品牌的啤酒进行编号，最喜欢者为①，以此类推：

雪花啤酒　　虎牌啤酒　　泰达啤酒　　天津啤酒　　无名啤酒

蓝带啤酒　　五星啤酒　　青岛啤酒　　燕京啤酒　　珠江啤酒

2. 开放式提问

开放式提问是对问题的回答未提供任何具体答案，由被调查者根据自己的想法自由做出回答。例如：

您认为我国目前公务员考试中存在的主要问题是什么？

您对提高物业管理工作质量有何具体的建议？

三、写作训练

（1）请结合目前就业情况，设计一份2018年高职院校毕业生就业情况（或就业质量）调查问卷。

（2）为××人才市场设计一份现代企业人才需求调查问卷。

（3）为××大学团委制作一份大学生喜闻乐见的校园文化活动调查问卷。

四、病文修改

修改以下调查问卷，使之符合调查问卷的设计要求。

大学生心理压力调查问卷

1. 你的性别是（　　）。

A. 男　　　　　B. 女

2. 你的年级是（ ）。

A. 大一 B. 大二 C. 大三 D. 大四

3. 你的专业是（ ）。

A. 艺术 B. 理工 C. 文科

4. 你对现在的大学生活满意吗？（ ）

A. 满意 B. 不满意 C. 一般 D. 没感觉

5. 你的性格属于（ ）。

A. 内向 B. 外向 C. 双向

6. 你觉得大学生活压力大吗？（ ）

A. 大 B. 不大 C. 一般 D. 适中

E. 有时有，有时没有 F. 没有感觉压力 G. 很轻松

7. 你是否会因为心理压力产生心理障碍？（ ）

A. 是 B. 否

8. 你感觉大学生的压力主要来哪几方面？（可多选）（ ）

A. 就业 B. 恋爱情况 C. 宿舍相处 D. 同学相处

E. 学习 F. 经济状况 G. 心理 H. 其他

9. 你目前的主要压力是（ ）。

A. 感情 B. 学业 C. 就业 D. 其他

10. 友情、亲情、爱情哪一方面会给你造成更大压力？（ ）

A. 友情 B. 亲情 C. 爱情

11. 你遇到压力会怎么处理？（ ）

A. 找朋友倾诉 B. 找家人 C. 自己闷着 D. 找心理医生

E. 运动、娱乐 F. 发泄 G. 其他

12. 你对于找心理医生解决心理问题持什么看法？（ ）

A. 反对 B. 支持 C. 找过 D. 严重时会找

E. 其他

13. 如果有压力要倾诉，你最想找谁？（ ）

A. 女（男）朋友 B. 家人 C. 朋友 D. 同学

14. 你对大学生自杀有什么看法？（ ）

A. 没必要 B. 自己曾想过

C. 情有可原 D. 其他

15. 你觉得自己是否存在心理问题？（ ）

A. 是 B. 否

16. 你目前的心理状况（ ）。

A. 很好 B. 一般 C. 不好

17. 你业余时间主要做什么？（ ）

A. 学习 B. 上网玩游戏或谈恋爱 C. 其他

18. 你对什么新闻比较关心？（ ）

A. 娱乐 B. 社会民生 C. 时政和财经 D. 其他

19. 你觉得压力对你有什么作用？（　　）
A. 有消极作用　　B. 有积极作用　　C. 视情况而定
20. 毕业后你会选择？（　　）
A. 就业　　B. 考研　　C. 不工作　　D. 其他
21. 你对前途担忧吗？（　　）
A. 是　　B. 否

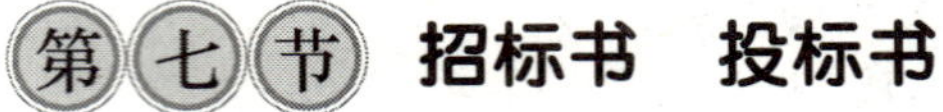

第七节 招标书　投标书

一、招标书

（一）例文评析

［例文］

××公司局域网楼内布线工程项目招标书

××公司就局域网楼内布线工程项目进行公开招标，欢迎本市有同类工程经验的公司参加投标。具体内容如下。

一、招标内容

局域网楼内布线工程包括：11 座楼宇内 469 个信息点布线，以及每座楼中配线间的布线，具体见下表。

序号	楼房名称	布线点数
1	机关楼	111
2	研发楼	116
3	营销楼	14
4	加工楼	44
5	灰楼	17
6	红楼	31
7	西楼	20
8	黄楼	60
9	南楼	31
10	北楼	12
11	客服楼	13
总布点数		469

详见《××公司局域网楼内布线各楼楼层布点表》和《××公司局域网楼内布线各楼楼层布点图》。

二、技术要求

1. 符合布线工程要求的技术规范和施工规范。

2. 符合EIA/TIA－568B标准。

3. 网线、配线架、理线器、全套信息座、RJ－45水晶头及护套均要求为Lucent超五类产品。

4. 配线架、跳线缆上均要有清晰永久的位置标签。

5. 各种线槽、管材要求质量可靠，施工美观整齐。

三、施工注意事项

要求避开上班时间，在晚10时—早7时施工。

四、验收方式

由公司组织工程验收。要求施工方提供的布线工程文档齐全，提交布线工程图，包括每楼层的布线平面图、配线架与信息插座对照表等，图、表均要求A4规格。全部工程完成后，按照EIA/TIA－568B标准进行验收，要求施工方提供所有信息插座及配线间的技术认证检测报告。

五、维护要求

项目验收合格后，要求免费维护1年。

六、付款方式

项目验收合格后，付合同总金额的90%，其余一年内付清。

七、公布标书时间

2017年4月16日。

八、投标截止时间

2017年4月26日。

九、议标时间

2017年4月29日。

联系人：石××，李××

地点：××公司新办公楼3楼网络信息中心

联系电话：6575×××

传真：6500×××

E-mail：（略）

××公司

2017年4月8日

［评析］

这篇招标书的标题由单位名称、招标项目和文种构成。前言介绍事由。主体部分陈述了招标工程的具体内容、技术要求、施工注意事项、验收方式、维护要求、付款方式、招标的工作时间安排。结尾部分标明署名和联系方法。文章事项全面具体，表达明确简洁。

不足之处是前言部分缺乏对招标单位的简要介绍。

（二）知识要点

1. 招标书的概念

招标书是招标人在兴建工程、合资经营某项业务或进行大宗商品交易时，公布标准和条件，公开邀请投标人承包或承买，利用投标人之间的竞争从中选择出最佳对象而形成的书面文件。

2. 招标书的特点

（1）具体性。招标书对征召项目、要求和技术质量指标等内容的表达必须明白、清楚，不能抽象、笼统，不能模棱两可。

（2）规范性。招标书中的内容必须符合国家的明确规定。

（3）竞争性。从投标者中选优的做法决定了招标书具有竞争性。

3. 招标书的类型

招标书有各种不同的分类方法。

（1）按内容分类，有工程建设招标书、大宗商品交易招标书、选聘企业经营者招标书、企业承包招标书、企业租赁招标书、劳务招标书、科研课题招标书、技术引进或转让招标书等。

（2）按形式分类，有公开招标书和邀标书。

1）公开招标书是在公开招标方式中使用的书面文件。公开招标方式是招标单位在一定范围内发布招标信息，凡是愿意参加又有一定条件的企业或个人，一律机会平等，都有权利购买招标文件、参加投标活动。

2）邀标书是在邀标方式中使用的书面文件。邀标方式是招标单位根据工程或采购材料的具体要求，有选择地邀请若干合适的单位前来投标。

4. 招标书的结构

（1）标题。

招标书的标题一般由招标单位名称、招标项目名称和文种构成，或由招标单位名称和文种构成，如“××职业技术学院修建警体馆招标书”“××公司招标书”等。

（2）正文。

招标书的正文包括前言、主体和结尾三部分内容。

1）前言。应写招标单位的基本情况、行文的目的或事由。

2）主体。一般用条文式，也可以用表格式，要写清楚招标项目的情况、实施招标项目的地点、招标的条件和要求，以及投标、开标日期等应让投标人知晓的一切事项。

商品招标书要求表明商品的名称、数量规格、价格等。

科技项目招标书则要求写清招标原则、项目名称、任务由来、研究开发目标、研究开发内容、经济技术指标、承包单位的条件及要求，以及研究开发的进度要求、成果要求、经费要求等。

3）结尾。应写招标单位的地址、法人代表、成文日期并加盖印章、联系人姓名、电话号码等，必要时还可写上开户银行及账号。

5. 招标书的写作要求

方案必须合理、合法。内容必须真实、全面、具体、严密，以免发生不必要的纠纷。语言表述要简明、准确，尤其是对技术规格、质量要求的表述应绝对准确无误。

（三）写作训练

请根据提供的素材，为××大学制作一份建造文体馆招标书。

××大学将建造一个文体馆，由××市城市建设委员会批准，建筑工程实行公开招标。建筑面积为××××m^2。

1. 设计及要求：见附件。

2. 承包方式：实行全部包工包料。

3. 索取标书时间：投标人请于2017年6月5日前来人索取招标文书，逾期不予办理。

投标人请将投标文书及上级主管部门的有关签证等，密封投寄或派员直接送××大学基建处。收件截止日期为2017年7月5日。开标日期定于2017年×月×日，在××市公证处公证下启封开标，地点在××大学第一会议室。

二、投标书

（一）例文评析

［例文］

培训楼工程施工投标书

××省工商局：

根据贵方新建培训楼工程施工招标书和设计图的要求，作为建筑行业的×级企业，我公司完全具备承包施工的能力条件，决定对此项工程投标。具体说明如下。

一、综合说明

工程简况（工程名称、面积、结构类型、跨度、高度、层数、设备）：培训楼一幢，建筑面积10 000平方米，主体六层，局部两层。框架结构：楼全长80米，宽40米，主楼高28米，二层部分高9米。基础系打桩水泥浇注，现浇梁柱板。外粉全部，玻璃马赛克贴面，内粉混合砂浆彩面涂料，个别房间贴壁纸。全部水磨石地面，教室呈阶梯形，个别房间设空调。

二、标价

主要材料耗用指标（略）

总标价6 408 395.20元，每平方米造价670.23元。

三、工期

开工日期：××××年××月××日；

竣工日期：××××年××月××日；

施工天数：×××天。

四、工程计划进度（略）

五、质量保证

全面加强质量管理，严格操作规程；加强各分项工程的检查验收，上道工序不验收，下道工序绝不上马；加强现场领导，认真保管各种设计、施工、试验资料，确保工程质量达到全优。

六、主要施工方法和安全措施

安装塔吊一台、机吊一台，解决垂直和水平运输；采取平面流水和立体交叉施工；关键工序采取连班作业，坚持文明施工，保障施工安全。

七、对招标单位的要求

招标单位提供临时设施占地及临时设施40间，我们将合理使用。

八、坚持勤俭节约原则，尽可能杜绝浪费现象

投标单位：××建筑工程总公司（公章）

负责人：吕××（盖章）

电话：××××××××× 传真：×××××××××

附件：本公司基本情况介绍

［评析］

这是一篇工程建设项目投标书。正文先介绍了工程简况，然后说明了标价、耗材指标、工期、计划进度等，对招标书做出了明确的回答。这可以说是投标单位的正式报价单，是评标决标的依据。本投标书还包括了保证工程质量的措施和达到的等级、主要施工方法、安全措施和对招标单位的要求等。文末附上公司基本情况，让他人对己方建立信心。这是一份写得较完整、规范的投标书。

（二）知识要点

1. 投标书的概念

投标书又称“标函”，是投标者为了中标而按照招标书提出的项目、条件和要求，以求实现与招标者订立合同，而提供给招标者的承诺文书。影响中标的因素很多，但能否中标，与投标书撰写得好坏有着直接的关系。

2. 投标书的特点

（1）针对性。投标书的内容必须按照招标书提出的项目、条件和要求制写，体现针对性。

（2）求实性。投标书对投标项目的分析、对己方的介绍、拟采取的措施和承诺等都具有求实、求真、忌虚假的特征。

（3）合约性。投标书以追求合作、签署合同为目的。

3. 投标书的类型

投标书有各种不同的分类。

（1）按投标方人员组成情况，可分为个人投标书、合伙投标书、集体投标书、全员投

标书和企业（或企业联合体）投标书等。

（2）按性质和内容，可分为工程建设项目投标书、大宗商品交易投标书、选聘企业经营者投标书、企业租赁投标书、劳务投标书等。

（3）按投标书的使用对象，可分为生产经营性投标书、技术投标书、生活投标书等。

（4）按写作形式，可分为表格式投标书、说明性投标书。

4. 投标书的结构

（1）标题。

投标书的标题一般由投标单位名称、投标项目名称和文种构成，或由投标单位名称和文种构成。

（2）正文。

投标书的正文包括引言、主体和结尾三部分内容。

1）引言。说明投标的依据、指导思想和投标意愿。

2）主体。主体写法比较灵活。一般根据招标书提出的目标、要求，介绍投标企业的现状，说明具备投标的条件，提出标价（常用表格表示）、完成招标项目的时间，明确质量承诺和应标经营措施。此外，还根据招标者提出的有关要求，填写标单等。

3）结尾。写明投标单位的名称、法人代表、联系人地址、电话号码和传真，并以附件的形式附上有利己方中标的有关材料等。

5. 投标书的写作要求

（1）写作内容要紧扣招标书的要求。

（2）要实事求是地说明己方具备的优势和特点。

（3）内容要合理合法，尤其对承诺的内容，要表述得明确、具体、全面、周密，以免中标后发生纠纷。

（4）报送投标书之前，要对标书做最后检查，如字迹是否清楚、是否密封好等，以免给工作带来不必要的损失。

（三）写作训练

请以招标书一节的例文为素材，制作一份投标书。

第五章
礼仪文书

学习目标

1. 掌握各种礼仪文书的内涵及写作要求。
2. 重点掌握欢迎词、欢送词、祝酒词、应聘文书的概念、特点和写作技巧。
3. 通过例文评析、写作训练，培养撰写礼仪文书的能力。

第一节　请柬　邀请书

一、例文评析

［例文］

教师节茶话会请柬

×××老师：

兹定于9月9日晚7:00—9:00在市教育局礼堂举行教师节茶话会，届时敬请光临。

此致

敬礼！

××市教育局工会

2017年8月30日

［评析］

上文是一份请柬。它篇幅短小，对有关活动的时间、地点及其他应知事项表达准确，要素齐全；内容单一而简明，行文严谨，用语庄重、礼貌、恭敬，适合请柬内容及送达对象的身份特征。这是一份规范得体的礼仪性文书。

［例文］

××大学2018年毕业生就业洽谈会邀请函

尊敬的用人单位：

我校2018年参加就业的毕业生约3 800人（研究生约2 800人，本科生约1 000人）。按照往年规律，每年3月份是学生择业的高峰期，相当大比例的毕业生通过大型洽谈会达成就业意向。因此，为了帮助毕业生顺利就业，协助用人单位招聘人才，同时更好地对单位进行宣传，我们真诚邀请贵单位参加我校毕业生就业洽谈会。

一、时间及地点

时间：2018年3月10日（周六）9:00—16:00。上半场9:00—11:30对本校学生开放；中午11:30—13:00午餐，停止开放；下半场13:00—16:00对校外同学开放。

地点：会场A：××大学东区田径训练馆；

会场B：××大学原第九学生食堂。

二、展位安排

将为单位搭设标准展位，规格为2米（长）×1米（宽）×2.2米（高），一桌两椅，门楣标示参会单位名称。请单位自行选择展位数量，如有其他要求，请提前说明，我们将协助安排。

三、报到及住宿

1. 需要学校安排住宿的单位，请提前预订。住宿地点在××大学高培中心（紫荆公寓）。学校3月9日在住宿地点设会务组全天接待。预订住宿的单位，如果有变化，请务必提前3天告知我们，否则学校将收取空床费。

2. 不需要安排住宿的单位，可于3月10日上午8:00—9:00直接到会场报到并布展。

3. 参会车辆3月9日—11日凭车证进学校东北门（紫荆门）、西北门及东门，行车路线图及车证待确定参会后另行发放，建议用人单位尽量减少自驾车参会。

四、费用

2米×1米×2.2米展位为600元/个（含场地费、展位费、会议资料、两人的午餐、饮料、纪念品。每增加1人，增收100元费用）。

五、招聘宣传

学校就业信息网免费提前发布单位招聘信息，单位可在会场展位背板上张贴宣传海报，在展位发放宣传资料（宣传海报和资料请单位自行准备）。会后根据参会单位需要协助发布面试及录用通知。

六、预订

确定参会的单位，请于2月28日前通知我中心，以便安排展位并进行宣传，同时请将招聘信息发E-mail给我们。由于展位数量有限，请确定参会的单位尽早反馈信息。已预订的参会单位，如因特殊原因取消预订，请最晚于3月5日前通知我们。学校放寒假时间（1月24日—2月20日）。

联系人：颜×、柳×、蔡×

电话：010-6277××××/6278××××/6279××××

传真：010-6279××××（自动接收）

通信地址：××大学就业指导中心（100×××）

E-mail：cc@××××.edu.cn

Http：//career.××××.edu.cn

××大学就业指导中心

2018年1月

［评析］

这是一篇邀请书。标题简洁醒目，受文单位称谓得体，开篇点明邀请初衷。邀请函正文从六个方面写明了参加洽谈会的具体事项，条理清晰，实用明了，针对性强，是一份较规范的邀请函。

二、知识要点

（一）请柬、邀请书（信）的种类

请柬、邀请书（信）也叫请帖，是邀请客人时所写的文书。它是一些单位在邀请上级领导、兄弟单位的有关同志前来参加重要的纪念、庆祝活动时，为表示庄重而使用的一种告知性礼仪文书。其使用范围很广，召开庆祝会、纪念会、联欢会、洽谈会、订货会、研究会、交流会以及举行招待会、宴会、茶话会等都可以发请柬或邀请书（信）。

请柬或邀请书按用途分类，有会议类请柬或邀请书，专为庆祝会、纪念会、座谈会等发出；有活动类请柬或邀请书，专为仪式、宴请、执行等发出；有工作类请柬或邀请书，专为成果的评审、鉴定、决策的论证而发出。

（二）请柬、邀请书（信）的特点

1. 礼仪性

请柬、邀请书（信）用于公众交往活动，表现出对被邀请者的热情和礼貌。

2. 简明性

请柬、邀请书（信）篇幅短小，内容单一而简明。

3. 精美性

请柬、邀请书（信）制作得一般比较精美。除文字以外，可配以图案、花纹，使其美观。

（三）请柬、邀请书（信）的结构

请柬、邀请书（信）有横式、直式两种，一般由以下几部分组成。

1. 封面（正面）

居中写“请柬”或“邀请书”，字体要略大，要醒目和美观。

2. 称谓

首行顶格写被邀请的单位名称或个人的姓名。

3. 正文

应写清邀请的目的、活动内容、时间、地点及应注意的一些问题。

4. 结尾

通常写“敬请光临”“敬请莅临”或“敬请光临指导”。

5. 落款

写清发请柬或邀请书（信）的单位名称或个人姓名，下一行注明年、月、日。有的请柬、邀请书（信）是印刷出售的，如果其格式完整、适用，也可以购回填写。

（四）请柬、邀请书（信）的写作要求

1. 行文严谨、内容准确

请柬、邀请书（信）的使用比较庄重，所以要求行文严谨。有关活动的内容、时间、地点，被邀请者的姓名、头衔及其他应知事项等内容要表达准确。

2. 语言简明、典雅

请柬、邀请书（信）的语言应简单明了，内容应明白又讲究典雅，使被邀请者感到

温馨。

用语要简短、热情、文雅，宜用期盼性语言表达。要突出“请”意，避免使用“务必”“必须”之类强制性词语，不能有半点强求之意。当然，对特殊的邀请书，措辞必须与所邀请参与的活动性质相适应。

3. 制作宜精美

装帧尽可能美观、大方，以示对被邀请者的尊重。

4. 需根据使用的场合和情况选择文种

隆重的礼仪场合多用请柬；参加学术研讨会、纪念会、订货会多用邀请书（信）；一般的会议发通知即可。邀请的事项单一，用请柬；邀请的事项较复杂或需要向被邀请者说明有关问题，则用邀请书（信）。

5. 注意事项的标注

如有需要注意的事项，如联系人、联系电话、食宿或携带物品及文件要求、交通路线等，要在请柬或邀请书（信）上适当的位置注明。如有签到卡，可随请柬附上。

三、病文修改

请修改以下公文，使之符合请柬的写作规范。

请　　柬

×××先生（小姐）：

在您的帮忙下，我公司的业绩销售额获得了全国冠军。现在确定于 2017 年 8 月 8 日在凤凰饭店开个庆功会，邀您赴会！

××集团公司××分公司（签字）

2017 年 8 月 5 日

四、写作训练

请参照下面的素材代校庆办公室撰写一份邀请书。

××管理干部学院拟于 2018 年 9 月 28 日在新校区举行建校 70 周年校庆，邀请工作在各条战线、各个省市的历年毕业生回母校参加校庆。

××管理干部学院建院于战火硝烟的 1948 年，是东北解放区第一所培养共产党政法干部的学校。建校以来，先后有 4 万多名毕业生从这里走向政法岗位，成为公、检、法、司各条战线的精英，有 1 万余名毕业生先后走上县区级领导岗位。××管理干部学院为公、检、法、司各政法机关进行干部培训和民警岗位技能培训达 5 万人。××管理干部学院与时俱进，先后开办了 21 个高职教育专业，为社会培养法律文秘、司法会计、司法警务、社区管理与服务专门人才，创造了良好的社会效益和可观的经济效益。此外，学院还自筹自资，在风景秀丽的东岭公园西侧建设了功能齐备的新校区。

第二节 欢迎词 欢送词 答谢词

一、例文评析

［例文］

在六省市大学生辩论邀请赛开幕仪式上的欢迎词

朋友们、同志们：

今天，“五四杯”六省市大学生系列比赛最后一场赛事——大专辩论赛即将在古城西安拉开帷幕。在此，我们向各高校的领导、教练员及各位选手表示热烈的欢迎！

回想我们六省市大学生联合举办的系列比赛，莫不使人心潮澎湃。此项活动历时一年，经过南昌、杭州、广州、上海、北京，最终舌战于连横合纵之故地——古都西安。这是一个圆满的句号，也是一个具有象征意义的开端。

再过三天，我们将迎来又一个“五四”青年节。我们的系列比赛，就是我们高举“五四”精神大旗、阔步走向新纪元的一次拉力赛。

同志们、朋友们，党中央、国务院已经做出了实施西部大开发的英明决策。可以想见，随着西部大开发的实施，陕西这块三秦故地将会春潮涌动，生机勃勃，西安这座千年古都将会焕发青春，气象万千。

这是我们大学生发展的良好契机，也是我们再显身手的大好时代！“酒香也怕巷子深”，让我们争辩吧，争一个锦绣天地，满目俊才；“酒香不怕巷子深”，让我们挥汗如雨地实干吧，因为醇香的美酒是用劳动酿造出来的，只有如此，我们才会无愧古人，笑对来者！

最后，祝大专辩论赛圆满成功！

祝各位选手层楼更上，再创佳绩！

西安××大学　张××

2017 年 5 月 1 日

［评析］

这是一篇欢迎词。内容分三个部分：其一，写欢迎的原因以及对客人表示热烈欢迎；其二，结合国家的形势及大学生的特点，表达了对未来的展望和对比赛的良好祝愿；其三，写祝颂语并表示感谢。本文言辞情真意切，态度友善真诚，营造出一种友好和谐的气氛，是一篇规范又不乏激情的欢迎词。

［例文］

欢送词

同志们、朋友们：

刚好在两个星期以前，我们在这里欢聚一堂，热烈欢迎××博士。今天，在××博士访问了我国的许多地方之后，我们再次欢聚一起，感到特别亲切、高兴。××博士将于明天回国。××博士的访问虽然短暂，然而是极其成功的。在北京期间，他会晤了有关方面的领导同志，参观了工厂、农村、学校，与各界人士进行了谈话，并认真研究了我国的政治、经济、文化和教育。在向××博士告别之际，我们真诚地希望××博士给我们提出批评、指导的宝贵意见，以便我们改进工作。同时，我们想借此机会请他转达我们对×国人民的亲切问候和敬意。

祝××博士回国途中一路平安，身体健康！

×××

××××年×月×日

［评析］

这篇欢送词突出了三方面的内容：其一，写与客人两次欢聚，“两个星期以前”曾欢聚一堂欢迎客人一句，点明客人的访问时间长度。客人“将于明天回国”一句，又点明欢送的缘由。其二，写客人访问我国的行程情况以及收获。其三，写主人的希望、要求和祝愿。全文感情诚挚，用语巧妙，分寸适当，语言精练，是一篇典型的欢送词。

［例文］

连战在胡锦涛举行欢迎中国国民党大陆访问团仪式上的答谢词

胡总书记、各位女士、先生：

今天本人跟内人以及中国国民党三位副主席，率同很多的朋友，大家一起应胡总书记的邀请能够来访问大陆，访问北京、南京、西安、上海，我要在这里首先表示最由衷的感谢。

过去这几天，所有的工作的同仁们，大家都尽心尽力，让我们的旅程非常顺利、非常愉快，也特别感谢他们。

诚如总书记刚才所讲，今天的聚会是国民党和共产党，可以说 60 年来的头一次，也是在两岸这个情况之下，56 年来党和党见面、交换意见最高层次的一次，难能可贵。

但是我也很坦诚地跟各位提到，那就是这趟来得并不容易。我一再讲台北、北京，台北、南京距离不远，但是那是因为历史的辛酸，让我们曲曲折折，一直到今天才能够见面。所以我说，有点相见恨晚的感觉。

当然，中国国民党、中国共产党，我们过去曾经有过冲突，我们都知道这些历史的过程。但是历史毕竟已经是过去的事情，我们没有办法在此时此刻再来改变历史，但是未来的确是掌握在我们的手里。

当然，历史的进程不会是很平坦的，在这个不确定的时代，不确定的未来，尤其给我们提供了很多很多的机会。假如我们都能够以正面的态度勇敢地来面对，以迎接未来的这个主导理念，来追求未来，我相信“逝者已矣，来者可追”。这也是今天我们怀抱着非常殷切的期望，能够来到这个地方，亲自来跟总书记，跟各位女士、先生交换意见。

我个人觉得，两岸今天的情势发展，实在是让我们非常遗憾，因为在1992年，各位也都知道，经过双方的努力，可以说是不眠不休、夜以继日的努力，当时参与的有好多位都还在场，我们终于能够建立一个基本的共识。在那个基础之上，我们在1993年进行了辜振甫先生和汪道涵先生的会谈，打破了40多年来的一个僵局。两岸的人民可以说同声叫好，对未来充满了希望。我那个时候主持行政的工作，也是在全力地配合，表达我个人以及国民党坚定的意向，辜汪两位先生会谈之后，带来两岸大概有八年之久的非常稳定的、发展的、密切交流的时间，非常正面的发展。

但是遗憾的是，过去这十多年来所发生的事情，大家都很了解。这样一个共同塑造远景的进程受到了很大的挫折。但是，我也感到一个非常令我们欣慰的事情，那就是胡总书记在一两个月前所提到的对和平的一个呼吁、和平的一个唤醒，这给我们一个很大的正面的思考方向。

今天，我个人虽然是国民党的主席，我相信也是带着一份人文的情怀、和平的期盼，同时也是身为民族的一分子，来到这个地方。我觉得我们来到这里，有几项意义，可以跟各位做一个报告：

第一，今天有人还只是从50年前甚至是60年前国共的那种关系、思维、格局来思考这个问题，来评断我们的访问。但是我觉得，我们已经远远超越了那个时代，已经远远超越了那个格局。今天诚如刚才总书记讲的，我们是以善意为出发，以信任为基础，以两岸人民的福祉做依归，以民族长远的利益做目标。我相信，在这样的基础之上，我们绝对应该避免继续对峙、对抗，甚至是对撞，要的是和解，要的是对话。我们也相信，这样的做法有民意的基础，有民意的力量。

第二，和平都是大家所希望的，但是和平必须要沟通，沟通必须要有架构。什么是架构？国民党跟中国共产党，我们在1992年是经过了非常辛苦的一个沟通的过程，提到了“一中各表”的一个基础。但不幸的是，这几年来这样一个基础被曲解、被扭曲，成为其他的意义，这个大家也都很了解。但是我们本身，国民党从来就没有任何的改变，我们也希望继续在这样的基础之上能够建构两岸共同亮丽的未来和远景。

第三，我想借这个机会特别指出，这一次可以说是来得不易，既然有这样一个良好的契机，现在是我们可以总结过去历史的一个契机，让我们把握当前，让我们共同开创未来。所以，在这样的一个理念之下，我非常盼望，过去那种恶性的循环不要再出现，我们尽我们的力量能够建立一个良性的循环，从点到面，累积善意，累积互信，我相信这种面的扩充会建立一个非常坚实的基础，而不是像这种恶性的循环，冤冤相报，由线而面，互信完全崩盘，善意不再，结果是我们大家都受到损害。

所以，今天我以这样的心情很坦诚地跟总书记和各位女士、先生提到我个人心路的历程。这次大概是 56 年以来，头一次国民党主席和副主席、党的干部能够到南京紫金山中山陵向中山先生致敬，心情感伤、复杂，但是我们也非常的感谢。中山先生弥留的时候，一再要大家和平奋斗来救中国。和平奋斗，事实上不是那个时候的专利，而是大家要共同努力，一直到今天。我相信秉持这样的精神，双方能够继续加强相互的理解和信任，我相信一定会给我们两岸所有的人民带来更好的、更多的安定，更好的、更多的繁荣，同时更重要的是给两岸带来亮丽光明的希望和未来。这是我今天在这里首先跟总书记和各位表达的一些意见。

谢谢大家。

[评析]

这篇答谢词主要围绕“双方关系”做文章。虽然国共两党、两岸关系的特殊性和复杂性使文章做得长了些，但仍不失为一篇出色的答谢词。由于历史原因，两党、两岸双方存“异”，而在宾主融洽交往的气氛中则寄希望求“同”。文中称谓得体，表达的情感诚挚而又委婉，对主人的盛情款待流露出真切的谢意，语言带有自然流畅的口语特点，亲切达意，适人适境。

二、知识要点

（一）欢迎词、欢送词、答谢词的概念

欢迎词是在迎接宾客的仪式、集会、宴会上，主人对宾客的光临表示热烈欢迎的一种礼仪文书。

欢送词是在欢送宾客的仪式、集会、宴会上，主人对宾客即将离去表示热烈欢送的一种礼仪文书。

答谢词是宾客在离去时对主人的热情款待表示谢意，或是某人在公众场合对他人的帮助表示感谢的讲话稿。

（二）欢迎词、欢送词、答谢词的结构

欢迎词、欢送词和答谢词的格式都一样，只是内容有迎、送和谢的区别。

1. 标题

可直接以文种“欢迎词”“欢送词”“答谢词”为题；也可以以场合＋文种为题，如“在开学典礼上的欢迎词”等；还可以以主人的名称、被欢迎或欢送的宾客＋文种为题，如“在六省市大学生辩论邀请赛开幕仪式上的欢迎词”。

2. 称谓

称谓即对欢迎、欢送、答谢对象的称呼。称呼前可加修饰语“尊敬的”“敬爱的”之类；称呼后可加头衔，也可加“先生”“女士”等。

3. 正文

(1) 欢迎词的正文，一般先写表示欢迎的语句；接着写宾客来访的目的、意义、作用；继而回顾双方交往的历史与友情，赞扬宾客在某些方面的贡献及双方友好合作的成果，表示继续加强合作的意愿、希望；结尾写祝颂语，对宾客的光临再次表示热情的欢迎和良好的祝愿。

（2）欢送词的正文一般应包括：对宾客的离去表示热烈欢送的语句；有关欢送的具体内容，如宾客逗留的时间及离别的日程，叙述访问的行程及收获，对宾客的希望及要求，表示继续加强交往的意愿；结束语常需再次对宾客的即将离去表示热烈的欢送。

（3）答谢词的正文一般包括：感谢对方的热情关心、帮助和给予的盛情款待；对方提供帮助所起的作用或所具有的意义；称颂对方的成就和与双方的友谊；提出真诚的希望和良好的祝愿。

4. 落款

即在正文右下方写明致欢迎词、欢送词、答谢词的机关、人物的名称和日期。如果在标题中已经写明，则此处不必再落款。

（三）欢迎词、欢送词、答谢词的写作要求

1. 亲切、真挚、诚恳

要符合当时情况，能适当引导出席者的情绪，以创造一种友好、亲切的气氛，并能活跃现场氛围，密切宾主关系，推动双边合作。

2. 注意礼貌，讲究分寸

应热情有致、礼貌待人、平等相处，既尊重对方，又不卑不亢。

3. 求同存异，和谐相处

有分歧的、意见不一致的问题，不必在此类礼仪交往中表露出来，否则有失风度和修养。

4. 语言生动、简短、合辙

这三类礼仪文书要尽量用口头语言，便于交际场合朗读、演说，即上口、好读、顺耳。

5. 有的放矢，适人适境

动笔之前，要了解迎送、答谢对象的基本情况，比如已取得的成就及影响、大会的宗旨、工程建设的目的等。这样，才能切合实际，恰如其分，言之得体。

三、病文修改

请修改以下公文，使之符合答谢词的写作规范。

感谢信

××出租汽车公司：

5月3日下午，我公司经理张××乘坐贵公司×××××牌号出租车时，不慎将皮包丢失。内有人民币8万余元、身份证一个、护照一本、空白支票三张及各种票据若干张。在我们焦急万分之时，贵公司司机×××先生主动将捡到的皮包送至我公司，使我公司避免了一次重大损失。为此，我们再三表示感谢并拿出 1 万元作为酬谢，×××先生却说："这是我应当做的"，表示不能接受。在此特致函贵公司，深表谢意。

××公司

2017 年 5 月 6 日

四、写作训练

（1）请根据以下资料，代××职业技术学院院长撰写一份欢迎词。

省教育厅毕业生就业指导办公室李主任，拟率省毕业生就业工作检查组到××职业技术学院检查毕业生就业指导情况，××职业技术学院届时将召开欢迎会。

（2）学院举行欢送会。请根据以下资料，代党委书记撰写一份欢送词。

××政法学院院长黎×在学院工作 3 年，先后开办 16 个特色明显的高职教育专业，学院招生规模迅速扩大，每年招生人数急剧增加，现在学院在校生已达到 9 000 余人。他还大胆将原省药品研究所合并，获得 150 亩地，解决了学校建设用地的不足。新校区开始建设。此时，黎×被任命为××市中级人民法院院长。

（3）请根据以下资料，代××政法学院副院长撰写一份答谢词。

××政法学院副院长率教务处长、各院系教学主任一行 9 人到全国高职教育先进单位——××职业技术学院学习取经，了解××职业技术学院的教学探索与教学改革的经历、经验，收集了大量宝贵的课程改革、教学评估材料。一行 9 人受到××职业技术学院热情款待，并设欢送宴。

第三节 贺信（电） 祝酒词

一、贺信（电）

（一）例文评析

［例文］

贺　信

中山大学全体教职员工、尊敬的曾宪梓先生：

值此贵校建校××周年、曾宪梓堂落成剪彩之际，梅州市委、梅州市人民政府谨向你们致以热烈的祝贺和诚挚的问候！

中山大学是一所具有光荣历史的高等学府，在××年的峥嵘岁月中，不断开拓进取，奋发向上，培养和造就了千百万各行各业的优秀人才，为振兴祖国的教育事业，扩大国际文化交流，为社会主义物质文明和社会主义精神文明建设做出了杰出的贡献，为世人所瞩目，蜚声海内外。在此喜庆的日子里，我们衷心祝愿贵校继往开来，年年桃李，岁岁芳菲。

曾宪梓先生一贯爱国爱乡，鼎力支持家乡的文化教育、体育等各项公益事业，兴学育材，造福桑梓。中山大学曾宪梓堂的落成，是先生拳拳赤子心、殷殷故乡情的又一生动体现。它的建成不仅为贵校增辉添彩，也将进一步改善学校的办学条件，促进教学质量的提高，激励广大师生为振兴中华而发奋学习，努力拼搏，争取更大的荣誉。

祝盛会圆满成功！

中共梅州市委

梅州市人民政府

××××年××月××日

［评析］

此文是格式规范的贺信。正文前有问候，后有祝颂。正文表达了祝贺的目的，其中有两层意思，第一层是祝贺中山大学校庆；第二层是祝贺中山大学曾宪梓堂的落成。祝贺的内容清楚，感情充沛，行文流畅，读来朗朗上口。

［例文］

贺电

××大学：

欣悉贵校举办首届大学生中文速录大赛，我谨代表××省教育厅，向大学生中文速录大赛表示诚挚的祝贺，向所有参赛的大学生表示祝贺！

多年来，××大学坚持党的教育方针，大力推进教育改革，发挥自身优势，培养了大批知识精、技能强的合格人才，为全省的经济社会发展做出了重要贡献，赢得了社会各界的广泛赞誉。

当今世界竞争日趋激烈，人才已经成为经济腾飞的关键因素。大学是培养高素质、高技能人才的摇篮。举办首届大学生中文速录大赛，对于引导大学生面向市场、面向社会及促进高校教学改革都有深远的意义。相信贵校一定能在坚持改革、服务社会、培养创新人才方面，为我省改革开放和现代化建设提供更多的人才支持和知识贡献。

预祝首届大学生中文速录大赛圆满成功！预祝参赛大学生取得优异成绩！

××省教育厅厅长 ××

××××年××月××日

［评析］

此文是格式规范的贺电。问候在前，祝颂在后。正文赞许了××大学以往的成绩、贡献，也对本次大学生中文速录大赛的赛技能、赛意志、赛品质加以褒扬，对大赛的深远意义加以肯定。祝贺的内容明晰，感情充沛，语言简洁流畅，读起来朗朗上口。

（二）知识要点

1. 贺信（电）的概念

贺信（电）是机关、团体、单位向取得重大胜利、有突出成绩或喜庆之事的有关单位及人员表示祝贺或庆贺的一种礼仪文书。

在当前的经济建设中，如遇到某个单位或某个人做出了巨大贡献，某单位召开了重要会议，某工程竣工，某科研项目成功，某项重大任务保质保量地提前完成，某重要人物的寿辰时，都可以使用贺信（电）的形式表示祝贺。重要的贺信（电）往往对广大群众有很大的激励和教育作用。

2. 贺信（电）的结构

（1）标题。

在第一行正中写上“贺信”二字。也可以在“贺信”前写上谁给谁的贺信以及被祝贺的事由。

（2）称谓。

顶格写接受贺信的单位或个人及称谓，后面加冒号。

（3）正文。

一般包括：对方取得的成绩及重大意义；表示热烈的祝贺和殷切的希望。如果是会议，要指出它的重要性；如果是同级单位，除表示祝贺外，还应提出向对方学习的内容；如果是下级单位给领导机关的贺信，除表示祝贺外，还应表示自己的决心和态度；如果是给个人的贺信，应着重写明有供群众学习的品德和意义。

（4）结尾。

一般以祝愿词结尾，如“谨祝取得新的、更大的胜利”。如正文中“希望”的内容写得详细具体，也可不用祝愿词做结尾。在信的右下方应写明发信单位或个人名称及发信日期（年、月、日）。

3. 贺信（电）的写作要求

（1）感情应真挚、浓烈，给人以鼓舞。

（2）评价要适当而有新意，避免陈词滥调，不言过其实，不空喊口号。

（3）行文规范，称谓合体。

（4）文字简练，语言朴素，不堆砌华丽辞藻。

（三）写作训练

请你根据下面的素材，以××职业技术学院名义撰写一封贺信（电）。

××职业技术学院学生李×代表学院参加全国大学生运动会，获得男子拳击比赛第一名，这是高职学生在本届大学生运动会上的最好成绩，成为轰动一时的新闻。

二、祝酒词

（一）例文评析

［例文］

祝酒词

女士们、先生们：

晚上好！中国国际××展览会今天开幕了。今晚，我们有机会同各界朋友欢聚，感到很高兴。我谨代表中国国际贸易促进委员会××市分会，对各位朋友光临我们的招待会，表示热烈欢迎！中国国际××展览会自上午开幕以来，已引起了我市及外地科技人员的浓厚兴趣。这次展览会在上海举行，为来自全国各地的科技人员提供了经济技术交流的好机会。我相信，展览会在推动这一领域的技术进步以及经济贸易的发展方面将起到积极作用。今晚，各国朋友欢聚一堂，我希望中外同行广交朋友，寻求合作，共同度过一个愉快的夜晚。

最后，请大家举杯，为中国国际××展览会的圆满成功，为朋友们的健康，干杯！

［评析］

本文是招待宾客的祝酒词，先对远道而来的朋友表示了热烈的欢迎，又对本次中国国际××展览会的意义做了客观评价，继而表达了对中国国际××展览会圆满成功的祝愿及对来宾的美好祝愿。本文层次分明，轻松自然，简洁明快，是一篇规范得体的祝酒词。

［例文］

庆圣诞　迎新年晚会祝酒词

各位来宾、各位同人，朋友们：

今天是圣诞节，再过几天就是2018年新年了。我们欢聚一堂，用美酒、用歌声、用激情，来共同欢庆即将到来的新年。

2017年，我们全体同人勤勤恳恳，不怕苦、不怕累，任劳任怨，刻苦钻研新产品、新技术，凝聚核心优势，狠抓产品质量，努力开拓市场渠道，创新工作方法，公司品牌形象得到了较大提升，员工职业素质和技术水平有了较大程度的提高，公司的技术能力、服务能力、市场发展能力明显增强，为公司在新的一年展翅腾飞打下了坚实的基础。这一切，是公司全体同人共同努力的结果，是各位朋友关爱支持的结果。

2017年是个好年份，是个吉祥的年份，国家经济持续稳定发展，让我们趁着这大好时机，借整个国家经济快速发展的强劲东风，鼓足干劲，奋勇向前，使我们各项工作在新的一年达到一个新境界，上升到一个新水平，个人收入得到新突破，一切都有新起色。

感谢过去，感谢所有为公司做出贡献的新老朋友以及各位同人。祝大家在新的一年里工作顺利、身体健康、家庭幸福！

工作是为了快乐的生活，快乐的生活将促进我们更好地工作。让我们举起酒杯，尽情品尝美酒，在回味中体会，在体会中沉醉。沉醉是我们的快乐，沉醉是我们的幸福。醉翁之意不在酒，在于我们的理想和追求，在于我们的努力和奋斗。

来，让我们为节日干杯！为 2017 干杯！为 2018 干杯！为更加美好的未来干杯！

谢谢大家！

［评析］

这是一篇节日宴请宾客的祝酒词。本文针对特定时间、特定节日和祝酒对象，开篇入题。继而用深沉简洁的话语，回首辛苦付出又幸福收获的 2017 年。最后用充满激情的排比句，表达对来宾、同人和朋友的真挚祝愿。全文层次清晰，结构完整，表述流畅，激情四溢，是一篇适人适境且规范得体的祝酒词。

（二）知识要点

1. 祝酒词的概念

祝酒词是在重大庆典、友好往来的宴会上发表的讲话。

宴会上祝酒，是招待宾客的礼仪。一般来说，主宾均要致祝酒词。主方的祝酒词主要是表示对来宾的欢迎；客方的祝酒词主要是表示对主方的谢忱。如果出于某种需要，也可以在祝酒词中做出符合宴会氛围的深沉、委婉或幽默的表达。

祝酒词因以酒为媒介，加之以热烈的语言，会为宴会平添友好、活跃的气氛。

2. 祝酒词的特点

（1）祝愿性。

祝酒词的主要特点是祝愿事情的成功或祝愿美好、幸福。

（2）简洁性。

因为宴会的场合比较隆重或热闹，所以祝酒词不宜长篇大论、夸夸其谈，语言应力求简洁明快。

（3）生动性。

祝酒词受场景决定，不宜过于严肃、深沉、庄重，以免造成不必要的压抑感，而应用生动、轻松，甚至诙谐幽默的语言营造和谐轻松的氛围。

3. 祝酒词的结构

（1）开篇：或表欢迎、问候，或表感谢。

（2）主体部分：应根据宴请的对象、宴会的性质，简略地表述主人必要的想法、观点、立场和意见，既可以追述已经获得的成绩，也可以畅叙友情发展的历史，还可以展望未来。

（3）结尾：可用“让我们为……干杯”或“为了……让我们干杯”等语句，表达礼节性的祝愿。

（三）写作训练

请根据以下素材，分别代相关领导撰写祝酒词。

(1) 护士节之夜，××医院领导宴请妇产科的全体护士。

(2) 中秋节在即，××公司领导宴请住宿舍的新员工。

(3) 年终岁尾，××大学法学院举办迎新年联欢晚宴。一年来，全院50余名法律教师，有2名评上教授职称，4名评上副教授职称，11名兼职律师取得了可喜的社会效益和可观的经济效益，1名年轻教师获得省“青年骨干教师”称号，3名青年教师通过了司法考试，全体教师完成了教学工作任务，2名女教师喜得千金，1名中年教师的孩子考上理想大学。××专业成为省级示范专业。

第四节　慰问信

一、例文评析

[例文]

慰问信

××公安局全体女民警：

在国际妇女节来临之际，局党委谨向全局939名女同志致以诚挚的慰问和节日的祝贺！

“警花”——这是人们对女警察的昵称，因为在男性居多的警察队伍中，你们如鲜艳的花朵分外耀眼。然而有谁知道作为一名女性，自从你们选择了警察这个职业，就意味着选择了艰辛和奉献，你们不知放弃了多少温馨的家庭生活，耽误了多少花前月下的浪漫，在与犯罪分子正面较量的战斗一线有你们的飒爽英姿，在人流如潮的社区有你们奔忙的脚印，在为民服务的窗口中有你们可亲的笑脸，在繁杂劳累的内勤工作中有你们勤奋的身影，你们以巾帼不让须眉的豪情，全身心地投入到宏伟的公安事业，用自己的实际行动诠释着“妇女能顶半边天”这句豪言壮语。

美丽的城市因为你们才更加安宁祥和，闪亮的警徽因为你们才更加璀璨夺目。现在，为期两年的创建“平安××”的号角已经吹响，更加艰巨的任务正等着你们去完成。衷心地希望全局女民警能够在各自的岗位上努力工作，团结战斗，再立新功，再创佳绩，为公安工作做出更大的贡献。

节日就要来临，在这一天里，母亲会因为儿子献上的一束鲜花而微笑，妻子会因为丈夫操持的一桌晚餐而倍感温馨，就让我们默默祝福你们——节日中的女警。

××公安局党委

2017年3月7日

［评析］

这封慰问信热情洋溢又真诚朴实，既选择社会影响力较大的事——“在与犯罪分子正面较量的战斗一线有你们的飒爽英姿”，又排列平凡小事——“在人流如潮的社区有你们奔忙的脚印，在为民服务的窗口中有你们可亲的笑脸，在繁杂劳累的内勤工作中有你们勤奋的身影”，展示了女民警们的良好形象，使慰问信的内容具有表现力。结尾处的问候极为温馨，使女民警们受到至真至深的关怀和激励。

二、知识要点

（一）慰问信的概念

慰问信是组织或个人于某一特殊时刻向在某方面做出特殊成绩、贡献或遭遇重大灾害、损失的集体或个人表示亲切慰问的一种专用文书。

（二）慰问信的特点

1. 内容具有鼓舞性

慰问信无论是写给做出特殊成绩和贡献的集体或个人，还是写给遭遇重大灾害、损失的集体或个人，其内容都以激励和鼓舞为主。

2. 表达具有亲切感

慰问信主要是赞颂或慰勉对方，因此其行文表达具有亲切感，切不可生硬、刻板。

（三）慰问信的结构和写作要求

慰问信一般由标题、称谓、正文、结尾和落款五部分组成。

1. 标题

在第一行居中写“慰问信”，或可写成“给× × ×的慰问信”“× × ×致× × ×的慰问信”。

2. 称谓

在标题下一行顶格写被慰问对象的名称或个人姓名。为了表示尊重和亲切，可在称谓前加上敬辞。

3. 正文

（1）简单说明慰问背景或原因。

（2）叙述对方的先进思想和事迹，并予以赞美；或叙述对方所遭受的困难，表示同情和慰问。

（3）向对方提出希望，加以勉励；或鼓励对方战胜困难，表达愿望。

4. 结尾

主要表达致敬或良好祝愿。

5. 落款

在右下方写明发信单位名称或个人姓名，并注明日期。

三、写作训练

请你根据下面的素材，为××省公安厅撰写一封慰问信。

2018年教师节来临之际，××省公安厅拟将5万元现金及一封慰问信送到××公安学院，向长期为全省公安机关培养人才、长期从事在职干警培训的××公安学院的全体教师表示慰问和敬意。

第五节 感谢信

一、例文评析

［例文］

致李×刚的感谢信

××职业学院：

我是一名初一学生。去年，一场特大洪水冲垮了我的家园、我的学校。后来，洪水虽然退了，但由于我家里再也拿不出钱来供我上学，父母决定让我跟别人去打工。听到我的哀求声，正在我村访友的一位大哥前来劝说，并掏出三百元给我当学费，但他始终不肯透露姓名，并叮嘱朋友也不要说。由于他的三百元钱和后来政府的救济款，我没有失学。今年一个偶然的机会，我才得知他的名字叫李×刚，是贵校2015级的学生。今特写此信，向他表示衷心的感谢，并请求学校对他这种乐于助人的可贵精神予以表扬。

我决心在以后的日子里，认真学习，以优异的成绩来报答他对我的无私帮助，学习他那乐于助人的高贵品质，做一个优秀的对社会有用的人。

此致

敬礼

××省××县×××镇××村　张×

2017年4月5日

［评析］

这是一封个人写给单位的、关于他人给予自己帮助的感谢信。开头写明感谢对象的先进事迹，并将事件的前因后果进行了简要的叙述，接着满怀感激之情赞扬对方的可贵精神，然后请求感谢对象所在学校对其进行表彰，最后表示了向他学习的决心和态度。这封感谢信虽然简短，但是真诚得体。

二、知识要点

（一）感谢信的概念

感谢信是对单位或个人给予的关怀、帮助、支持、祝贺或勉励等表示感谢的一种书信。

感谢信的使用范围很广，感谢相助、感谢捐赠、感谢祝贺、感谢鼓励、感谢探访都可以使用。有单位给单位的、单位给个人的、个人给单位的、个人给个人的方式。感谢信可以张贴，也可以寄给报社、杂志社刊登或电台、电视台播出。

（二）感谢信的特点

1. 内容的真实性

感谢信中所叙述的人和事是真实存在和发生的，所以它具有内容真实性的特点。

2. 感情的丰富性

感谢信中表达谢意时，往往以事表情、以情感人，具有感情的丰富性。

（三）感谢信的结构

感谢信一般由标题、称呼、正文、结束语、署名和日期组成。

1. 标题

用较大的字体在第一行中间书写“感谢信”或“致××的感谢信”。

2. 称呼

在第二行顶格写被感谢单位的名称或个人姓名，后面加冒号。

3. 正文

正文包括开头、主体、结尾三部分。

(1) 开头简要说明自己感谢的原因，比如感谢帮助、感谢捐赠等。必要时先说明自己的身份，免得给人突兀的感觉。

(2) 主体概述事情，简述对方给予的关怀、帮助、鼓励等，以及这些关怀、帮助等产生了怎样的作用、效果，并表示感谢。如接受了对方的馈赠，要将收到的款物一一写明。若寄上谢礼，也应在信内提及，以便对方查收。

(3) 结尾表明自己向对方学习的态度、决心，也可以写自己今后的努力等。

4. 结束语

最后写上表示感激、敬意的话。另起一行、空两格写上“此致”“致以”，然后再另起一行顶格写相应的“敬礼”“最崇高的敬意”“最诚挚的谢意”等。

5. 署名和日期

在正文右下方写发信的单位名称或个人姓名，署名下面写发信的年、月、日。

（四）感谢信的写作要求

1. 事迹叙述要具体、概括

感谢信中涉及有关的人、时、地和数字要写得具体、准确，有关的事要写得概括，以突出对方的关心、帮助和支持及所产生的效果和意义。

2. 评价要恰当，表态要真挚

感谢信中评价对方的可贵品质、良好作风要恰如其分，评价过低或过高都不得体。自己的表态要热情洋溢，感情要朴实。

3. 语言要精练，篇幅要简短

感谢信是因感而发，故语言既要简洁又要表露出感谢之情，篇幅不宜过长。

三、写作训练

请以下文为素材写一封感谢信。

学生家长胡××：我的女儿在去年的一次车祸中，失去了左腿，她成了残疾姑娘。老师和同学们无微不至地关心她，给她补课，替她交作业。班主任董老师给她送来的“身残志坚”的条幅，成了激励她奋斗的座右铭。在大家的鼓励和帮助下，我的女儿战胜了伤残，如今已能拄着拐杖走路了，她还加倍努力学习，成绩在班级名列前茅。请学校领导对帮助我女儿的人给予表扬。

第六节　讣告　唁电　悼词

一、讣告

（一）例文评析

［例文］

讣　告

原第七届、八届全国人大代表，国家一级演员，享受国务院特殊津贴优秀专家，××市文联副主席，××市文化艺术研究中心名誉主任丁×同志，因病医治无效，不幸于2017年×月×日10时30分在北京逝世。终年58岁。定于×月×日上午11时在北京八宝山公墓举行遗体告别仪式。

联系电话：××××××××

丁×同志治丧委员会

2017年×月×日

［评析］

这则讣告属于一般式讣告，行文具体而简洁，既明确交代了死者姓名、身份、逝世的相关内容和葬礼事项，又简要介绍了死者的生平，突出其生前所获荣誉，体现工作业绩，更显痛失良才之憾。本文语调庄重，感情沉稳，结构完整，表述得体。

［例文］

讣　告

著名管理教育家、管理学教授、中国共产党党员、××工商学院院长、享受国务院特殊津贴优秀专家张××同志因病医治无效，于××××年××月××日××时××分在××医院不幸去世，享年57岁。

张××同志是××工商学院的主要创办人和领导者之一，他在办学过程中勇于创新、积极探索，创立了建立自主品牌、走国际化道路的办学模式；他殚精竭虑，无私奉献，使××工商学院在较短时期内迅速成长为世界一流的商学院。张××同志将毕生的精力献给了我国的管理教育事业，为推动我国管理教育的发展和提高我国管理教育的国际地位，以及为促进中国和欧洲的经济和文化交流做出了卓越的贡献。

张××同志遗体告别仪式定于××××年××月××日（星期六）上午××时在××殡仪馆（××市××路×号）大厅举行。

特此讣告

张××同志治丧委员会
××××年××月××日

张××同志治丧委员会

主　　任：×××
成　　员：××、×××、×××、×××、×××、××
联 系 人：×××
联系电话：×××××××××
传　　真：×××××××××

［评析］

这则讣告属于公告式讣告，既明确交代了死者姓名、身份、逝世的相关内容和葬礼事项，又简要追述了死者的生平业绩，对其做出客观评价，突出其生前工作精神，更显英年早逝、损失无限之遗憾。本文行文具体而简洁，语调庄重而沉稳。

［例文］

章××同志逝世

××交通局原局长章××同志因病于2017年4月7日逝世。终年68岁。

章××同志1962年参加工作，同年加入中国共产党。

［评析］

这则讣告属于新闻报道式讣告。它语意简明，要素齐全，表述规范。

（二）知识要点

1. 讣告的概念

讣告是机关、单位、个人，将某人去世的不幸消息向死者的亲朋好友或公众告知时使用的文书。

2. 讣告的特点

(1) 庄重性。

讣告是一种报丧的文书，其行文深沉凝重，语气庄重。

(2) 简明性。

讣告文字精练，死者生平介绍和事项交代简洁明了。

3. 讣告的分类

讣告主要有三种基本类型：

(1) 一般式讣告。普通公民去世，多用此讣告发布消息。

(2) 公告式讣告。党和国家领导人去世，多用此讣告发布消息，以示隆重。

(3) 新闻报道式讣告。作为一般消息晓谕社会、告知个人。

4. 讣告的写作要求

(1) 讣告内容要根据死者身份决定详略。通常是重要人物和知名人士逝世要详写，普通人逝世则略写。

(2) 用语要严肃、庄重，感情要沉稳。

(3) 讣告应白纸黑字，忌用红色。

5. 讣告的结构

讣告的格式一般由标题、正文和落款三部分组成。因讣告种类不同，各种讣告具体的结构也不尽相同。

(1) 一般式讣告的结构。

一般式讣告是最为常见的讣告形式，多由三个部分构成。

1) 标题。

标题在第一行正中写“讣告”二字，或由死者姓名加上“讣告”构成，如“王×同志讣告”。

标题字体要略大于正文字体，或者将标题字体加黑。

2) 正文。

正文通常包括以下几项内容：一是写明死者的姓名、身份、死因、逝世时间、地点和享年岁数；二是简要介绍死者的生平，有贡献者要做简单评价；三是告知吊唁、追悼会及殡葬的时间和地点，以及接送车辆的安排等其他有关事宜。

3) 落款。

在正文右下方署上发讣告的单位、团体名称或个人姓名、发讣告的时间。

一般式讣告的语言要准确、简练、严肃、郑重，且有时代性。“先考”“先妣”之类的文言语词应由“先父”“先母”之类的现代汉语所替代。

一般式讣告应在告别仪式前尽早发出，以便死者亲友及时做好必要的安排和准备。

(2) 公告式讣告的结构。

公告式讣告一般由党和国家或一定级别的政府机关、企事业单位、团体等做出决定才发出，因此，比一般式讣告庄重、隆重得多。

公告式讣告一般由公布消息、治丧委员会公告、治丧委员会名单三部分构成。

1）公布消息。

● 消息的标题由发文单位、团体的名称＋文种构成，如“中国共产党中央委员会、中华人民共和国全国人民代表大会常务委员会、中华人民共和国国务院公告”。

● 消息的正文要写明死者的职务、姓名、逝世原因、时间、地点以及享年岁数。此外，要对死者做出简单评价，并表达哀悼之情。

● 消息的结尾要署明公告时间。

2）治丧委员会公告。

治丧委员会公告是讣告的核心部分，主要交代相关事宜。具体写法为：

● 用粗体大字写明“××同志治丧委员会公告”字样。

● 写明对丧事的安排及具体要求。如吊唁或瞻仰遗容的具体时间、地点、参加人；召开追悼会的具体时间、地点，以及追悼会召开时的其他事宜，如社会各界、机关单位、群众团体的吊唁活动安排等。

● 在结尾标注“特此公告”字样，并在右下方署明公告发布日期。

3）治丧委员会名单。

治丧委员会名单一般由两部分构成：一是治丧委员会领导成员名单，一般按职务排名。二是全体治丧委员会名单，一般以姓氏笔画排列。

由于一个完整的讣告是由公布消息、治丧委员会公告、治丧委员会名单等共同构成的，因此各部分要同时公布于众。而且，公告式讣告的适用对象一般是党和国家的领导人，切不可随意使用。

（3）新闻报道式讣告的结构。

新闻报道式讣告通常作为一般的消息，在报纸、电台、电视台上发布，旨在晓谕社会。其内容和形式极为简单，往往只有几句话，只告知死者的姓名、身份、逝世时间、地点、终年岁数即可。

（三）写作训练

请修改下面讣告，使之规范、得体。

讣　告

张××（原××厂党委书记，离休）于2017年4月18日上午因病逝世，终年74岁。在此沉痛告知社会各界。

张××遗体告别仪式定于4月22日在××殡仪馆举行，欢迎各位届时光临。

2017年4月19日

××厂离退休办公室

二、唁电

（一）例文评析

［例文］

唁　电

××女士：

惊悉新华社记者、我校校友葛××同志在四川省因公殉职，我校从此失去了一位才华出众、爱岗敬业的优秀学子，谨以学校校友会的名义致以最沉痛的哀悼和怀念！

葛××同志在风华正茂之年求学于我校，以英姿勃发之身影拼搏于新闻工作战线，作风严谨，道德高尚，吃苦在前，忘我工作，是我校万千学子中的突出代表，是所有校友学习的榜样。我校师生必将坚定不移地以中华民族在二十一世纪的伟大复兴为己任，在各自的学习和工作岗位上脚踏实地、开拓创新，为伟大的祖国和人民贡献出自己的全部力量。

葛××同志永垂不朽！

××大学校友会

2017 年 2 月 18 日

［评析］

此文为群众团体向丧家致送的唁电。文中有悼念，有追述，有继续奋进的恰当表述。它要素齐备，简洁凝重。

［例文］

唁　电

××分社党组：

惊悉贵分社记者由××同志 5 月 7 日在四川采访遭遇车祸、不幸遇难的消息，总社体育部全体工作人员均感悲痛和惋惜。

作为一名优秀记者，由××同志曾与体育部同志合作报道过多次体育赛事。他不仅以自己的才华赢得了体育部同人的尊重和赞赏，同时也与我们建立了深厚的友谊。

谨请分社领导代表体育部全体工作人员，向由××同志的亲人和家属表示诚挚的慰问。

××报社体育部

2017 年 5 月 8 日

［评析］

此文为单位团体之间拍发的唁电。文中有悲痛悼念，有往事追述，有诚挚慰问。唁电的要素齐备，语言凝重简洁，恰到好处。

（二）知识要点

1. 唁电的概念

唁电是向丧家表示吊问的电报。它既可以表示对逝者的悼念，又可以向丧家表示安慰和问候。

2. 唁电的分类

唁电依据发布唁电一方的情形大致可以分为三种类型。

（1）单位团体之间拍发的唁电。

这类唁电所悼念的逝者多是原机关单位或群众团体的主要领导人，或在某方面有建树并为社会做出了巨大贡献的杰出人物、英雄、模范、艺术家、科技工作者，以及其他方面的知名人士等。这类情况往往因为发电方同逝者不在一地，来不及前往悼念，故而以唁电形式表示哀悼和慰问。

（2）以个人名义向丧家发的唁电。

这类唁电的发电方同逝者生前往往是志同道合的朋友，有过密切交往或深受其教诲、关怀、帮助，在惊闻噩耗后，以唁电表示悼念之情。

（3）国与国之间拍发的唁电。

这类唁电一般发给对方的国家政府机关或其他相应的重要国家政府机关。逝者一般为重要的国家领导人或为两国之间的和睦关系、经济发展做出过巨大贡献的重要人物。

3. 唁电的结构

无论是哪种类型的唁电，一般而言，都由标题、开头、正文、结尾和落款几部分构成。

（1）标题。

唁电标题的构成有两种形式：一种直接由文种名称构成，如直接在第一行正中书写“唁电”二字；另一种由逝者亲属姓名或单位名称和文种名共同构成，如“致许××女士的唁电”。

（2）开头。

唁电开头是收唁电方的单位或逝者家属的称呼。收唁电者是家属的，一般应在姓名后边加“同志”“先生”“女士”“夫人”等相应称呼。

称谓须顶格写，称呼后面加冒号。

（3）正文。

正文要另起一行、空两格写。正文通常由以下几项内容构成：

1）直接抒写噩耗传来之后的悲恸心情，话无须多。

2）以沉痛的心情，简述双方在交往中逝者生前所表现的优秀品德及功绩。

3）表达致电单位或个人对逝者遗志的继承和决心，或表达一定要在逝者优秀品德或精神的感召下奋勇前进等。

4）向逝者家属表示亲切的问候和安慰。

（4）结尾。

唁电结尾，可以写上“肃此电达”“特电慰问”等字样。

（5）落款。

落款写在正文右下方，要写明拍发唁电的单位名称或个人姓名，在此下面还要署上发电时间（年、月、日）。

4. 唁电的写作要求

（1）简明精悍。

拍发电报一般要求篇幅短小，用语简洁明了，所以写唁电应尽量避免使用修饰语。叙述死者生前品德、情操、功绩时，不可赘述。

（2）感情真挚。

唁电中表达的悲恸之情，要写得深沉、淳朴、自然、催人泪下，万不可油腔滑调。

（三）写作训练

根据以下素材，请代××工业大学党委向××理工大学拟写一份唁电，以表达对逝者的哀悼之情、对逝者家属的慰问之意。

2017 年 5 月 28 日 13 时许，××理工大学校长黄×同志因病医治无效不幸逝世，终年 58 年。黄×同志为我国材料科学的发展做出过重要贡献。黄×同志曾经在××工业大学工作多年。

三、悼词

（一）例文评析

［例文］

悼　词

各位亲友、各位来宾：

今天，我们怀着十分沉痛的心情深切悼念离休干部××同志。

××同志因患肺心病医治无效，于 2017 年 10 月 29 日晚 7 时 30 分在市人民医院与世长辞，享年 82 岁。

××同志 1935 年 9 月生于××县城南区，1949 年 6 月参加革命工作。新中国成立前夕在江南地下十一师、乡农协会参加全国解放运动。新中国成立后，参加清匪反霸、土改、镇反三大革命运动和整风整社等工作，后在××粮食局、人委会等单位工作，1979 年 3 月在××矿石公司工作，1984 年 6 月调××市财政局房管所工作，1986 年 3 月离休。

少年时代的××同志和许许多多同龄人一样，饱经了旧社会苦难生活的煎熬和考验。他十来岁时受生存和生活所迫，弃书投工。在长沙等地工厂当童工，受尽了工厂资本家的剥削和欺凌，目睹和亲身体会了旧社会的黑暗，这使他幼小的心灵开始产生鲜明的爱憎分明的阶级立场，充满了对旧世界的无比痛恨和对新生活的无限向往。在此期间，他受进步思想影响，参加了长沙工人罢工等革命活动；新中国成立前夕，他投身全国解放运动；新中国成立后，参加乡农协会，积极投身土地改革。由于他表现出色，被组织上选派到粮食干校学习，安排到粮食部门工作，在党的培养教育下迅速成长起来。在以后的革命工作生涯中，他热爱共产党，热爱新中国，热爱社会主义。

××同志一生勤勤恳恳，任劳任怨。无论是在财会岗位，还是在管理岗位，他总是一心扑在工作和事业上，干一行、爱一行、精一行，敬业爱岗，默默奉献。他对财会工作认真负责，一丝不苟，所经管的财务账目日清月结，清清白白。他认真执行政策，敢于坚持原则。

××同志为人忠厚、襟怀坦白；谦虚谨慎、平易近人；生活节俭、艰苦朴素；家庭和睦、邻里团结。他对子女从严管教，严格要求，子女个个遵纪守法，好学上进。

××同志的逝世，使我们失去了一位好同志。他虽离我们而去，但他那种勤勤恳恳、忘我工作的奉献精神，那种艰苦朴素、勤俭节约的优良作风，那种为人正派、忠厚老实的高尚品德，仍值得我们学习和记取。我们要化悲痛为力量，努力学习和工作，再创佳绩，以慰××同志的在天之灵。

［评析］

本文为宣读体悼词。正文开始以沉痛的心情介绍了死者与世长辞的时间、病因，以及享年。接着按时间顺序概述了死者不畏坎坷、坚忍奋进、勤勉磊落、正直朴实的一生。文中对死者一生的评价客观、得体，学习继承的表述适宜。全文结构严谨，语言恰切。

（二）知识要点

1. 悼词的概念

悼词是指向死者表示哀悼、缅怀与敬意的悼念性文章。它有广义和狭义之分。

广义的悼词是指向死者表示哀悼、缅怀与敬意的一切形式的悼念性文章。

狭义的悼词专指在追悼大会上对死者表示敬意与哀思的宣读式的专用哀悼的文体。

2. 悼词的结构

悼词没有固定的格式，但是宣读体悼词的结构形式相对稳定。宣读体悼词主要由三部分构成。

（1）标题。

宣读体悼词的标题组成方式有两种：一种是直接以文种名称作为标题，如“悼词”；另一种由死者姓名和文种名称共同构成，如“在宋庆龄同志追悼会上的悼词”。

（2）正文。

宣读体悼词的正文通常由开篇、中段、结尾三部分构成。

1）开篇应先以沉痛的心情说明召开或参加此次追悼会的目的，尽可能全面而准确地说明死者的职务、职称和称呼，以示尊崇，要注意这些称呼之间的先后排列顺序。接着简要地概述死者何年、何月、何日、何时、何原因与世长辞，以及所享年龄等。

2）中段承接开篇、缅怀死者。这是悼词的主体部分。该部分主要由两方面组成：一是介绍死者的生平事迹，即对死者的籍贯、学历以及生平业绩进行集中介绍，应突出死者对人民、对社会的贡献。二是对死者的思想、精神、作风、品质、修养等做出综合的评价，介绍其对他人和社会产生的积极影响，如鼓舞、激励了青年人，为后人树立了榜样等。该部分的介绍可先概括地说，再具体介绍；也可先具体地介绍，再概括地总结。

3）结尾主要写明生者对死者的悼念及如何向死者学习、继承其未竟的事业、化悲痛为力量，为国家、为社会做出更大的贡献等内容。最后要写上“永垂不朽”“精神长存”之类的话。悼词的结尾要积极向上，不应该是消极的。所以结尾尽量不用“安息吧”这句话。因为“安息吧”是西方天主教为死者举行仪式时用的一句话，这里面含有人生在世是痛苦的、只有死后才能幸福的消极思想。

（3）落款。

悼词一般在开头就已介绍了参加追悼会的人员情况，所以悼词的最后落款一般只署上成文的日期即可。

3. 悼词的写作要求

（1）按时间顺序介绍死者的简单生平。

（2）对死者的称颂要客观、真实，不夸大、不缩小、不粉饰、不歪曲，文字力求简洁。

（3）对死者带来的损失，应实事求是，不宜夸大其词。

（4）应把握好悼词的情感基调，不宜太悲伤、太消极，应重点体现缅怀性和激励性。

（三）写作训练

请根据提供的素材，制作一份悼词。

杨××，中国共产党党员，××公司经理，多方治疗无效，于 2017 年 6 月 5 日晚 8 时 50 分在县人民医院因病逝世，享年 66 岁。

杨××1969 年参加工作，1972 年入党，做过百货公司营业员、采购员、会计、财务股副股长、百货公司经理等职。在长期的革命工作中，他大公无私，热爱集体，工作积极，勤勤恳恳，认真负责，任劳任怨，作风平易近人，态度谦虚谨慎，是党的好干部。他几十年如一日地忠于党和人民的事业，为党的财贸事业做了大量的工作和一定的贡献！

第七节 应聘文书 辞职信

一、应聘文书

（一）例文评析

［例文］

求职信

尊敬的领导：

您好！很荣幸您能在百忙之中翻阅我的求职信，谢谢！

我是××大学一名即将毕业的计算机系本科生。大学四年，我认真学习专业理论知识，阅读了大量计算机书籍。同时对于法律、文学等方面的非专业知识，我也有浓厚的兴趣。在校期间，在专业考试中屡次获得单科第一；获得院二等奖学金一次，院三等奖学金二次；获第三届大学生科学技术创作竞赛一等奖；获学院2017届优秀毕业设计奖。

专业知识上精通Visual Basic、SQL Server、ASP。熟练使用Linux、Windows 9X/Me/NT/2000/XP等操作系统。熟练使用Office、WPS办公自动化软件。

对于常用软件都能熟练使用。

工作上曾担任院学生会学习部副部长、副班长等职，现任计算机系团总支组织部部长。多次组织系部、班级联欢会以及旅游等活动，受到老师、同学们的一致好评。

思想修养上，品质优秀，思想进步，笃守诚、信、礼、智的做人原则。在校期间，光荣加入中国共产党。

社会实践上，四年的大学生活，我对自己严格要求，注重能力的培养，尤其是实践动手能力更是我的强项。我曾在苏州新区的××公司、××公司实习；在江苏××集团、江苏省××科学技术研究院参加工程项目；在校期间多次深入企业实习，进一步增强了社会实践能力。

我期待着能成为贵公司的一员！

我的联系地址：××市××区××路××号 ××大学××××信箱

E-mail：××××××@sina. com

此致

敬礼！

求职者：×××

××××年××月××日

［评析］

这封求职信思路清晰，具体、全面地介绍求职者自己的专业特长、业务技能、道德素养以及潜在的能力和优点，给用人单位一个初步而完整的印象，以达到全方位展示自己的目的。文中表明的态度诚恳、谦虚。结尾处再次表明意欲求职的意向，并留下联系地址。这封求职信篇幅短小，语言简练，寥寥数语既推荐了自己又表明了自己的意愿。

［例文］

应聘书

尊敬的先生/小姐：

您好！我从报纸上看到贵公司的招聘启事，我对网页兼职编辑一职很感兴趣。我现在是出版社的在职编辑，从2015年获得硕士学位后至今，一直在出版社担任编辑工作。两年以来，对出版社编辑的工作已经有了相当的了解和熟悉。经过出版者工作协会的正规培训，再加上两年的工作经验，我相信我有能力担当贵公司所要求的网页编辑任务。我对计算机有着非常浓厚的兴趣。我能熟练使用FrontPage和Dreamweaver、Photoshop、Flash

等网页制作工具。本人做的个人主页，日访问量已经达到了500人左右。通过互联网，我不仅学到了很多在日常生活中学不到的东西，而且坐在电脑前轻点鼠标就能尽晓天下事的快乐更是别的任何活动所不及的。由于编辑业务的性质，决定了我拥有灵活的工作时间和方便的办公条件，这一切也在客观上为我从事兼职编辑工作提供了必要的帮助。

基于对互联网和编辑事务的精通和喜好，以及我自身的客观条件和贵公司的要求，我相信贵公司能给我提供施展才能的另一片天空，而且我也相信我的努力能让贵公司的事业更上一层楼。为此，我不揣冒昧，大胆向贵公司写信应聘，随信附上我的简历，如有机会与您面谈，我将十分感谢。即使贵公司认为我还不符合你们的条件，我也将一如既往地关注贵公司的发展，并在此致以最诚挚的祝愿。

我的电话：139××××××××，E-mail：××××@126. com

此致

敬礼！

应聘人：张××

2017年8月7日

［评析］

此应聘书针对招聘启事的要求，首先介绍自己的基本情况，其次表达自己欲谋求职位的意愿。内容有的放矢，突出自己的优势，思路清晰，表述清楚，格式规范。它篇幅短小，语言简练。

［例文］

自荐信

尊敬的领导：

您好！

我爸爸是一名乡村教师，我舅舅是一名中学教师。受长期的熏陶，幼小的我便憧憬能成为一名优秀的教师，站在讲台上激扬文字……今天我怀着激动的心情向您毛遂自荐！我叫范××，是××师范大学2016届英语教育专业的本科毕业生。

我酷爱读书，特别是文史类图书，大部分中外名著（中英文版）我都看过。这些书对我大有裨益：陶冶性情，丰富知识，开阔视野。这对我的教学工作大有帮助。

通过四年的学习，我掌握了良好的专业知识结构和理论基础，系统地学习了各项知识技能和教学技能，具有准确、熟练的英语听、说、读、写、译的能力。大二上学期，我一次性通过英语六级；大二下学期，我一次性通过英语专业四级。由于突出的能力，在校期间多次荣获专业奖学金、三好学生称号、原声模拟优秀奖等，多门专业课成绩名列前茅！

我有一定的实践经验。大一以来我已经做了12份家教，其中以高中生居多。特别是2015年10月—2016年12月在全国重点高中——××师大附中实习期间成绩优秀。

经过四年的学习与实践，我有信心与能力胜任大中专院校及中学英语听、说、读、写教学。当然，我初涉世事，某些方面还不成熟，我将正视自己的不足，并以自己的谦虚、务实、稳重来加以弥补，不断完善、充实、提高自己。我期盼能有一片扬我所长的天地，我将为之奉献我的青春、智慧与汗水！

我家是教师世家，我热爱孩子、热爱教育。因为教育是育人的工程，所以我非常渴望成为一名优秀的教师。

尊敬的领导，请给我机会，我会以十分的热情、十二分的努力去把握它！

谢谢您的慧目！

此致

敬礼！

自荐人：范××

2016年1月18日

［评析］

这封自荐信介绍了自己各方面的情况，包括学历、资力、能力等，目的是让单位全方位了解自己，达到求职目的。这份自荐信感情真挚，内容充实，个人情况介绍全面，思路清晰，格式规范，但个别词语使用欠妥。

（二）知识要点

1.应聘文书的种类及作用

常用的应聘文书有三类：自荐信、求职信和应聘书。

（1）自荐信是推荐自己担任某项工作或从事某种活动，以使对方能接受的一种专用信件。它的基本格式与普通书信类似。需要引起注意的是，自荐信的内容要真实、具体，篇幅要短小精悍，行文要简洁、明确，要让对方对你的主要特长有一个明确的了解，给对方留下诚恳、朴实的印象。

（2）求职信是用来向用人单位表达求职意向的信函。

（3）应聘书是指求职者根据用人单位发布的招聘人员的广告、通知和其他有关信息，有目的地表达求职意向的信函。

一份成功的应聘文书能够帮助求职者向用人单位有效地推介自己，有助于比较顺利地获得理想的工作职位。可以说，写一份成功的应聘文书是一个人走向成功之路的良好开端。

2.自荐信、求职信、应聘书的异同

（1）相同点。

这三种文书虽然名称不同，但是基本作用都是为了谋求一个职位。三者的结构相同，写作的要求也相同，只是在正文的内容上有所侧重。

（2）不同点。

自荐信要对自己的成绩、专长做自我介绍，毛遂自荐。

求职信、应聘书一般是毕业生或无业人员为了求得某一职位所写的谋职文书。应聘书的求职目标比较明确，对用人单位的用人条件和相关要求心中有数，减少了求职的盲目性，与此同时又增加了求职的被动性，即必须依照用人单位的招聘条件有针对性地介绍自己，表达应聘请求。一般而言，呈递应聘书是有针对性地单独传递，不像求职信那样可以群发。

3. 应聘文书的写作要求

（1）态度要谦恭。

通常情况下，求职者的语气要谦恭、礼貌，表述要得体，用语要亲切；即便自身条件很好，也不可傲慢无礼，要表现出良好的教养和素质。对于迫切希望得到某个职位的求职者来说，在求职信中除了恭敬与礼貌外，在展示自身才能的同时，还应该表达一种恳切之情，力求以情感人，加深对方的印象。

（2）情况要真实。

在求职信中所反映的个人面貌及其他相关情况应该做到客观、真实，不得弄虚作假。表达要明确，不能有意使用模糊词句，使表达模棱两可、闪烁其词，更不能夸夸其谈。

（3）目标要明确。

即求职目标意向要明确，一方面对自己希望获得什么职位要表达清楚，另一方面对自身履行相应职责所具备的基本素质或特殊才能也应表述清楚。这样才有可能增强吸引力，帮助对方认识和了解自己，赢得信任，也才有利于顺利地获得心仪的职位。目标定位要准确，不要过高，要恰如其分，即与自己的实际能力和工作经历相称。只宜选取一个职位目标，不要一次选择多个职位。

（4）条理要清楚。

要写好求职信，一定要事先把有关问题弄清楚。对用人单位和自身都有一个明确的认识，在脑子里对需要表达的内容先进行一番整理和排列，理清思路，然后按照求职信的基本格式娓娓道来，一气呵成。一份格式规范、条理清晰的求职信，才能达到有力地推销自己的目的。

（5）语言要简洁。

语言表达是一个人的基本能力，也是人的综合素质的具体表现。由于求职信的特殊目的以及它所针对的特殊对象，决定了求职信的语言与其他文体有所不同，必须做到十分简洁，文字表达要朴实、通顺，不要使用修饰性词语，切忌错别字和语法错误。

4. 应聘文书的结构

应聘文书是一种书信文体，同书信的写作格式基本一致。应聘文书一般包括标题、称谓、正文和落款几部分。

（1）标题。应聘文书的标题通常由文种名称组成，即在首行中间写明“求职信”“自荐信”，或“应聘书”等。

（2）称谓。应聘文书要顶格写明求职单位的领导或负责人的姓名和称谓，有时也可直接称呼其职务，如“尊敬的××局局长”，称谓后加冒号。

（3）正文。应聘文书的正文一般由开头、主体、结尾三部分组成。

1）开头要交代清楚自己的身份、年龄、学历等基本情况，给用人单位一个初步、完整的印象。如果应聘者有明确目标，可以先介绍自己看到该单位的征招信息，以及意欲应聘的想法。

2）主体部分主要是针对用人单位的征招信息，或者根据自己了解到的用人单位通常的要求来具体地介绍自己，这其中要把自己的专业特长、业务技能、外语水平及其他潜在的能力和优点全部表呈出来，以期使用人单位意识到你正是他们用人的最佳人选。这部分是应聘文书的关键，所以要多了解用人单位的信息，使自己可以有较强的针对性来推荐和介绍自己。

3）结尾要再次强调自己的求职愿望，恳请用人单位给自己一次工作的机会。为了更好地证明自己的能力，可将能证明自己才能的材料附于信后。

(4) 落款。在正文的右下方署上应聘人的姓名及成文的日期。

（三）病文修改

修改以下求职信，使之符合写作规范。

求职信

×××公司：

×月×日《××晚报》第十四版“金页广告”刊登了贵公司因业务发展需要，急需招聘电气工程师3名。现将我的情况推介如下：

陈××，男，25岁，××省××市人。中共党员。身高1.75米；身体状况：健康；专业：电气工程；对英语、日语会说、会听、会写。家庭地址：×××市××区××路××号。户口所在地：××市××分局。邮政编码：×××××××。2010年毕业于×××工学院，已有三年的工作经验。

本人学历如下：

1996—2001年　×××××××小学

2001—2006年　×××××初中、高中

2006—2010年　在×××工学院读大学

2010年至今　在××公司工作

所学的主要课程及成绩：

电气技术82分

电子技术80分

工程企业管理79分

工业工程经济70分

计算机信息管理86分

……

特长：对英语、日语会听、会说、书写熟练

附件：1.×××工学院毕业证书

　　　2.身份证复印件

　　　3.免冠照片2张

我愿到贵公司应聘电气工程师工作，请求贵公司能接纳，给我一个施展才华的机会。

此致

崇高的敬意

××市××工程公司××处
陈××
2017 年×月×日

（四）写作训练

下面是沈阳某服饰制作有限公司在辽宁人才网上发布的一则招聘信息，请合理虚构应聘者的个人学业、持证数量及能力素质情况，向该企业投递一封求职信。有关个人情况、材料可做附件。

招聘信息

单位简介：（略）
所在地区：沈阳
单位性质：有限责任
招聘岗位：文秘兼内勤（1 名）
工作地点：沈阳市于洪区
发布日期：2017 年 8 月 10 日
岗位要求：
1. 大专以上学历，文秘及相关专业优先；
2. 最好具有相关工作经历；
3. 熟悉电脑，具有团队精神。
联系电话：024－881510××
传真：024－881368××
联系人：王××

二、辞职信

（一）例文评析

［例文］

一位员工的辞职信

尊敬的吴主任：

您好！

很遗憾在这个时候向中心正式提出辞职。当您看到这封信时，我大概已不在这里上班了。

来到广告中心也快两个月了，开始感觉广告中心的气氛就和一个大家庭一样，大家相处得融洽和睦，在这里有过欢笑，有过收获，当然也有过痛苦。虽然多少有些不快，不过在这里至少还是学了一些东西。

在这一个多月的工作中，我确实学习到了不少东西。然而工作上毫无成就感总让自己彷徨。我开始认真思考。思考的结果连自己都感到惊讶——或许自己并不适合电视采编这项工作，而且到这里来工作的目的也只是让自己这一段时间有些事可以做，可以赚一些钱，也没有想过要在这里发展。因为当初连应聘我都不知道，还是一个朋友给我投的资料，也就稀里糊涂地来到了这里。一些日子下来，我发现现在的处境和自己的目的并不相同（一个月工资还不够您扣的，当然也不够一个网站的制作费用）。而且当初您说好的网线端口的事情一直没有下文，开课的事情也一直没有明确的说法。我一直以为没有价值的事情还不如不做，现在看来，这份工作可以归为这一类了。一个多月的时间白白浪费掉了。我想，应该换一份工作去尝试了。我也很清楚这时候向广告中心辞职，于中心、于自己都是一个考验，中心正值用人之际，不断有新项目启动，所有的前期工作在中心上下极力重视下一步步推进。也正是考虑到中心今后在各个项目安排的合理性，本着对中心负责的态度，为了不让中心因我而造成失误，我郑重向中心提出辞职。我会将这几天的事情给做完。至于剩下的事，留给其他的同事去做吧。

离开广告中心，离开这些曾经同甘共苦的同事，确实很舍不得，舍不得同事之间的那片真诚和友善。

但是我还是决定离开了，我恳请中心和领导们原谅我的离开。

祝愿中心蒸蒸日上！

此致

敬礼！

辞职人：××

2017 年 7 月 8 日

［评析］

在这封辞职信中，作者主要谈到了三个方面：第一是感谢广告中心的培养；第二是解释他辞职的原因；第三是向广告中心表示歉意，因为他个人的原因将给广告中心造成一些不便，他觉得很遗憾。对于自己辞职的原因，写得客观而得体。这封辞职信结构完整，理由充分，语言流畅，是一份较好的文书。但个别语言尚需斟酌。

（二）知识要点

1. 辞职信的概念

辞职信是员工向供职单位表白辞职愿望的文书。

员工提出辞职，一般要向单位递交正式的辞职信。辞职信作为员工的一种结束与单位之间劳动关系的意思表示，具有法律效力，并且会对劳动关系结束的性质、双方责任的划分产生最有决定性的影响。因此，员工在写辞职信时，需要慎重思考，三思而后行。

员工辞职的权利，共计有三种：一是与单位协商，不需要单独拟写辞职信。二是员工提前三十日提出辞职，这种辞职的权利是一种预告解除劳动合同的权利，在现实中受到一些限制，而且有可能会承担向单位支付违约金的责任。因此，在行使这种权利时，作为员工，应当深思一下。三是即时辞职权利，这种辞职权利，员工不需要向单位承担任何赔偿或者违约责任，但是这种辞职需要法定理由。

2. 辞职信的结构

(1) 称呼。

称呼与应聘文书称呼的写法相同。

(2) 正文。

首先，写辞职的理由。这部分要简单扼要。就算是为表示抗议而离职，在说明中也要实事求是，清楚明了，不宜动肝火，以免日后难以再见。实在不好公开说的理由，就用“个人原因”表示。其次，对单位和同事表示感谢，尽可能处理好公共关系。

(3) 敬语。

按信函格式写上“此致”“敬礼”一类敬语。

(4) 落款。

按信函格式写上个人姓名、日期。

3. 辞职信的写作要求

(1) 了解辞职的权利性质。

作为一名员工，在写辞职信之前，不要仓促行为，也不要意气用事。想辞职时，就先要想清楚，你想行使的是哪一种辞职的权利，这种性质的判断，是需要一定的法律基础的。

(2) 想好合适的辞职理由。

在想清楚辞职权利的前提下，员工需要确定自己选择哪一种性质的辞职，并且在确定之后，寻找合适的辞职理由。协商辞职和预告辞职不需要特别的理由；即时辞职需要特别的理由，其理由主要为单位不依法缴纳社保、拖欠工资或者不付加班费等诸种情形。辞职的理由要写得得体、简要。

(3) 语言温和得体，不可激化矛盾。

找到合适的理由之后，在具体行文时，语气不可过于生硬，不可因辞职信本身而与单位激化矛盾。但是更不可因过于委曲求全或不敢宣告理由而使自己被动。

(4) 辞职的时间。

要有一定的提前量，以使单位提前做好职位调整。

（三）写作训练

请根据自身情况，合理设计情节，写一份辞职信。要求：辞职理由得体，结构要素齐备。

第六章

传播文书

学习目标

1. 掌握传播文书的性质，了解传播文书的作用。
2. 掌握消息、解说词、公关广告、海报等传播文书的写作方法。
3. 通过例文评析、写作训练，培养传播文书的写作能力。

传播文书是为宣传政府、单位、人物、商品或某一事件而制作的专用文书。传播文书的制作目的在于发布的信息能够给公众留下深刻的印象，以产生巨大的社会效益和经济效益。传播文书的传播手段多样，传递方式多元。

传播文书种类繁多，常见的有消息、广播稿、解说词、导游词、广告、海报、说明书等。

传播文书的特点有以下两个方面：

一是内容的真实性。即传播文书以传播信息为目的，必须客观地反映存在的事实。

二是表现的文学性。尽管传播文书不能等同于文学作品，但是，它同样需要引起读者的关注，调动读者阅读的积极性，以实现传播文书的制作目的。

第一节　消　息

一、例文评析

［例文］

屠呦呦获2015年诺贝尔生理学或医学奖

本报斯德哥尔摩10月5日电　瑞典卡罗琳医学院5日宣布，将2015年诺贝尔生理学或医学奖授予中国药学家屠呦呦以及爱尔兰科学家威廉·坎贝尔和日本科学家大村智，表彰他们在寄生虫疾病治疗研究方面取得的成就。

屠呦呦的获奖理由是“有关疟疾新疗法的发现”。这是中国科学家因为在中国本土进行的科学研究而首次获诺贝尔科学奖，是中国医学界迄今为止获得的最高奖项，也是中医药成果获得的最高奖项。今年诺贝尔生理学或医学奖奖金共800万瑞典克朗（约合92万美元），屠呦呦将获得奖金的一半，另外两名科学家将共享奖金的另一半。

屠呦呦是诺贝尔医学奖的第十二位女性得主。20世纪六七十年代，在极为艰苦的科研条件下，屠呦呦团队与中国其他机构合作，经过艰苦卓绝的努力并从《肘后备急方》等中医药古典文献中获取灵感，先驱性地发现了青蒿素，开创了疟疾治疗新方法，全球数亿人因这种“中国神药”而受益。目前，以青蒿素为基础的复方药物已经成为疟疾的标准治疗药物，世界卫生组织将青蒿素和相关药剂列入其基本药品目录。

诺贝尔生理学或医学奖评委让·安德森在接受本报记者采访时说，得益于三位科学家的贡献，千百万人得到了对症治疗的药物，这一事件具有里程碑意义。他说：“屠呦呦是第一个证实青蒿素可以在动物体和人体内有效抵抗疟疾的科学家。她的研发对人类的生命健康贡献突出，为科研人员打开了一扇崭新的窗户。屠呦呦既有中医学知识，也了解药理学和化学，她将东西方医学相结合，达到了一加一大于二的效果，屠呦呦的发明是这种结合的完美体现。”

诺贝尔奖评选委员会说，由寄生虫引发的疾病困扰了人类几千年，构成重大的全球性健康问题。屠呦呦发现的青蒿素应用在治疗中，使疟疾患者的死亡率显著降低；坎贝尔和大村智发明了阿维菌素，从根本上降低了河盲症和淋巴丝虫病的发病率。今年的获奖者们均研究出了治疗“一些最具伤害性的寄生虫病的革命性疗法”，这两项获奖成果为每年数百万感染相关疾病的人们提供了“强有力的治疗新方式”，在改善人类健康和减少患者病痛方面的成果无法估量。

资料来源：刘仲华，商璐．屠呦呦获2015年诺贝尔生理学或医学奖．(2015-10-06)［2018-07-22］．http://sh.people.com.cn/n/2015/1006/c134768-26660762.html.

［评析］

上文属于简明消息。此消息及时报道了屠呦呦获得2015年诺贝尔医学奖的相关情况。报道的内容新，篇幅短，且标题准确、醒目。

［例文］

连续三届奥运会压哨出局　郭焱成国乒最悲情人物

2012年5月10日，距离国际乒联奥运会最终报名还有两天时间，国际乒联公布了各协会的最新名单。中国女单名单出现重大调整！丁宁顶替此前入围的老将郭焱，出现在单打名单当中，搭上了末班车，郭焱则彻底无缘伦敦奥运会，连续三届遭遇悲情时刻！

一、出道十一载　奥运梦难圆

郭焱自2001年开始，已经有10多年时间盘踞在女乒一线行列。2001年年初，刚进入国家一队两个多月，郭焱就在一次大循环比赛中打到第三名，接着还拿到了一个克罗地亚站的公开赛冠军，自此崭露头角。2004年雅典奥运会，是郭焱第一次冲击奥运会，不过未能竞争过大赛经验相对丰富的牛剑锋，以及打法先进的郭跃，无缘雅典奥运会。

二、突然低迷　无缘北京奥运

自雅典奥运会之后，郭焱成长迅速，很快在2005年、2006年迎来了丰收时刻。这位实力型选手闯进了2005年的世锦赛决赛，负于张怡宁，屈居亚军。在2006年的世界杯决赛当中，郭焱则成功击败张怡宁夺得了冠军。在那两年，郭焱一度与张怡宁、王楠形成了三大主力的局面，被视为很有希望参加北京奥运会。

不料，一度陷入低迷的郭跃从2007年开始找到了状态，与郭跃同龄的李晓霞也迅速成长起来。年龄处于劣势的郭焱，非常遗憾地落选了北京奥运会。在两次错过奥运会之后，郭焱已经不再年轻，加之中国队新陈代谢较快，在很多人看来，郭焱错过北京奥运会意味着彻底与奥运会擦肩。

三、伦敦梦最后一秒破碎

让人没有想到的是，郭焱在新奥运周期，勇于拼搏，不言放弃，敢于进行技术创新。

在2010年的莫斯科团体世乒赛中，中国女乒虽然遗憾丢冠，郭焱却在决赛当中为中国队赢得挽回颜面的一分。在此后的历届团体大赛，郭焱都充当了国乒的绝对主力选手，为中国队夺得世界杯、亚运会等一系列团体比赛冠军立下汗马功劳。

在2011年5月份的奥运会单打首期报名当中，郭焱当时凭借4分的领先优势，力压丁宁，占据了世界排名榜的第二名，考虑到郭焱当时的稳定表现，以及出于对规则的考虑，前两名的李晓霞和郭焱入围了参加伦敦奥运会单打的名单，距离奥运会仅一步之遥！然而，郭焱此后尽管表现依旧稳定，但丁宁连夺世锦赛、世界杯两项冠军，势头惊人。而郭焱却不合时宜地在去年下半年分别输给冯天薇、王越古，出现了两场外战败绩，在今年的团体世乒赛意外无缘主力阵容，最终落选了伦敦奥运会！

四、施之皓：郭焱受伤病所累

对于郭焱之所以被丁宁取代的问题，女队主教练施之皓表示，主要原因是郭焱的伤病所致。他说："从今年年初开始郭焱就受到手臂伤病的困扰，作为奥运会的有力竞争者，如果她完全停止训练治疗的话，会影响成绩，所以之前一直都是边训练边治疗。"

世锦赛前在中山的封闭训练，郭焱的伤势加重。此后的亚锦赛和世锦赛，她都是打封闭上场。考虑到伤病因素，加之世锦赛团体赛决赛前她的个人感觉也不太好，对球的控制能力在下降，所以球队没有在决赛中派上郭焱。回到北京后，球队请专家对郭焱进行了会诊，结果是肌肉损伤和肌腱撕裂，如果想尽快恢复，只能动手术，那样的话，三个月的恢复期肯定不够，这也成为奥运会的不确定因素。

施之皓还透露，郭焱目前的伤病有可能影响她的职业生涯，目前的诊断结果为右肘关节伸总肌腱上止点撕裂，右肘桡侧副韧带上止点撕裂，伴有局部炎症，不适合大强度训练和激烈的比赛对抗。

资料来源：华登．连续三届奥运会压哨出局，郭焱成国乒最悲情人物．(2012-05-12)［2018-07-22］. http://sports.163.com/12/0512/10/81A39KNG00051C8M.html.

［评析］

上文属于动态消息。此消息及时报道了即将开赛的伦敦奥运会的相关消息。报道的内容新、篇幅短，有叙述，有分析，客观得体。

［例文］

"80后"作家笔耕者寥寥无几　九成转行另谋生计

郭敬明成立上海柯艾文化传播有限公司，成为"80后"作家中的第一位老板。而韩寒也开赛车、出唱片。他俩同为"80后"作家领军人物，新作却都遥遥无期，"80后"作家似乎离写作越来越远。

据一份调查数据显示，在巅峰时期，"80后"作家群体近1 000人。其中，处在一线和二线的有近100人，现已经萎缩为不足10人。记者采访了68名"80后"作家，对该群体生存状态做了一番调查。

调查说明：（略）

调查对象："80后"作家。

调查方式：现场采访、电话采访、调查问卷。

调查人数：68人。

现状调查：

九成人抛弃写作，最大原因是迫于生活压力，只好转行；一成人坚持的最大原因是热爱写作，但现在写作仅仅是业余爱好，几乎不从事专业写作。"80后"写作是指20世纪80年代出生的青年作家群体的写作。大约是在20世纪末，他们现身文坛，巅峰时期是2003—2004年。据一份出版调查数据显示，2004年"80后"作家出版的作品量占当年出版总量的10%，与现当代文学出版量相当。"现在作品量不到1%，'80后'这个群体已经无人问津，这就造成大批'80后'作家无路可走。"春风文艺出版社一位编辑说。

现状原因：

1."80后"群体自我瓦解。在"80后"作家刚出现时，就有专家分析说，"80后"作家群体大多数不过25岁，生活几乎无保障，是一个极不稳定的群体。"'80后'作家群一直是鱼目混珠，很多人都是跟风而来，打着'80后'的旗号想分一杯羹。"曾接触了一批"80后"作家的周萧说，"这些所谓的'80后'作家都是看一些口水小说长大的，写一本两本书可以。当'80后'这个概念不再让他们骄傲，这些人最先瓦解，他们占很大比重。"

2. 出版社无利不出书。某出版社副总编分析说："'80后'其实就是一个炒作概念，有了这个噱头，大家都能捞到好处。当这个光环褪去后，'80后'这个概念也无任何意义了。"在记者采访的68名"80后"作家中，几乎都不愿称自己是"80后"作家，甚至很厌恶，他们认为这是强加给他们的一个帽子。"除韩寒、郭敬明这样的少数人外，现在没有出版社愿意出'80后'作家的书，写了也没用。"采访中，很多"80后"作家这样说。在"80后"作家最红火的时候，某出版社曾网罗了一大批"80后"作家的文章结集出版，结果很多书都砸在手里卖不出去。该出版社总编室一位负责人说："出版社是需要利益的，当'80后'作家这个概念不再成为读者关注的话题，出版社自然转向其他，这实际上是断了'80后'作家的路。"

出路个案：

1. A：华东师范大学毕业，代表作《不羁的××》。A已经结婚，在上海一家三资企业做电子杂志，天天上夜班。"赚的钱刚够养活自己，现在偶尔动动笔，因为上班比较累，很难再有精力和时间。"A说。

2. B：卖过衣服，摆过地摊，大学辍学，代表作《×××××批判书》。漂在北京的日子里，在五道口租门面卖过衣服，摆过地摊，还在酒吧当过服务生。说起写作，B说："写作，当然一直都想，但是人总要生活。"

3. C：大学辍学，代表作《维以×××》。C目前在某时尚杂志做制片，算是"80后"作家中混得不错的。谈起现状，C觉得很满意。"租房、吃饭，现在赚的钱也刚够我花。"C说："当初找这份工作就是因为自由，一周可以把一个月的事都做完，剩余时间自己可以写点东西。"

出路探访：

1. 七成人攒书为业。"80后"作家小Z（化名）曾获过新概念作文大赛二等奖，现在没工作，只能帮一些书商和出版社攒书，月收入不高。像小Z这样的占到七成，他们都为了生存给出版社和书商从事编辑工作。仅记者采访的对象中，就有将近50人坦言自己曾替出版商工作过，帮他们攒书。周萧说："说好听点是编辑，其实大部分都是帮着书商攒书，有时候自己就充当枪手。"

2. 两成人四处求学。有两成的"80后"作家在四处求学，这些人的家境一般不错。"一会儿再聊行吗，我正在剧组搬东西呢。"当记者给孙×打电话时，他正在一个朋友的剧组里帮忙。"80后"作家孙×一心想在北京电影学院导演系学习。在经过两次失败后，他终于在今年考上北电导演系研究生，成为田壮壮的学生。"还有半个月就开学了，我肯定不会放弃写作，干导演和写作是不分家的。"孙×说。

3. 一成人坚持写作。

韩寒：想写了就动笔。对于坚持写作的原因，韩寒说："想写就写呗，我觉得我写作没什么大的理由，有事想说了，想写了，就动笔了。"谈起"80后"作家，韩寒不但否认自己是"80后"作家，而且认为这种以年龄划分是不科学的，"我觉得现在的作家都比较个性，又不是苹果按品种分分就可以。"韩寒说。

郭敬明：调剂紧张生活。"我创作的动机，无非是'写着玩'，作为紧张生活的一种调剂而已。对我来说，写作这项主业仅仅是我的个人爱好，不是生活的全部。每次我都是真正有了写作冲动才会动笔。"郭敬明说："我和所谓的'80年代写作群'基本没有什么来往，'80后'这个概念完全是人为强加的一个帽子。"

［评析］

上文属于综合消息。此消息通过对"80后"创作群体今昔境遇的客观描述，冷静分析，引发人们对"80后"社会现象的反思。报道的内容思想深刻。

二、知识要点

（一）消息的概念和特点

消息也叫消息报道、新闻。它是一种用简洁明快的文字，迅速、及时地反映现实生活中新鲜而重要的事件的报道文体。

消息具有以下两方面的特点。

1. 时效性

消息发布的时效性，是消息质量的一个重要组成部分。再好的消息，如果延误发布的时机，被他人抢了先，就有可能成为废纸一张。在实际工作中，新闻常和"抢"字连在一起。"抢新闻""抢消息"很生动地反映出消息特别注重时效的特点。和其他的文种相比，消息的优势就在于反映现实的速度最快。

2. 真实性

消息报道的内容，无论是重大事件，还是寻常小事，都要真实可靠，不允许有任何虚构和夸张。真实性是消息的生命和灵魂。一旦出错，媒体在公众中的良好形象和信任度需要很长时间才能恢复。因此，从某种程度上讲，“真实性”比“时效性”更加重要。

（二）消息的种类

消息的种类很多，通常可分为四类。

1. 简明消息

简明消息又称简讯、短讯或快讯。它是新闻报道中最简练、最短小的一种新闻体裁。它的内容相对较为简单，篇幅较为短小，但报道的领域极为广泛。通常情况下，简明消息所报道的不是重大主题，而是有意义的小事。

2. 综合消息

综合消息主要是综合反映带有全局性的事件、情况、动向、成就、经验和问题的报道。这种报道涉及面较广，声势和作用较大，因此需要占有比较充分和全面的材料，要有较强的概括性。

3. 典型消息

又称经验消息，主要是反映一些具体部门、单位在一定时期内产生的工作成效、典型经验或深刻教训，用以指导全局带动一般，具有较强的针对性和指导性。典型消息往往由事实引出道理，从个别事例中总结经验。它叙述较完整，分析较系统。

4. 动态消息

动态消息主要是迅速、及时、准确地报道国内外重大事件和生活中出现的新情况、新变化、新成就、新动向、新风尚。动态消息以叙述为主，其结构完整、文字简明、篇幅短小、时效性强，是新闻中用得最多的一种体裁。

（三）消息的结构

消息一般由标题、导语、主体、背景、结尾构成。

1. 标题

标题是消息的重要组成部分，被称为“新闻的眼睛”，精彩的标题应简明、准确、新颖、醒目。

消息的标题多样，除了正题之外，还有引题和副题。

（1）引题的位置在正题之上，又称“肩题”“眉题”。它时常用来介绍背景、烘托气氛、引出正题，与正题互为补充。

（2）正题是标题的主体，要对消息中最主要的内容和含义做出概括与说明，其特点是明确、简练、突出。

（3）副题的位置应在正题之下，又称“辅题”“子题”。它的作用多是补充介绍正题提供的事实与思想，点明意义，扩大效果。

使用引题、正题或副题，要根据消息本身的分量和宣传的需要来决定取舍。一般而言，重要消息要“三题俱全”，普通的消息就不需要面面俱到了。

标题可以为引题+正题，例如：

母亲眼中的奥运明星

马琳的成长故事

可以为正题+副题，例如：

关于稳定问题的新思维

——清华大学社会学系教授孙立平访谈

也可以只有正题，只要准确、简明、醒目、新颖即可，例如：

劳模杀妻引出的情法碰撞

2. 导语

导语是消息的开篇，是一则消息中最有价值、最精粹的核心部分，是对整篇消息最重要、最新鲜、最有意义的事实的精要概括。一般说来，较长的消息，第一自然段是导语；较短的消息，第一句话是导语。

3. 主体

主体是消息的主干部分。它承接导语，围绕主题，对导语概括的内容进行具体阐述，进一步展现和深化主题。与导语相比，主体部分的篇幅要大得多，内容也丰富得多。

主体的展开形式可以以时间为序，也可以以逻辑关系为序，只要详略适宜、中心突出、引人入胜即可。

4. 背景

背景是指与消息中报道的人物、事件有联系的条件和环境。背景一般包括政治背景、地理环境、历史背景、人物背景等。恰当的背景交代，可以丰富消息的内容，深化消息的主题。但是不能为写背景而写背景，尤其是一些对消息本身无积极意义的背景交代必须省略，否则容易喧宾夺主、弱化主题。

5. 结尾

结尾是消息的总收束。可以总结全文，可以启发激励，可以引人深思，也可以戛然而止。但是必须杜绝平淡老套、画蛇添足式的结尾。

（四）消息的写作要求

1. 真实精悍

真实是消息的生命。消息不同于小说、诗歌等文学作品，来不得半点虚构和夸张。只能以简洁的文字反映新情况、报道新人物、展示新事件。

2. 要素齐备

无论消息的内容是繁是简、是长是短，时间、地点、人物、事件、原因、结果这六要素必须齐备，缺一不可。

三、写作训练

请根据提供的素材写一则消息，标题自拟。

2017 年世乒赛单项赛 5 月 31 日展开了单打项目的角逐，中国队五朵“金花”丁宁、刘诗雯、朱雨玲、陈梦、木子全部顺利晋级。在女队主帅孔令辉被停职之后，国乒总教练刘国梁的工作重点向女队倾斜，他罕见地担任了女单二号种子刘诗雯的场外指导，但在赛后一言不发地离开。与此同时，国际乒联年度代表大会召开，国家体育总局副局长蔡振华以亚乒联主席身份列席，施之皓争取连任国际乒联副主席，二人共同捍卫国乒形象，不过均没有就孔令辉事件发表任何言论。

在孔令辉因为“涉赌”而被中国乒协暂时停职并立即回国接受进一步调查之后，国乒火速应变，女队教练李隼在世乒赛期间暂代孔令辉出任主教练，而总教练刘国梁在世乒赛期间的工作重点也向女队倾斜。5 月 31 日上午，女单首轮全面铺开，5 名主力当中有三人几乎同时出战，这样女队教练的调配显得捉襟见肘。于是，上午 10 时丁宁的比赛由李隼担任场外指导，后者之后继续督战 12 时开始的朱雨玲的比赛，肖战督战陈梦，木子则由男队张继科的主管教练刘国正负责“救急”。刘诗雯的比赛在 13 时进行，总教练刘国梁罕见地亲自督战，充分印证了他昨天说的把工作重点向女队转移，“会根据抽签的情况和时间的安排，大家相互补台，互相帮助”。刘国梁赛后并没有接受采访，匆匆离去，因为接下来男单的首轮角逐全面铺开。木子在资格赛期间的全部比赛都是由李隼负责场外指导，对于正赛阶段临时换成了刘国正，她赛后表示：“确实对自己也是个挑战，主要得自己把握好思想。”

同一天上午，在与比赛场馆几乎一墙之隔的本届世乒赛官方酒店内，国际乒联年度代表大会召开，国家体育总局副局长蔡振华以亚乒联主席身份列席，前中国女乒主教练施之皓则谋求连任国际乒联副主席。蔡振华并没有接受任何采访，他认为当下就是以中国乒协及国家体育总局的官宣为准。

除了国乒 5 名女单主力之外，日本队的 17 岁小将平野美宇也在 5 月 31 日的首轮角逐中亮相，她在晋级之后重申了自己的目标——女单金牌。

因为在 2017 年 4 月中旬的无锡亚锦赛上连续击败丁宁等三名中国队主力而夺得女单冠军，年仅 17 岁的平野美宇轰动国际乒坛，也被中国女乒列为本届世乒赛上的头号劲敌。在湖北黄石备战世乒赛期间，中国女乒甚至出动了 4 名队员模仿平野的打法。5 名国乒女单主力分布在 1/4、3/4 和 4/4 区，目前世界排名第 8 的平野美宇独守 2/4 区，这也意味着她在挺进 4 强之前都不会与中国队选手“狭路相逢”。

东京电视台出动了超过 100 人的转播团队贴身紧盯平野美宇，负责在混合采访区统筹赛后采访的田口先生告诉记者，平野在晋级后再次重申了夺冠的目标。但是，任何日本媒体都没有在赛后的提问中提到中国女队突遭巨变，因为日本媒体更加关注的是平野美宇本人在世乒赛上的表现。

日本女队教练渡边隆司透露，日本队上下是通过该国的新闻了解到孔令辉的动态的。

他用手势比画了日本媒体对此事的报道篇幅，并强调这已经超越了乒乓球的领域，是很轰动的体育新闻。不过，他认为孔令辉回国并不会影响中国女乒在世乒赛上的发挥，因为这跟比赛是两回事。由于英语水平有限，渡边隆司通过拨开两手的动作表达，孔令辉回国以及中国女乒参赛是两回事。但他也强调，平野美宇是要在世乒赛冲击女单金牌的。

第二节　解说词

一、例文评析

［例文］

北京故宫导游解说词

女士们、先生们：

今天有幸陪同大家一道参观，我感到很高兴。

这里就是世界闻名的故宫博物院，一般大家都简称它为故宫，顾名思义，就是昔日的皇家宫殿。自1911年清朝末代皇帝爱新觉罗·溥仪被迫宣告退位上溯至1420年明朝第三代永乐皇帝朱棣迁都于此，先后有明朝的14位、清朝的10位，共24位皇帝在这座金碧辉煌的宫城里统治中国长达五个世纪之久。帝王之家，自然规模宏大、气势磅礴，时至今日这里不仅在中国，在世界上也是规模最大、保存最完整的古代皇家宫殿建筑群。由于这座宫城集中体现了我国古代建筑艺术的优秀传统和独特风格，所以在建筑史上具有十分重要的地位，是建筑艺术的经典之作，1987年已被联合国教科文组织评定为世界文化遗产。

故宫又称紫禁城，传说老子出函谷关，关令尹喜见有紫气从东来，知道将有圣人过关。果然老子骑了青牛前来，尹喜便请他写下了《道德经》。后人因此以“紫气东来”表示祥瑞。帝王之家当然希望出祥瑞天象，那么用“紫”字来命名也就顺理成章了。“禁”字的意思就比较明显了，那就是皇宫禁地，戒备森严，万民莫近。

故宫从明永乐四年（1406年）开始修建，用了14年的时间才基本建成，到今天已有590多年的历史。大家看到了，故宫是一级红墙黄瓦的建筑群，为什么这样呢？道家阴阳五行学说认为，五行包括金、木、水、火、土，其中土占中央方位，因为华夏民族世代生息在黄土高原上，所以对黄色就产生了一种崇仰和依恋的感情，于是从唐朝起，黄色就成了代表皇家的色彩，其他人不得在服饰和建筑上使用。而红色，则寓意着美满、吉祥和富贵，正由于这些原因，故宫建筑的基本色调便采用了红、黄两种颜色。

故宫占地72万多平方米，有宫殿楼阁9 900多间，建筑面积约15万平方米。四周有高 9.9 米的城墙，墙外一周是 52 米宽的护城河，俗称筒子河。城四周各设一门，南面的正门是午门，北门叫神武门，东门叫东华门，西门叫西华门。

我们眼前的建筑叫午门。午门是紫禁城的正门，俗称五凤楼。清代，皇帝举行朝会或大祀，以及元旦、冬至、万寿、大婚等重大节庆，都要在这里陈设卤簿、仪仗。此外，国家凡有征战凯旋时，皇帝在午门接受献俘典礼，如果皇帝亲征也从午门出驾。

（进午门后金水桥前）

现在我们已经到了故宫里面，故宫分外朝内廷。现在我们在外朝的最南端，正前面是太和门。门前有一对青铜狮子，它们威严、凶悍，成了门前桥头的守卫者，象征着权力与尊严。皇帝贵为天子，门前的狮子自然最精美、最高大了。东边立的为雄狮，前爪下有一只幼狮，象征皇权永存，千秋万代。我们眼前的这条小河，叫金水河，起装饰和防水之用。河上五座桥象征孔子所提倡的五德：仁、义、礼、智、信。整条河外观像支弓，中轴线就是箭，这表明皇帝受命于天，代天帝治理国家。

（在太和门前）

故宫建筑分为“外朝”与“内廷”两大部分。由午门到乾清门之间的部分为“外朝”，以太和、中和、保和三大殿为中心，东西两侧有文华、武英两组宫殿，左右对称，形成“外朝”雄伟壮观的格局。三大殿前后排列在同一个庞大的“工”字形汉白玉石殿基上，殿基高 8 米，分为三层，每层有汉白玉石刻栏杆围绕，三台中有三层石雕“御路”。太和殿俗称金銮殿，是故宫最高大的一座建筑物，也是国内最高大、最壮丽的古代木结构建筑。乾清门以内为“内廷”，建筑布局也是左右对称。中部为乾清宫、交泰殿、坤宁宫，是封建皇帝居住和处理日常政务的地方。两侧的东、西六宫是嫔妃的住所，东、西一所是皇子的住所。“内廷”还有供皇家游玩的三处花园——御花园、慈宁花园、乾隆花园。金水河沿“内廷”西边蜿蜒绕过英武殿、太和门、文华殿流出宫外，河上有白玉石桥，沿河两岸有曲折多姿的白玉雕栏杆，形似玉带。故宫建筑绝大部分以黄琉璃瓦为顶，在阳光下金碧辉煌，庄严美观。

（经过太和门之后）（略）

［评析］

本文是北京故宫的导游词片段。称谓得体，欢迎的语句诚挚亲切。对故宫的介绍亦游亦说，层次清楚，条理明晰。有概览，有分述，有历史传说，有建筑描述。语言通俗优美，无疑增强了吸引力。

［例文］

神奇的海滨湿地——盐城

盐城位于中国黄海的沿岸，这里有着漫长的海岸线。日复一日，盐城的渔民伴随着风浪，收获着海产，每天都会有来自空中的鸣叫打破他们单调的劳作。

在这片天空上，有着数不清的鸟类在上下翻飞，尽情翱翔。那跃动的身姿似乎在向人类宣告：这里是它们神圣的家园。而这神圣家园之所以存在，秘密就在于这片天空下面那广阔而神奇的海滨湿地。

盐城的海岸线内侧，有着大片的沿海滩涂，它绵延500多公里，面积达4 500多公顷，是中国海岸线上面积最大的一片海滨湿地。在这里，各种生物相互依存，以自然的法则体现着多样性的景观。它是鸟类生存的王国，也是净化人类环境的一片绿洲。

走进湿地，在泥泞中跋涉异常艰难。也正是这个原因，除了湿地工作者以外，这里一向人迹罕至。湿地的泥沼涵养着大量水分。由于是海洋生态与陆地生态的过渡区，潮涨潮落之际，造就了这里特有的生物链，也使海滨湿地成为生物多样性的温床。

鸟类的迁徙是自然界最引人注目的现象之一。世界上每年有几十亿只候鸟在秋冬季节离开它们的繁殖地，迁往更为适宜的栖息地越冬。

鸟类为什么要迁徙，至今还没有一个确切的答案。但是可以确定的是，候鸟迁徙的路线都相对固定。而在最繁忙的迁徙线路上，各种类型的湿地也是最多的。因为在候鸟跨越国家甚至洲际的长距离飞行中，需要很多停歇的地方，而只有湿地才能为它们提供丰富的给养。盐城便成为东北亚与澳大利亚候鸟迁徙的重要驿站。候鸟在湿地中得到了一个舒适的家园，它们也由此成为这个物竞天择的王国中的君主。

在盐城的海滨湿地，螃蟹在吸吮着泥沼中的养分。这片广阔的滩涂供养着30多种蟹类。它们生性机敏，一有风吹草动，眨眼之间就全部消失在泥中。泥沼既是它们的食物来源，也是它们寄居藏身的巢穴。

泥地上的水域，生长着供鱼虾生存的植物、饵料。而喜食鱼虾的鸟类正在使出各种招数，捕食着它们的美味。在一般人看来，盐城这片海滨湿地是得天独厚的。这里出现的一切现象都是那么自然天成。而事实上，这片巨大湿地的出现是一系列不平凡的原因造成的，它的生成和未来与其他类型的湿地也有着很大的不同。

公元1128年，黄河泛滥，淮河入海。这个入海口就在今天盐城海滨的南端，黄河夹带的大量泥沙在这里淤积成滩。而在湿地的南部，历来就是长江的入海口，每年它也不同程度地带来大量泥沙。在漫长的岁月里，这些泥沙在海洋动力的作用下，使滩涂以每年五十到两百米的速度不断向海洋扩张。终于使盐城的海岸形成了巨大的海滨湿地。时至今日，盐城海滨每年的成陆面积达3.3平方公里，成为江苏省最大的土地后备资源。不断淤长的海滩，为盐城提供着新的土地，也为这里的人类和生物提供着生存和发展的可能。在茂密的湿地植被下，生长着许多富有经济价值的生物，其中最有名的就是沙蚕了。沙蚕含有丰富的蛋白质，在国际上它是钓鱼迷奉为精品的名贵钓饵，当地人靠它获得了不菲的收入。但是在冬天，沙蚕是禁采的。因为它是丹顶鹤的美味佳肴。每年的冬天，丹顶鹤都会出现在这里，它是湿地鸟类中最美丽也是最珍贵的物种。在冬季的雪野里，它优雅的舞姿以及响入云天的嘹亮歌喉，都引发了人类无尽的遐想。

历史上，中国南方大部分地区都曾是丹顶鹤的越冬地。19世纪中叶，丹顶鹤在中国的越冬栖息面积达到了8 000平方公里的广阔范围。但是到了20世纪初，随着人类对滩涂的开发，丹顶鹤的数量急剧减少，越冬中心也开始向盐城海滨转移。现在丹顶鹤已成为濒危物种，在全世界的数量仅有2 000只左右。而在盐城，每年越冬的丹顶鹤超过1 000只，占全世界丹顶鹤数量的一半以上。今天，盐城的海滨湿地已成为全球最重要的丹顶鹤越冬地，也是它们最大的一个家园。更重要的是，这也是丹顶鹤最后的一个海滨家园。

[评析]

本文是一部电视风光片的解说词片段。文中既有对海滨湿地——盐城的奇异景观的描述，又有对海滨湿地形成的历史追述；既有对水中生物的描摹，又有对空中禽类飞舞的形容。通篇语言清丽、明快，道出一幅海边湿地的胜景，令人流连向往。

二、知识要点

（一）解说词的概念和分类

解说词是对展览、实物、影视、图片、名胜古迹和历史文物进行解释说明的一种文体。它通过对事物的准确描述、渲染，来感染观众或听众，使其了解事物的来龙去脉和意义，以收到很好的宣传效果。

解说词根据被解说的对象可以分为四种：

（1）电影、电视风光片的解说词。

（2）文物、名胜、书画的解说词。

（3）展品解说词。

（4）导游解说词。

（二）解说词的特点

1. 通俗易懂

解说词的听众、观众十分广泛，涉及各个年龄段、各个文化层次、各种文化背景，这就决定了解说词必须通俗化、口语化。雅俗共赏、老少咸宜是解说词的基本特征。

2. 睿智风趣

解说词应体现知识性与趣味性的统一，以便激发听众、观众游览观赏的兴趣，否则便失去了吸引力、感染力。

（三）解说词的结构

解说词一般包括标题、导语、正文、结语四部分。

1. 标题

一般由解说对象＋文种构成，如“夏威夷景点导游词”“济州岛风光解说词”等。

2. 导语

一般的解说词的导语可以直接介绍概要情况，导游词的导语则须加上称谓、欢迎等语句。

3. 正文

正文一般针对解说对象加以具体的描述，叙说解说对象的历史沿革、现实状貌、未来发展及真情感悟。

4. 结语

利用结语，可以总结点题，可以抒情赞美，只要能给观众、听众留下美好难忘的印象即可。

（四）解说词的写作要求

1. 抓住特征，重点突出

要围绕解说对象的主要特征，安排结构，组织段落。可以联想、对比，但是绝不能游离于具体的解说对象。

2. 条理清晰，深入浅出

解说词多是向不了解某一事物的人进行解说的。因此，对于先说什么、后说什么、怎样说才便于理解，要通盘考虑。一般有由总到分、由上而下、由下而上、由远及近、由浅入深、由表及里等安排方法。在具体说明某一事物时，又可以按对象、概念、分类、比较、分析、小结等步骤进行。即首先说明要介绍的事物是什么，再说明事物的分类、特征、应用及感悟。有的还要按照生产过程介绍。在纪录片的解说词中，主于“蒙太奇”处理的需要，允许随着镜头的“化出”“化入”有所跳跃，但这种跳跃仍然有着内在联系。

3. 感情真挚，语言形象

解说词不是空洞的说教，而是对形象画面的补充。一般情况下，参观浏览的导游解说词和电影、电视风光片的解说词多用文学、散文手法，既抒情又有解释说明，语言绚丽多彩，情感真挚浓郁，从而引起听众、观众的强烈共鸣和热切向往，如《北京故宫导游解说词》。而关于生产成就的参观展览的解说词，以及科普影片、新闻纪念片的解说词，则多用朴实真挚的语言，如实再现生活，反映本真，如历史文献纪录片《邓小平》的解说词娓娓道来，如在目前。

好的解说词常常运用排比、对偶、反复等修辞手法，并注意语言的音韵与节奏，说起来朗朗上口，听起来声声顺耳。优秀的解说词往往是一支感人的歌、一首动人的诗。

三、写作训练

（1）请为沈阳“九一八”纪念馆撰写解说词。

（2）请为自己熟悉的一处旅游景点制作一份导游解说词。

第三节 公关广告

一、例文评析

［例文］

珠海临港工业区

建设全国沿海主枢纽港，打造广东重化产业基地

［浪漫珠海］

珠海是中国最早设立的经济特区之一，是珠三角区域性中心城市，东与香港、深圳隔海相望；南与澳门陆地相连；北距广州160公里。珠海是两年一度的中国国际航空博览会举办地，每年举办多次赛车盛会。2003年，举世瞩目的《世界经济发展宣言珠海宣言》在珠海隆重发表。珠海人杰地灵、生态环境优美，1999年，获得联合国人居中心授予的"国际改善居住环境范例奖"。珠海是中国唯一以整体城市景观入选"中国旅游胜地四十佳"的城市，先后荣获"国家园林绿化城市""国家环境保护模范城市""国家卫生城市""国家生态示范区""中国优秀旅游城市"称号，有"浪漫珠海"的美誉。

［便利交通］

珠海临港工业区水路与珠江主航道西江相连，可实现江海联运，直达粤西和广西内陆沿江地区。陆路以高栏港为中心，通过现有的珠海大道、珠港大道、京珠高速公路、粤西沿海高速公路以及江门珠海高速公路。港珠澳大桥是泛珠三角区域合作的重点项目之一，广州至珠海准高速铁路直通珠海港。珠海周边有香港、广州、珠海、深圳和澳门五个国际或国内机场，并拥有便捷的来往于世界各地的航班。

［天然良港］

珠海临港工业区内的珠海港高栏港区是全国沿海主枢纽港之一，为国家一类口岸。可建1万吨～30万吨级泊位100多个，年吞吐量达1.5亿吨以上。珠海海港工业区地理位置独特，投资环境优越，是广东省重化产业基地和重点石化园区，一直是国内外客商投资的热点。珠海临港工业区规划占地面积120平方公里，建设用地达70平方公里，其中码头仓储区13平方公里，石化工业区28平方公里，能源钢铁工业区5平方公里，精细化工区10平方公里，重型加工区10平方公里。

［发展目标］

随着全球经济一体化进程逐步加快，中国已成为全球经济增长最迅速、客商投资最密集、投资效益最理想的国家之一。其中珠江三角洲是中国经济的重要组成部分和最活跃的地区之一。珠海临港工业区就位于该区的核心位置。我们充分发挥地域、资源、环境等优势，努力建设中国沿海主枢纽港，打造广东重化产业基地，更好地为珠江三角洲乃至全中国的市场服务，构建和谐共生的效益港区。

在珠海“建设大港口、发展大工业、带动大物流、实现大跨越”的发展战略中，珠海临港工业区，以临海为优势，建设承接全球物流的主枢纽港；以临海为依托，打造重化产业基地，实现产业升级。站在机遇与挑战面前，珠海临港工业区昂首面向大海，憧憬未来，以健康的姿态、饱满的热情、不懈的努力创造出一个与世界融为一体的开放港口和一个连接珠海经济命脉的现代化工业园区。

［评析］

这是一篇介绍性广告，通常又称企业广告，其作用是通过宣传企业（地域）的成绩、实力、优势，来提高企业（地域）的知名度和影响力。该广告的标题文字醒目，主旨突出。正文分四部分，小标题很有气势。每段两三百字的介绍具体实在，很能鼓舞人心，起到了很好的宣传效果。

二、知识要点

（一）公关广告的概念

公关广告又称公共关系广告，属于非商业广告，是借助于公共关系手段唤起人们对企业的注意、信赖与好感，从而树立企业形象，建立并改善企业与公众的关系的广告。

公关广告产生于市场营销观念取代推销观念的时代。它以“智取”替代传统的“强攻”，采取“攻心为上”的策略，将广告活动从“推销式”转为“说服式”。现代广告以电子、信息为主要标志。随着广播、电视、电影、计算机等高科技的发明创造，广告已经进入了现代化的电子信息时代。媒体虽然不断变化发展，但是运用媒体塑造企业形象、升华品牌声誉的实质却是亘古不变的。

公关广告作为一种广告形式，亦具有广告活动的一般规律，但是其性质有别于商品广告。如果说商品广告推销的是产品，那么公关广告推销的则是企业。公关广告更钟情于构建企业组织与公众之间的和谐关系，而不是简单地把商品转移到消费者手中。它具有公共关系与广告活动互融互存的综合性特征，以广告活动为形式融会公共关系的策略，通过提高企业组织和品牌的声誉，建立其良好的公众形象，并以此唤起社会的注意、信赖和支持的视觉传播艺术，所以有人亦称公关广告为“软广告”。公关广告的核心在其“人情味”，而其“软性”则是区别于一般广告的特性，体现在为广告注入“人情味”，强调情感诉求。

（二）公关广告的作用

1. 树立企业形象，提高企业的知名度和美誉度

当前，由于生产技术的发展，同类产品在质量上趋向一致，价格差别也逐步缩小，要

想在激烈的市场竞争中取胜，必须依靠企业的形象。现代企业的竞争，首先是企业形象的竞争，尤其是加入WTO后，社会对企业要求更高，消费者对企业印象的好恶，往往决定购买行为。因此利用公关广告来提高企业的知名度和美誉度，就成了必由之路。公关广告可以树立企业实力形象、员工形象、环境形象、实体形象，从而为企业发展营造良好的社会氛围。

2. 提倡真善美，促进精神文明建设

公关广告的内容渗透着一定条件下某种意识形态、价值取向和观念追求，对人们的思想、生活和社会风气产生潜移默化的影响。公关广告提倡真善美，颂扬爱国，提倡诚信，宣传社会主义道德风尚，弘扬中华民族美德，给群众以有益的启发和教育。

3. 陶冶人们的情操，培养高尚的美学情趣

公关广告采取各种艺术手段去塑造企业形象，五彩缤纷的广告把人们带进了美轮美奂的境界，使人们的生活更加绚丽多姿。实际上，好的公关广告就是一种精美的艺术品，在满足人们对物质追求的同时，给予人们精神上美的享受。

（三）公关广告的特点

1. 淡化商业痕迹

如《车到山前必有路，有路必有丰田车》和《请您别错过欣赏世界一流水平的“丰田杯”足球大战》这两则广告，虽然同是出自日本丰田汽车公司，但是前者系商品广告，而后者则是公关广告。商品广告通常是不加掩饰地直接诱导消费者的购买动机，以期达到促销的目的；而公关广告则是以迂回的策略、潜移默化的软性“绝招”最终取得良好的社会效益，在表达方式上一扫商业味而超凡脱俗，注重与公众的情感对话，从而更具人情味。

2. 避急功近利之嫌

商品广告是“推销型”的先发制人，商业味浓，直指商品，注重短期打开市场大门；而公关广告则尽可能从容些、大度些，先做“感情投入”，而后才是“春华秋实”。也正是两者追求短、长期不同目标的差异所在，才显示出公关广告的后劲之势——企业组织形象的认可与提升带来的效益是单个商品的知名度带来效益所远远不及的。

3. 注重整体形象塑造

公关广告是按系列化、整体性分阶段实施，往往以企业整体形象为诉求点，配合每个阶段的新情况、新需要，不断丰富、完善品牌内容和品牌形象，使公众在不断认知品牌的同时，对品牌生产企业有更深刻的理解和认识，以增强品牌的忠诚度。不仅体现了产品特色，也创造了独特的品牌个性形象，更营造了颇具效应的公关广告时空。

（四）公关广告的分类

公关广告有介绍性广告、创意性广告、礼仪性广告和呼应性广告四种。

1. 介绍性广告

又称企业广告，其内容是介绍企业的基本情况，如名称、商标、品牌、经济实力、经济效益等，也可以宣传企业的价值观念、经营理念等。这种广告介绍的重点不是企业形象

而是产品本身。例如：

双星集团——民族工业的骄傲

拥有近百年发展历史的双星集团是民族工业的骄傲，是跨国界、跨行业、跨所有制的国际型企业集团。目前双星集团已经形成了鞋业、轮胎、服装、机械、热电、印刷、三产配套等横跨23个产业的综合性制造加工业特大型企业集团，拥有6万名员工，140余家成员单位，资产总额60亿元，出口创汇3亿美元，年销售收入120多亿元。双星专业运动鞋、双星旅游鞋、双星皮鞋和双星轮胎荣获“中国名牌”，双星品牌价值492.92亿元。

双星集团不仅以产品质量取胜，而且也以勇于为社会担当而著称。在2009年的国庆阅兵式上，双星集团同时有两类产品为阅兵式提供服务：一是为参加游行的北京市100所中小学校的学生提供庆典用鞋；二是为参加阅兵的军车配套军胎。

双星集团有民族工业的实力，也有服务国家的爱心。

2. 创意性广告

又称倡议广告，是指以企业名义率先发起组织某种有新意的社会活动或企业文化活动。常见的有赞助体育、教育、文艺，举办赈灾义卖，提倡质量安全，以及倡导社会公德等的广告。例如：

他们的希望　等待着您的支持

2017希望工程——美雨沈城会亲活动

当您的孩子端坐在明亮的教室，遨游于知识海洋的时候，您可知道，辽西贫困山区的一群同龄孩子，正睁大一双渴望的眼睛，大声地呼唤：“我想读书！”

山区的贫困条件使孩子连最基本的生活需求都未能得到解决，他们圆圆的脸上露出了童年不该有的迷惑与失落。

亲爱的朋友，为救助这些因贫困而完全丧失了读书权利的儿童，请与我们一起参加2017希望工程——美雨沈城会亲活动。3月27—31日，辽西102名待资助的特困儿童将会聚沈城，接受您的捐助。

您捐助2 000元，将可全额帮助一位特困儿童小学五年的学业。接受您资助的儿童将和您建立个人联系，向您汇报学习情况。

每个人都需要有机会，也需要给别人机会。

请与美雨一起，托起明天的希望。

（下略）

3. 礼仪性广告

是指企业向公众表达礼貌和情谊的广告，如向公众拜年、表达问候、感谢支持和合作、对新开业的同行表示祝贺，以及因产品质量欠佳、销售环节失误、售后服务不周而向消费者致歉等的广告。例如：

中国驻美国大使馆工作人员向全国人民拜年

4. 呼应性广告

是通过公众传播媒介，对政府的某项政策、措施、号召或当前社会生活中的某一重大主题和公众关注的焦点，以及对社会各界、著名企业所发出的倡议，以企业的名义予以呼应而制作的广告。例如：

众人拾柴火焰高

市卫生局和我市荣誉市民、著名企业家×××先生联合发出为尚未富裕起来的群众建立一座低收费的博爱医院的倡议，我们认为很有必要，又切实可行。他们已经带头捐资 5 000 万元，为新医院的基础建设提供了保证。“众人拾柴火焰高”，作为小小的一把柴草，我们认捐医院全套家具设备，价值约×百×拾万元，以表示我们的一点心意。

我们希望有更多的单位和个人有钱出钱，有力出力，让博爱医院早施博爱。

（附项，略）

××木业制品有限公司

（五）公关广告的结构

1. 标题

公关广告的标题有单行和双行两种：

（1）单行标题大都直接突出广告的内容或主旨。如“致歉”或“海尔集团向长江抗洪抢险官兵致敬”等。

（2）双行标题有“正题＋副题”和“引题＋正题”两种。例如：

天能育良才　助学献爱心（正题）

——天能集团向中国矿大提供 50 万元助学金（副题）

珠江敬才子　厚礼表爱心（引题）

广东珠江投资有限公司举办尊重人才销售年活动（正题）

2. 正文

公关广告正文由广告类别和内容而定，要把最关键、最重要的内容用简练的语言表达出来。正文可以是广告文，也可以是广告语。广告文是叙述的文字，如前面创意性广告的例文。广告语也称广告口号。

广告语虽然与广告标题一样要求内容明确，朗朗上口，便于记忆，但两者还是有很大区别的：

（1）性质不同。广告标题是广告的题目，一个企业使用的各个广告的标题是不同的。广告语是特定的宣传用语，是企业反复使用的口号，而不是针对某一种商品的广告。

（2）功能不同。广告标题是广告主题的体现，主要功能是吸引消费者去阅读正文。广告语是独立使用的，其功能是塑造企业或商品的形象，是企业精神或商品观念的体现。

（3）位置不同。广告标题在广告的上方，正文之前。广告语可以独立使用，也可以插入广告正文的前、中、后，位置是灵活的。

3. 署名

公关广告可署企业名称，也可署董事长、总经理或厂长的名字。

4. 附项

包括企业地址、电话、传真、邮编、联系人等。

（六）公关广告的写作要求

1. 选择时机

公关广告不登则已，一登就费用不菲，所以要特别讲究广告效益。发表公关广告的时机很重要，抓住能引起公众关注的最佳时机，才能获得良好的广告效益。比如重要的会议前、重要的节日前、企业厂庆前，以及企业有重大成绩、重要活动、特大信息、显著变化或公众有强烈期待（如股票上市或股东对企业业绩、分红的期待）等，都是好时机。

2. 突出主旨

公关广告要突出宣传重点，如有的抓住股票上市的最佳时机，突出了“黄金承诺”的主旨，有的旨在宣传企业的经营理念和企业精神。

突出什么主旨，要经过必要的社会调查和市场调查，还要经过精心的分析和策划——公关策划，关键在于找到当前公众的关注热点，适应公众的需求心理。

3. 礼节得体

公关广告要注意礼节得体。要看对象、看场合、看背景，来决定怎样称呼对方。怎样自称也有讲究。另外，用词、用字要弄清其含义。称呼及贺词常用到文言词语，缺少这方面的知识，最好不要乱用，以免弄巧成拙。

4. 追求新意

应避免重复老套，要多动脑筋、别出心裁、刻意创新，根据实际情况创作出令人过目难忘的广告语。

三、写作训练

（1）请为××时尚服装集团制作一份创意性广告。

（2）请为你所在的学院制作一份介绍性广告。

（3）××鞋业集团拟在北京冬奥会期间播出一个礼仪性广告，请代为制作。

第四节 海　报

一、例文评析

［例文］

一元钱存款

用手掬一捧水，水会从手指间流走。很想存一些钱，但是在目前这种糊口都难的日子里，是做梦也不敢想的。先生们、女士们，如果你们有这种想法的话，那么请您持一本存款簿吧，它就像是一个水桶，有了它，从手指间流走的零钱就会一滴一滴、一点一点地存起来，您就会在不知不觉中有一笔可观的大钱了。我们千代田银行是一块钱也可以存的。有了一本千代田存款簿，您的胸膛就会因充满希望而满足，您的心就能在天空中飘然翱翔。

［评析］

第二次世界大战后，日本经济很不景气，财阀、财团被迫解体或更名。享有盛誉的三菱银行，也更名为千代田银行。名字的陌生，带来的是生意的冷清。业务部的岛田晋苦闷不已，整日苦思冥想，终于在一天想出了“一块钱存款”的策略。但一块钱实在太少了，顾客们未必上门存款，在此情况下，千代田银行才发出了这份海报。这则海报视角独到。银行要发展生存，必须有社会各界的积极参与，人们的参与无疑会给银行生存带来生机与新生。这则海报形象地把存款比作水桶，把零钱比作点滴水珠，积少成多便成为可观的大钱。小小存款会使人们拥有希望与满足。这便是这则海报的成功之处——于细微处见阳光。这则海报的语言诚恳、热情，充满鼓动性，极具吸引力，且篇幅短小精悍。

［例文］

俄罗斯心血管病专家来我院诊疗

××市中心医院特邀请俄罗斯卫生部重点心血管病专科医院医务人员一行7人，于2017年3月10日到我院免费讲学、手术，共10天。欢迎各类先天性心脏病、瓣膜病及冠心病需冠脉搭桥术者和各类主动脉瘤病人速来我院联系住院检查，安排手术治疗，排满为止。

联系电话：×××××××××

联系人：苏×

地址：××市××路××号××市中心医院住院部四楼心脏外科

［评析］

这则医院海报，文字简洁明了，篇幅短小精悍，标题醒目，活动及活动时间介绍具体，随之提出参与活动的具体方法及必要的事项，最后给出具体地址。整则海报用词简洁，绝无冗长造作之言，体现出医院治病救人的原则及严肃认真的态度。

二、知识要点

（一）海报的概念

海报是向公众报道或介绍有关电影、戏曲、杂技、体育、学术报告会等消息时所使用的一种招贴性应用文。

海报通常张贴在有关演出的场所，或较为醒目的地方，告知有关活动的事项。有的海报还可以在广播电视上播出。

（二）海报的分类

由于分类标准不同，海报的种类也各不相同。根据海报的形式，海报可以分为文字海报和美术海报两种。根据海报的内容，海报还可以分为下列几类。

1. 电影海报

这是影剧院公布演出电影的名称、时间、地点及内容介绍的一种海报。这类海报有的还会配上简单的宣传画，将电影中的主要人物画面形象地绘出来，以增强宣传的力度。

2. 文艺晚会、杂技、体育比赛等海报

这类海报同电影海报大同小异，它的内容是观众可以身临其境进行观赏的一种演出活动，这类海报一般有较强的参与性。海报的设计往往要新颖别致，引人入胜。

3. 学术报告类海报

这是一种为一些学术性的活动而发布的海报。一般张贴在学校或相关的单位。学术类海报具有较强的针对性。

（三）海报的结构

海报一般由标题、正文和落款三部分组成。

1. 标题

海报标题的写法多种多样，标题的位置也可以根据排版设计随意摆放。海报的标题大体可以有以下一些形式：

（1）单独由文种名称构成标题，即在第一行中间写上“海报”字样。

（2）直接由活动的内容承担题目，如“舞讯”“影讯”“球讯”等。

（3）用一些描述性的文字做标题，如“绿色二人转　土味也精彩”。

2. 正文

海报的正文要用简洁的文字写清楚活动内容、时间、地点、参加办法等。多用以下三种形式发布信息：

（1）一段式正文。

内容很简单，通常只用三言两语一段成文。例如：

×月×日下午×时，我校和××学院足球队在本校大操场进行友谊比赛，欢迎踊跃观赛。

（2）项目排列式正文。

内容稍多的可分项目，分项排列成文。例如：

特邀××学院××教授主讲沟通

讲座形式：讲授为主，互动为辅

讲座时间：××××年×月×日至×日×时至×时

地点：××××报告厅

票务信息：×月×日起在本馆门口售票处售票，每票××元

（3）附加标语式正文。

有的海报在正文首或正文尾加上排列整齐的标语，起画龙点睛作用。配上这类标语之后，起渲染吸引作用。所用标语要遵守真实的原则，不能哗众取宠、招摇撞骗。

3. 落款

落款的内容有主办单位、海报制作时间等。有的落款还加上一些吸引人的口号，如“售完即止，勿失良机”之类。如正文已把有关内容写清楚了，也可以不设落款。

（四）海报的写作要求

1. 真实具体

海报一定要真实具体地写明活动的地点、时间及主要内容。文中可以用些鼓动性的词语，但是不能夸大事实。

2. 简短醒目

海报的文字要求简洁明了，篇幅要短小精悍。海报的版式可以做艺术性的处理，有强烈的视觉冲击力，以吸引观众。

三、写作训练

（1）××大学教务处拟请国内著名礼仪专家金××教授为学生开设专题讲座。请代为制作一份海报。

（2）××大学团委拟举办大学生艺术节，届时歌星韩×应邀现场助兴。请代为制作一份海报。

（3）××大学俱乐部拟放映一部名导、名演联袂的贺岁大片。请代为制作一份海报。

第五节　说明书

一、例文评析

［例文］

××牌电磁炉

本厂生产的电磁炉，是根据我国国情、烹调习惯、消费者的特点和消费水平，在吸收国内外的各种电磁炉优点的基础上，精心设计研制的。

它具有以下特点：

(1) 经济省电。热效率高于电炉、煤气、液化气，可达80%以上，烹调时炊具端离炉面，即自动停止加热，省时、省力、省开支。

(2) 安全卫生。无火、无烟、无尘、无气味，又无中毒、起火、灼伤的危险，可防止老人、儿童的意外事故。

(3) 功能齐全。集电饭煲、电热壶、电炒锅的功能于一身；烧饭蒸馍、炒菜炖肉、煮、炸、保温样样都行。

(4) 使用方便。操作简单、一学就会。既易移动使用，又易清洁保养，温度可随意调节控制。

使用方法：

(1) 把功率调节开关向左移至“关”的位置，然后再插上电源插头。

(2) 将锅放在炉面的中央。

(3) 将功率调节开关向右缓慢移至需要位置，负载指示灯（绿色）和加热指示灯（红色）即显示负载和加热情况。

(4) 需要保温时将功率调节钮拨至保温指示灯（黄色）亮，机器自动进入保温（85 ℃）状态。

(5) 不得来回急速移动功率调节开关，以免造成损失。

(6) 用毕，将功率的调节开关移至左端“关”的位置，然后切断电源。

使用注意事项：

(1) 放置位置应离开墙壁或其他物体10厘米以上，以保证进、排风口畅通。

(2) 应单独使用5A以上的插座，不要与其他电器共用一个插座。

(3) 不要将手表、磁带等物体放在炉面上，以免受磁场影响遭损坏。

(4) 不要直接加热密封的罐头之类的食品，以防加热后炸裂。

(5) 不要将金属物体插入进、排风口拨弄，以防触电和损坏电磁炉。

(6) 停止使用或清洁擦拭前应切断电源。对难擦的污垢，可用中性洗涤剂或肥皂水蘸湿后擦拭，然后用干布擦干，不能用水直接清洗，以免水进入炉体内出现故障。

(7) 使用的锅必须是导磁质的平底锅（直径 12cm～26cm），如铁锅、搪瓷烧锅、不锈钢锅等；非导磁质的容器，如陶瓷、铜、铝等制品不能导磁加热。

(8) 发现故障后应切断电源，送维修站检查修理，不要自行拆开。

产品保修：

(1) 本产品在一年内发生自然故障（不含人为故障），凭保修单、发票到本厂指定地点免费保修。

(2) 请用户认真填写保修单，并妥善保管。

本厂的宗旨：三杰——杰出的设计、杰出的产品、杰出的服务

愿您的厨房像客厅一样精美！

生产厂家：××市电子仪器厂

电话：×××××××、×××××××

厂址：×× 市 ×× 街 ×× 号

［**评析**］

此文为产品说明书，用商品名称做直接标题。正文部分用分条列项的方式详细介绍商品的特点、使用方法、维修保养等内容。正文的最后做出信誉方面的承诺以增强消费者的信任感并留下深刻的印象。落款部分给消费者提供有关购买的信息，内容详尽、无遗漏。

［**例文**］

××充电式剃须刀使用说明书

充电：将电源插头插入 AC220V 电源之中，视充电指示灯亮并充电 12～16 小时。注意：充电时间不要过长，以免影响电池寿命。

剃须：将开关键推至开启（on）位置，即可剃须。为求最佳之刮须效果，请将皮肤拉紧，使胡须呈直立状，然后以逆胡须生长的方向缓慢移动。

清洁：剃须刀要经常清洁。清洁前应先关上开关。旋下网刀，用毛刷将胡须屑刷净。清洁后轻轻放回刀头架且到位。清洁时应轻拿轻放，避免损坏任何部件。

注意事项：换刀网、刀头时一定要选用原厂配件。

［**评析**］

这是一篇剃须刀的使用说明书。就其使用说明来讲，该文谈到三个主要的步骤：一是充电，二是剃须，三是清洁。这类剃须刀属于充电式的，由于刚打开的产品尚未充电，故要求先充电。充电部分介绍了所接用的充电电压、充电时间及注意事项等。剃须部分将剃须的具体方法、剃刀走动的方向等都介绍得很清楚。清洁是剃须后必做的工作。清洁部分详细地介绍了剃须刀的保养清洁工作，对于延长剃须刀的寿命很有必要。该使用说明书清晰明了，有切实的指导性和可操作性。

二、知识要点

（一）说明书的作用

说明书是向读者、用户、观众介绍某种读物或产品的内容、使用方法，或者是戏曲、电影的故事情节、演员阵容等的文字材料。说明书主要有以下三种作用。

1. 解释说明作用

解释说明是说明书的基本作用。随着我国经济的发展，人民生活水平的不断提高，工业、农业的飞速发展，文化娱乐活动也日益的繁荣，人们在生活生产中遇到各种各样的产品和生活消费品。科技的发展，更使得这些产品、消费品包含了很强的科技成分，所以为了使人民群众能很好地使用这些产品，真正为人民的生活服务，各生产厂家均会准备一本通俗易懂的产品或生活消费品的说明书，给用户的使用以切实的指导和帮助。说明书要详细地阐明产品使用的每一个环节和注意事项。

2. 广告宣传作用

在商品经济的今天，说明书的广告宣传作用也是不可忽略的。好的说明书可以使用户产生购买欲望，达到促销的目的。

3. 传播知识作用

介绍产品的工作原理、主要的技术参数、零件的组成等的说明书对某种知识和技术有传播作用。

（二）说明书的分类

按所要说明的事物来划分，说明书可以分为以下几种。

1. 产品说明书

产品说明书是指日常生产、生活产品的说明书。它主要是对某一产品的所有情况的介绍，诸如对其组成材料、性能、存储方式、注意事项、主要用途等的介绍。这类说明书可以是生产消费品的，也可以是生活消费品的。

2. 使用说明书

使用说明书是向人们介绍关于某产品的具体的使用方法和步骤的说明书。

3. 安装说明书

安装说明书主要介绍如何将一堆分散的产品零件安装成一个可以使用的完整的产品。通常情况下，为了运输的方便，许多产品都是拆开分装的。这样用户在购买到产品之后，需要将散装部件合理地安装在一起。因此，就需要有一个具体翔实的安装说明书。

4. 戏剧演出说明书

这是一种比较散文化的说明书，它的主要目的在于介绍戏剧、影视的主要故事情节，同时也是为了向观众推荐该影剧。举办大型的演出活动时，对于演职员的介绍、节目的介绍等也是为了吸引更多的观众而采用的一种宣传式的说明文字。

（三）说明书的结构

说明书的结构一般包括标题、正文和落款三部分。

1. 标题

说明书的标题有以下几种形式：

（1）由说明对象和文种构成标题，比如“维生素E胶丸说明书”。

（2）直接由说明对象或“说明书”三字构成标题。

（3）修饰性标题。即在说明对象前加上简单的揭示说明对象的修饰性词语，如“令人期待的《闯关东》”。

（4）散文式标题。即用概括的语言把说明对象的某些特点揭示出来作为说明书的标题，如“人性化的迷你剃须刀”。

2. 正文

正文是说明书的主体部分，一般要写明说明对象的性能、特征、特点、用途、使用方法和保养维修等内容，而且这些内容往往按人们认识事物的先后顺序或者事物特征的内在联系来安排介绍的顺序。

3. 落款

落款要写明制文单位的名称、地址、电话、联系人、邮政编码等。

（四）说明书的写作要求

（1）说明书要实事求是，有一说一、有二说二，不可为了达到某种目的而夸大产品的作用和性能。

（2）说明书要全面地说明事物，不仅介绍其优点，同时还要清楚地说明应注意的事项和可能产生的问题。

（3）产品说明书、使用说明书、安装说明书一般采用说明性文字，而戏剧演出说明书则可以以记叙、抒情为主。

（4）说明书可根据情况需要，使用图片、图表等多样的形式，以期达到最好的说明效果。

（5）说明书的语言须准确、简明、通俗，体现实用性。

三、写作训练

请你选择一件熟悉的日常用品，按说明书的写作格式，制作一份说明书。

第七章
诉讼文书

学习目标

1. 掌握各种诉讼文书的内涵、适用对象、法律意义与作用。
2. 重点掌握起诉状、答辩状的写作方法。
3. 重点了解上诉状与起诉状的异同，申诉书与上诉状的异同。
4. 通过例文评析、写作训练，培养诉讼文书的写作能力。

第一节 起诉状

起诉状是法律文书中应用最广泛的一种文书，它是指在诉讼过程中，公民、法人和非法人团体为了维护自身的合法权益依法向人民法院提起诉讼的法律文书。

在诉讼过程中，提出诉讼者即为原告，被诉讼者即为被告。原告提出诉讼时，应该向人民法院提交诉讼的正本和副本。其中正本一份，副本份数根据被告人数确定，有一个被告就有一个副本。根据诉讼法的规定，自己书写诉状确有困难而又没有请人代书的当事人可以口头诉讼并由人民法院制作笔录。

起诉状分为首部、正文和尾部。首部包括标题和当事人的基本情况；正文包括诉讼请求、事实和理由、证据和证据来源；尾部包括落款、日期、附件等内容。

根据不同性质的诉讼程序，起诉状可分为民事起诉状、刑事自诉状、行政起诉状三种。

一、民事起诉状

（一）例文评析

［例文］

民事起诉状

原告：李×婷，女，33 岁，汉族，×省×县×乡×村农民。

被告：李×平，男，35 岁，汉族，×省×县×乡×村农民。

诉讼请求：

要求与被告共同等额继承遗产 4 间新瓦房，各 2 间。

事实与理由：原告李×婷与被告李×平系兄妹关系，两人自幼由父母抚养成人，兄妹二人先后于 2004 年和 2006 年成婚，婚后被告住妻子家，原告住丈夫家，均与父母分开生活，父母靠工资维持生活，退休后靠退休金养老，从不要子女提供经济资助。原、被告父母原住 4 间旧式瓦房，2010 年父母用多年积蓄的 4 万元钱将 4 间旧式瓦房翻建成 4 间新瓦房，室内装修也比较讲究，新瓦房由父母居住。

2012 年 5 月，母亲病故，办理丧事所花全部费用由父亲支付，兄妹二人未出资。2016 年 8 月，父亲突发心脏病住院治疗，兄妹轮流到医院护理，尽了子女孝敬父母的义务，数月后父亲去世，兄妹二人共同负责办理丧事，费用由二人平均承担。

父亲去世后，被告一家突然搬回家居住，独占了 4 间新瓦房。原告得知后，对被告的行为提出了批评，并要求与被告共同等额继承遗产，各得 2 间新瓦房。被告断然拒绝了原告提出的要求，因此引起了纠纷。

原告认为被告独占遗产的做法是错误的，独占的理由是荒唐可笑的。《中华人民共和国继承法》第9条规定，继承权男女平等。根据第10条的规定，原、被告都是第一顺序继承人，都有权继承父母的遗产。父母生病住院期间，原、被告都尽了照顾老人的义务，而且平均负担了办理丧事的费用，两人所尽义务大体相当。根据权利与义务一致的原则，继承的权利应当平等。被告称："我们乡下人从来就是由儿子继承遗产的，哪有女儿回娘家继承遗产的道理。这是几千年的老规矩，不能改变。"这种说法荒唐可笑，不值一驳，是封建思想的表现，违反我国法律，不能成立。

证据和证据来源，证人姓名和住址：

证据材料有三份：

×乡×村村民委员会主任秦××的证明材料一份。

×乡×村×组组长江××的证明材料一份。

原、被告的姑母李××（住×乡×村）证明一份。

以上三份材料均能证明原告所述案情属实。

根据上述事实和证据、理由和法律依据，请依法判决，以实现原告的诉讼请求。

此致

××县人民法院

附件：本起诉状副本三份。

起诉人：李×婷

2017年4月17日

［评析］

这份民事起诉状的诉讼请求写得既明确、具体、合理、合法，又简明扼要。纠纷发生的来龙去脉交代得非常清楚，重要事实情节（如遗产情况、对父亲尽赡养义务等情况）以及争执焦点，写得清楚明白。列举的证据确凿，理由充分，于法有据，并指出被告不让原告继承父母遗产的说法违反法律规定，不能成立，为实现诉讼请求奠定了基础，提供了法律依据。这是一份比较规范的民事起诉状。

（二）知识要点

1. 民事起诉状的概念

民事起诉状是指公民、法人或其他组织，认为自己的民事权利和义务受到侵害或与他人发生争执时，为维护自己的合法权益，依据事实和法律，按照法律程序，向人民法院提起民事诉讼时制作并使用的法律文书。

2. 民事起诉的条件

(1) 原告必须是与本案有直接利害关系的公民、法人或其他组织。凡是有诉讼权利能力的人都可以作为民事诉讼当事人，既可以成为原告，也可以成为被告。但要成为一个具体案件的原告，还必须与本案有直接的利害关系，即原告请求人民法院予以确认和保护的，发生争议或受到侵害的民事权益必须是自己的受法律保护的民事权益，如果与本案没有直接的利害关系，即属于当事人不合格，就不能作为原告向人民法院提起诉讼。

（2）有明确的被告。所谓明确的被告，是指原告认为侵犯了自己权益或与他人发生争议的公民、法人或者其他组织必须明确，不能泛泛而指。如果没有明确的被告，原告的请求就无人承认，法律关系就无法证实，人民法院就无法开始审判活动。

（3）有具体的诉讼请求、事实和理由。所谓具体的诉讼请求，是指原告要求人民法院予以确认和保护的民事权益的内容和范围必须具体，即原告通过诉讼要求达到什么具体目的。如果原告不提具体诉讼请求，人民法院就无法进行审理和裁判。所谓事实，是指原、被告之间法律关系发生、变更、消灭的事实，以及被告侵权的事实或与原告发生争议的事实。所谓理由，就是原告向法院提出具体诉讼请求的主要依据。如果原告提不出具体诉讼请求的事实和理由，法院就难以做出正确的判断，就有可能导致败诉。

（4）属于人民法院受理民事诉讼的范围和受诉人民法院管辖。诉讼必须向应当作为第一审受理本案的人民法院提起，案件的性质必须属于《民事诉讼法》的受理诉讼范围。

以上四个条件缺一不可，不符合其中任何一个条件，起诉均不能成立。

3. 民事起诉状的结构

民事起诉状通常由首部、正文和尾部组成。

（1）首部。

包括标题和当事人的基本情况两个项目。

1）标题要居中书写，标明“民事起诉状”。

2）当事人的基本情况应该注意以下两点：一是同案原告为两人以上的，应当逐一写明；同案被告为两人以上的，应该按照责任大小的顺序写明；如果原告和被告之间有亲属关系，还应当写明他们之间的亲属关系。二是原、被告是法人或其他经济组织的，在原告（被告）这个称谓下面要写明单位的名称（名称应该写全称，不能随便简写，并且与其公章上的字样相一致）和所在地，并写清楚该单位的法定代表人或主要负责人的姓名、职务和电话，企业性质，工商登记核准号，经营范围和方式，开户银行、账号。

（2）正文。

包括诉讼请求、事实和理由、证据和证据来源三方面内容。

1）诉讼请求要明确具体、合法合理。要写明请求人民法院解决什么争执，满足什么要求，而不能笼统地写“请求人民法院秉公而断”或“依法判决”之类的句子。请求内容应该符合法律规定，不能提出无理要求。另外，诉讼请求还应简明，各自独立的请求事项要分别列出，最后一项通常为诉讼费用的负担要求。

2）事实和理由是民事起诉状的核心内容。

事实要按事件的基本要素叙写清楚，即时间、地点、人物、事件、原因、结果这六要素要齐全。叙述事实要客观，既要明确反映出有利于自己的事实和证据，还要反映出不利于自己的事实和证据，不能主观臆断，也不能随意夸大或缩小事实，要抓住关键和主要情节，突出双方的争执焦点。

理由要明确，着重论证纠纷的性质、被告应负的法律责任、原告诉讼请求的合法性。

最后有针对性地引用相关法律条文，以获得法律上的支持。

3）证据和证据来源要注意以下三点：一是证据的名称应当规范，必须符合法律规定；二是不仅要写明证据的名称，还要写明证据的来源；三是涉及证人证言的，应当写明证人的姓名和住址。

（3）尾部。

包括结尾和附件。结尾主要应当写明致送受诉法院名称、起诉人签名或者盖章及年、月、日等。附件应当写明民事起诉状的副本份数、附送证据的名称及件数等。

（三）写作训练

请根据提供的案情制作一份民事起诉状。

甲方：××市××工业公司，地址：××市××区××街××号，法定代表人刘××，总经理。

乙方：××省××建材设备公司，地址：××市××区××街××号，法定代表人贺××，总经理。

双方经××经贸公司经理王××介绍，于2016年3月20日签订价款标的为人民币320万元的工矿产品购销合同一份。合同约定：甲方购买价款为人民币320万元的建材机械设备，3月20日前先向乙方交付定金60万元，余额于收到货物之日付清；乙方于同年7月31日前交货。合同签订后，甲方交付定金60万元。但是，乙方却未能如期交货。甲方先后于2016年9月、12月和2017年3月、5月4次派人与乙方协商解决退还定金问题，乙方始终推脱。2017年8月20日，甲方向人民法院提起诉讼，请求判决乙方双倍返还定金。

二、刑事自诉状

（一）例文评析

［例文］

刑事自诉状

自诉人：程××，女，34岁，满族，××省××县人，××县××厂工人，住××县××街××号。

被告人：黄××，男，36岁，汉族，××省××县人，××市××局干部，住××市××局宿舍××号。

诉讼请求：

1. 被告人犯重婚罪。请求追究被告人刑事责任。

2. 判决被告人承担本案诉讼费。

事实与理由：

我与黄××自由恋爱，2004年结婚，婚后感情较好，2011年生一女儿。2012年黄××调到××市××局工作。不久，黄××隐瞒已婚事实，与该局李××恋爱。为达到与李××结婚的目的，黄××多次写信欺骗我，说："离婚可以分到住房，然后再复婚。"

"局里培养后备干部，必须是未婚。"2016 年 5 月，我到××市与黄××商量，黄××不在，经向其同事了解，知其一派谎言。事后，黄××见我识破诡计，恼羞成怒，对我拳打脚踢，致使我全身多处受伤。此后，黄××不再回家，也不付女儿抚养费。2016 年 12 月，黄××在××市××区××街道办事处与李××办理了结婚登记手续。

上述事实有证人证言、证书为证。

综上所述，被告人黄××为达到与他人结婚的目的，用谎言欺骗，与李××登记结婚。黄××的行为已经触犯了《中华人民共和国刑法》××条之规定，构成重婚罪，应当追究其刑事责任。为此，特向你院起诉，请依法判决。

证据和证据来源：

1. 黄××信件三封。

2. ××市××区××街道办事处结婚登记办公室证明材料一份。

3. 证人崔××，××市××局干部。

此致

××市××区人民法院

附件：1. 本诉状副本 1 份。

2. 证据材料 6 份。

自诉人：程××

2017 年 5 月 20 日

（二）知识要点

1. 刑事自诉状的概念

刑事自诉状是法律规定的刑事自诉案件的受害人或其法定代理人依法直接向人民法院控告被告人的犯罪行为，要求追究被告人的刑事责任或附带民事责任的诉讼文书。

在刑事案件中，还可以提起附带民事诉讼。提起附带民事诉讼有两种情况：一是被害人由于被告人的犯罪行为而遭受物质损失的，在刑事诉讼中，有权提出附带民事诉讼；二是如果是国家财产或集体财产遭受损失的，人民检察院在提起公诉时，可以提起附带民事诉讼。

2. 刑事自诉案件的适用范围

（1）告诉才处理的案件。

（2）被害人有证据证明的轻微刑事案件。

（3）被害人有证据证明对被告人侵犯自己人身、财产权利的行为应当依法追究刑事责任，而公安机关和人民检察院不予追究被告人刑事责任的案件。

刑事自诉案件包括：轻伤害案、侮辱他人诽谤他人案、暴力干涉婚姻自由案、重婚案、破坏现役军人婚姻案、虐待家庭成员案、遗弃案等。

3. 提起自诉的条件

（1）提起自诉的主体必须是被害人或其法定代理人。一般而言，自诉由被害人提起，根据《刑事诉讼法》的规定，被害人死亡或丧失行为能力的，被害人的法定代理人、近亲属有权向人民法院起诉。

（2）提起自诉必须要有明确的被告人。自诉人向人民法院提起自诉时应当向人民法院提供确定的被告人姓名、性别、住址、工作单位等个人情况。控诉对象要明确，要方便法院通知被告人应诉。

（3）案件应属于人民法院直接受理的范围，受诉的人民法院对该案有管辖权。

（4）有具体的诉讼请求，有足够证据证明被告人犯罪的事实。

（5）应当在追诉时效期限内提出自诉。

以上五点是提起刑事自诉的必备条件，缺一不可。

4．刑事自诉状的结构

刑事自诉状由首部、正文和尾部组成。

（1）首部。

包括标题和当事人的基本情况。

1）标题即“刑事自诉状”。

2）当事人的基本情况应先标明“自诉人”这一称谓，再写姓名、性别、出生年月日、民族、籍贯、职业或工作单位和职务、住址等项，上述各项的顺序不能颠倒，也不能随意增删。如果自诉人已委托代理，或者自诉人是未成年人或精神病人，应在自诉人的下一行写明委托代理人或者法定代理人的称谓和姓名、性别等个人基本情况，并注明与自诉人的关系。律师担任代理人的，只需列写姓名、所在律师事务所名称和职务。

在被告人栏内，应写明被告人的称谓、姓名、性别、出生年月日、民族、籍贯、职业或工作单位和职务、住址等项，对被告人的出生年月日确实不知的，可只写年龄。

如果当事人为两人以上的，自诉人按受害程度轻重列出，被告人按罪行轻重列出，重的在前，轻的在后，然后分别写明各人的基本情况。

（2）正文。

由案由、诉讼请求、事实与理由、证据和证据来源构成。

1）案由，是案件的内容提要，而罪名能集中体现案由，表明被告人的犯罪性质。在通常情况下，案由可以直接写成控告的罪名。写罪名要求准确、具体，要符合我国《刑法》规定的罪名。

2）诉讼请求，应写明向人民法院提出依法追究被告人刑事责任的要求。如果由于被告人的犯罪行为而使自诉人遭受物质损失的，受害人有权提起附带民事诉讼。

3）事实部分，首先写明犯罪的时间、地点、动机、目的、手段、情节、后果等要素。如果由于被告人的犯罪行为而使自诉人遭受物质、经济损失的，还应写明实际损失的财物的名称、数额、经济损失总额等。对写进自诉状中的犯罪事实，应当查证属实。其次要写清因果关系，即侵害的结果是否确由被告人的犯罪行为所造成，被告人在实施犯罪行为时，主观上是否故意。

理由部分，首先要通过对证据的真实性、有效性的分析，来证明被告人犯罪事实的真实性。其次要结合犯罪构成的理论和我国《刑法》分则规定的构成某个具体罪的必备条件进行分析论证，确定被告人犯罪行为的性质，再援引《刑法》的有关条款论证追究被告人刑事责任或同时承担民事责任的理由，从而说明诉讼请求的合法和合理。最后引用《刑事诉讼法》第18条第3款的规定，作为起诉的根据，用“特向你院起诉，请依法判决”作为理由部分的结束语。

4）证据的名称要规范；证据的来源要具体，便于审核。

（3）尾部。

包括致送人民法院的名称、附项、自诉人签名、日期。

（三）写作训练

请根据以下案情，制作一份刑事自诉状。

刘×，女，35岁，汉族，本溪市人，市钢厂工人，住××市××街××号。牛×，男，38岁，汉族，本溪市人，市钢厂工人，住××市××街××号。

刘×与牛×于2010年结婚。婚后，牛×对刘×经常拳脚相加。2011年他多次用剪刀扎伤刘×。2014年6月又致刘×右手缝6针，疤痕至今清晰。为了女儿，刘×一直忍气吞声、好言相劝，却遭到变本加厉的折磨。2017年3月5日夜，牛×又大发脾气，并用铁棒猛击刘×腿部。经诊断，刘×双腿均严重粉碎性骨折，至今住院。刘×备受精神和肉体折磨，向法院提出刑事自诉，对牛×的虐待罪予以惩处。

三、行政起诉状

（一）例文评析

［例文］

行政起诉状

原告：李×，男，40岁，住××市××街××号。

被告：××市××区劳动和社会保障局。

法定代表人：葛×，局长。

案由：工伤认定行政不作为。

请求事项：

请求法院认定××市××区劳动和社会保障局拒不履行其工伤认定的职责，属于行政不作为行为，判令被告履行职责。

事实和理由：

原告于2005年起一直在××市××厂工作，2016年3月8日因车间堆放的物品倒塌，砸伤原告。原告向被告申请工伤认定，被告在法定的2个月内没有对原告的要求予以答复。原告又多次催问，仍无答复。原告之伤须经劳动保障行政部门认定，才能享受工伤待遇。由于被告拒不履行法律规定的认定责任，给原告身心造成极大伤害。被告身为国家行政机关，知法犯法，法律难容。根据《中华人民共和国行政诉讼法》的规定，具状起诉，请人民法院审查，依法判决，以维护法律尊严和原告的合法权益。

证据和证据来源：

1. 原告的在职证明。

2. 原告的就医病历。

3. 工作时受伤的证人证言。

此致

××市××区人民法院

具状人：李×

2017 年 4 月 20 日

［评析］

此行政起诉状事实叙述清楚，受到侵害的过程表述明晰，援引的法律依据得体。它结构完整，语言简洁，是一份较为规范的法律文书。

（二）知识要点

1. 行政起诉状的概念

行政起诉状是公民、法人或者其他组织认为行政机关和行政机关工作人员的具体行政行为侵犯其合法权益，依照行政诉讼法的规定，向一审人民法院提出诉讼，要求依法裁判的法律文书。

2. 行政起诉状的特点

(1) 起因的单一性。行政起诉引起争议的对象是专指国家行政机关或其工作人员的具体行政行为，其他的不能提起行政诉讼。

(2) 被告的恒定性。起诉人是专指受国家行政机关或其工作人员具体行政行为侵害的公民、法人或者其他组织，被告的国家行政机关不能提出起诉。

(3) 起诉程序的规范性。行政诉讼的起诉有两种程序：一种是申请行政复议，对行政复议决定不服才向人民法院起诉；另一种是原告直接向人民法院起诉。

3. 行政起诉状的结构

行政起诉状包括首部、正文、尾部。

(1) 首部。

包括标题和当事人基本情况。

1) 标题就是“行政起诉状”。

2) 当事人基本情况要以原告、被告、第三人的顺序，分别列写诉讼参加人的称谓和基本情况。

原告是公民的，应写明其姓名、性别、出生年月日、民族、籍贯、职业或工作单位和职务、住址等。原告是法人或者其他组织的，应写明其名称、所在地址，法定代表人或代表人的姓名、职务、电话，企业性质、工商登记核准号，经营范围和方式，开户银行、账号。如果有权提起诉讼的公民死亡，其近亲属可以提起诉讼；有权提起诉讼的法人或者其他组织终止，承受其权利的法人或者其他组织可以提起诉讼。

被告的基本情况包括：被告的名称、所在地址，以及法定代表人的姓名、职务、电话。

与诉讼标的有法律上的利害关系的其他公民、法人或者其他组织，可以作为第三人列入当事人栏。原告、被告及第三人为两人以上的，应当分别写明各自的基本情况。诉讼参加人有代理人的，紧接被代理人之后，列写代理人的称谓、姓名和基本情况。律师只写姓名、工作单位及职务。

（2）正文。

包括诉讼请求、事实与理由、证据和证据来源。

1）诉讼请求要表述明确具体，可以针对被告具体行政行为的性质及自己的权益受损害的程度，依法提出请求。如果由于错误的具体行政行为或不履行、拖延履行法定职责侵犯原告合法权益而造成财产损失的，在请求法院撤销、变更或履行具体行政行为的同时，原告有权要求行政机关赔偿，在请求事项中一并列出。如“请依法撤销××××（被告单位名称）（年度）第×号×××处罚决定；请依法判令××××（被告单位名称）赔偿原告损失×××元。”

2）事实与理由要写清事实根据和法律依据。

3）证据和证据来源要准确具体，便于审核。

（3）尾部。

包括致送法院名称、附件、起诉人签名、日期。

（三）病文修改

修改以下起诉书，使之符合写作规范。

离婚起诉书

原告人：张×，女，住××市××区1号

被告人：李×，男，住××市××路10栋8号

诉讼请求：请求离婚

事实和理由：我与被告人是夫妻，婚后两人感情一直不好，两人经常吵架，无法生活在一起，特向法院提出诉讼，请法院判决我们离婚。

此至

××法院

起诉人：张×

××××年10月

（四）写作训练

请根据提供的案情，制作一份行政起诉状。

××市××县水产加工厂2017年5月5日与××县饲料公司签订了购销合同，××县饲料公司买60吨鱼粉，每吨1 900元。5月20日到货，双方会同××县标准计量局工作人员进行抽样，封包后送到××市饲料监督检测站进行法定检验，以便根据合同规定凭

化验收据结算货款。但是，6 月 1 日，在××市饲料监督检测站化验报告未到的情况下，××县标准计量局工作人员以自己送到××医学院的化验结果为依据，强行查封××市××县水产加工厂的货物，并扣压了××市××县水产加工厂的财产结算单据。当××市饲料监督检测站化验报告送达后，××县标准计量局工作人员又私自扣压多日。而××市饲料监督检测站化验报告表明，该批鱼粉质量与合同规定相符，为合格产品。××县标准计量局工作人员仍然在 7 月 3 日对××市××县水产加工厂开出《案件处理决定书》，没收 61 吨鱼粉。××市××县水产加工厂请求法院撤销对其产品没收的处罚决定。

第二节　上诉状

上诉状是民事、刑事、行政案件的当事人及其法定代理人，不服一审法院的判决或裁定，在法定的上诉期内，向原审法院的上一级人民法院提出要求撤销、变更原审裁判所撰写的法律文书。

上诉状可以分为民事上诉状、刑事上诉状和行政上诉状三种。

上诉需具备的条件是：

第一，上诉人和被上诉人必须是第一审裁定、判决所指向的当事人。

第二，当事人提起上诉的裁定、判决必须是法律规定允许上诉的第一审裁定、判决。

上诉状与起诉状的区别有：

第一，诉讼原因不同。起诉状是针对被告侵犯原告的合法权益的行为，向人民法院提起的诉讼。上诉状是针对原审人民法院尚未发生法律效力的判决或裁定，向原审的上一级人民法院提起的诉讼。

第二，诉讼中的作用不同。提交起诉状，引起第一审程序的发生，做出的判决、裁定可以上诉。提交上诉状，引起第二审程序的发生，做出的判决、裁定是终审的，不可再上诉。

第三，处理程序不同。起诉状由受理人民法院进行审理，依法做出判决或裁定。上诉状必须由上诉人民法院进行二次审理，依法做出终审判决或裁定。

一、民事上诉状

（一）例文评析

［例文］

民事上诉状

上诉人（原审原告）：黎××，女，36 岁，汉族，××市人，××市××厂工人，家庭住址：××市××街×号。

被上诉人（原审被告）：金××，男，41岁，汉族，××市人，家庭住址：××市××街×号。

上诉人因离婚一案，不服××市××区人民法院2017年6月11日〔2017〕民初字第39号判决，现提出上诉。

上诉请求：

1. 变更××市××区人民法院2017年6月11日〔2017〕民初字第39号判决。

2. 改判由上诉人抚养孩子金×。

上诉理由：

上诉人因与被上诉人金××感情不和，于××××年××月××日向××区人民法院提起诉讼，要求与金××离婚，并由上诉人抚养孩子金×。一审法院判决准许上诉人与被上诉人离婚。但是认为：上诉人在日本留学，不便抚养孩子，故将孩子判由被上诉人抚养。

上诉人同意一审判决关于准许离婚及财产分割部分的判决。但是，上诉人认为：一审法院对孩子抚养权的判决所依据的事实与理由不正确。上诉人虽然在日本留学，但是现在已经有一份稳定的工作和较优厚的收入，生活条件充裕，完全有经济能力独立抚养金×。日本的教育条件和学习环境较国内相对优越一些，有利于金×的学习和成长。而被上诉人金××平时工作繁忙，经常出差，根本没有足够的时间和精力照顾金×的学习和生活。

综上，从有利于金×的成长教育角度考虑，请求人民法院依法改判，由上诉人抚养金×。

此致

××市××区人民法院

附件：本上诉状副本2份。

上诉人：黎××

2017年6月14日

［评析］

本民事上诉状当事人的身份及基本情况表述准确，上诉请求简洁明晰，先肯定原审部分判决，重点否定对孩子抚养权的判决，并指出原一审判决依据的事实与理由的错误之处。当然，如能提供一份上诉人在日本的收入证明作为附件，会更有说服力。

（二）知识要点

1. 民事上诉状的概念

民事上诉状是民事诉讼的当事人，不服人民法院的第一审民事判决或裁定，在法定的上诉期内，向原审法院的上一级人民法院提出上诉，请求撤销或变更第一审民事判决或裁定的法律文书。

2. 民事上诉状的结构

民事上诉状由首部、正文和尾部构成。

（1）首部。首部应依次写明：文书名称，即“民事上诉状”；上诉人和被上诉人的基本情况。需要注意的是，在上诉人和被上诉人的称谓后应当用括号注明该当事人在原审时的诉讼称谓。共同诉讼的案件，上诉的内容未涉及的当事人仍列原审时的诉讼称谓，而不列为被上诉人。

（2）正文。包括案由（原审人民法院名称、案件编号）、上诉请求和上诉理由。

1）案由。一般可表述为“上诉人因……一案，不服××人民法院××××年×月×日的民初字第×号判决（或裁定），现提出上诉”。

2）上诉请求。应写明具体诉讼请求，是要撤销原判、全部改变原判还是部分变更原判。

3）上诉理由。主要针对原裁判内容，紧密围绕自己的上诉请求加以叙述论证，而不是针对对方当事人。针对原审判决、裁定，论证不服的理由多为：认定事实不清，主要证据不足；适用法律不当；违反了法定程序。

（3）尾部。应写明致送法院、附件、上诉人签名及日期。

（三）写作训练

请根据案情，代乙公司撰写一份民事上诉状。

2017年5月，山东省甲公司与辽宁省乙公司签订购销合同。甲公司买入乙公司洗衣粉50吨，每吨单价990元。7月30日前交货付款，交货地点为甲公司所在地火车站。

7月15日，乙公司将货运抵本地火车站，恰遇洪水冲坏铁轨，乙公司即将货运回保管，同时电告甲公司。8月10日，铁路货运恢复，乙公司立即启运，8月18日货抵甲公司所在地火车站。

8月19日，乙公司通知甲公司验货并付款，甲公司以此时已过合同履行期限为由拒绝收货。经多次洽谈，甲公司提出若要收货，价格必须减半，遭拒绝，未达成协议。为不被铁路部门罚款，乙公司租用一间民房暂存货物，同时继续与甲公司交涉。

8月25日，突降大雨，乙公司存货民房被洪水冲垮，洗衣粉被洪水淹没。灾后清点，仅残留18吨洗衣粉，且有变质现象。经鉴定只能以每吨700元降价处理，造成损失达×万余元。

乙公司向甲公司所在地基层法院提起诉讼，请求判决甲公司赔偿全部经济损失。

一审法院认为：造成损失时，货物尚未交出，甲公司不应承担货物灭失的责任。考虑到乙公司的损失情况和甲公司有能力接受货物的情况，甲公司应当以每吨700元的现价接受所余货物。为此判决：

1. ×万余元损失由乙公司自行承担。

2. 甲公司接受18吨洗衣粉，每吨700元，共计支付乙公司货款12 600元，收货后一次付清。

3. 本案诉讼费1 500元，原告乙公司承担1 000元，被告甲公司承担500元。

乙公司对此判决不服，拟上诉。

二、刑事上诉状

（一）例文评析

［例文］

刑事上诉状

上诉人（原审被告人）：黎×，男，1971年7月20日出生，汉族，××市人，××市××厂工人，家庭住址：××市××街×号。

上诉人过失杀人一案，于2017年×月××日收到××区人民法院2017年×月××日〔2017〕×刑字第××号刑事判决，现因不服该判决提出上诉。

上诉请求：

1. 撤销原判决。

2. 改判无罪。

上诉理由：

上诉人与死者林×是邻居，平时无太多交往，无冤无仇，没吵过嘴，没打过架，只是一般邻居关系。2017年×月×日清晨，上诉人与林×同时到街心公园晨练，因议论某种社会现象时，观点不同，各执己见，互不相让，发生争执。争论不过，林×先出言不逊，张口骂上诉人。上诉人抢白了他几句，就气呼呼地走了。事后听说林×在回家的路上心脏病发作死亡。整个过程上诉人没有任何伤害林×的过失或故意，对林×的去世，上诉人也深表痛心。上述事实，人民法院已经查证属实，却仍以过失杀人罪判处上诉人有期徒刑一年，缓刑一年。

上诉人认为，因谈论某种社会现象引发争吵，林×首先恶语伤人，上诉人虽也还嘴，但是并没有出手伤人，也没有与之吵骂不休。林×的死亡，与二人讨论问题发生争执没有必然的因果关系，上诉人不应负过失杀人的刑事责任。根据《中华人民共和国刑法》第十六条规定："行为在客观上虽然造成了损害结果，但是不是出于故意或者过失，而是由于不能抗拒或者不能预见的原因所引起的，不是犯罪。"此规定完全符合本案事实。

为此，特提出上诉，请上级人民法院依法撤销原判决，改判上诉人无罪。

此致

××市中级人民法院

附件：本上诉状副本1份。

上诉人：黎×

2017年××月××日

［评析］

本刑事上诉状的上诉请求简洁明晰，上诉理由清楚明了，有客观事实的叙述，有法律条款的引用，充分体现了法律文书以事实为根据、以法律为准绳的写作要求。

（二）知识要点

1. 刑事上诉状的概念

刑事上诉状是诉讼当事人或者依照法律规定有权提出上诉的其他人，不服人民法院的第一审刑事判决、裁定，在法定期限内，向上一级人民法院提出上诉，请求撤销或者变更第一审刑事判决、裁定的法律文书。

2. 刑事上诉状的结构

刑事上诉状由首部、正文和尾部构成。

（1）首部。首部应依次写明：文书名称，即“刑事上诉状”；上诉人和被上诉人的基本情况。需要注意的是，刑事公诉案件被告人提出上诉的，不列被上诉人一项。

（2）正文。正文包括案由、上诉请求和上诉理由。

1）案由。一般可表述为“上诉人因……一案，于××××年×月×日收到××人民法院××××年×月×日的刑初字第×号刑事判决（或裁定），现因不服该判决（或裁定），提出上诉”。

2）上诉请求。应明确写明要求撤销原判，宣告无罪，或者要求从轻、减轻处罚，或者免除处罚的内容。

3）上诉理由。应当针对原裁判认定的事实、适用的法律说明原判不当之处，以支持其上诉请求。针对原审判决、裁定，论证不服的理由多为：认定事实不清，主要证据不足；适用法律不当；违反了法定程序。

（3）尾部。应写明致送法院、上诉人签名、日期及附件。

（三）病文修改

修改以下刑事上诉状，使之符合写作规范。

刑事上诉状

上诉人：李×，女，55岁，已退休，现住本市仁爱路8号201房，是被告的母亲。

我是被告人陈×的母亲，我儿子没有挪用公款不还，他只是为支付我的医药费才先借用一下单位保管在他手上一些钱，他想着以后赚到钱后再填上去的，反正那些钱目前单位放着不会立即用掉，他没有想不管，他的确是有困难才走到这一步的。因为他向其他人借过，也借不到，难道他看着我病死吗？请法院查清楚，体谅他的一片孝心。我们愿意卖掉房子还钱给单位，请判决他无罪吧。

此致

某区人民法院

上诉人：李×

××年×月×日

（四）写作训练

请根据以下案情，代陈××制作一份刑事上诉状。

陈××，男，××岁，×族，××省××县人，××厂会计，住××市××街××号。

陈××于××××年×月×日盗窃了李××自行车一辆，卖给林××，得人民币100元。被公安机关发觉后，陈××立即坦白交代，并主动将赃款全部退回。在审讯中，××法院审判员张××再三追逼，说陈××是个惯犯，决不只盗窃了一辆自行车，一定还有很多，如不交代，就要从严判处；如果彻底交代，保证从宽处理、不判刑或者只判很轻的刑。为了争取“坦白从宽”，陈××就捏造事实，说从××××年×月到××××年×月一共盗窃了11辆自行车。张审判员审问陈××的情况，有记录在卷，谁知这一“交代”，不但得不到宽大处理，××市××区人民法院反而以此为根据（判决书上说陈××供认不讳，罪行严重），于××××年×月×日以盗窃罪做出〔××××〕刑初判字第××号刑事判决，判处徒刑8年。陈××所坦白的那10辆自行车全是假的，是根本没有的事；只有盗窃李××的那一辆才是真的，一被发觉，陈××即坦白认罪，并积极退款。根据政策，陈××是符合“坦白从宽”的条件的。可是原审人民法院却判陈××有期徒刑8年，这是不符合法律规定和政策精神的，因此陈××不服原判，特提出上诉，请求撤销原判，重新审理，依法改判，给陈××以宽大处理。

三、行政上诉状

（一）例文评析

［例文］

行政上诉状

上诉人（原审被告）：××省××市××区工商行政管理局

所在地址：××省××市××区××街××号

法定代表人：葛××　职务：局长　电话：×××××××××

被上诉人（原审原告）：××酒厂

所在地址：××省××市××区××街×号

法定代表人：胡××　职务：厂长　电话：×××××××××

上诉人因商标侵权赔偿一案，不服××市××区人民法院2017年1月12日〔2017〕行初字第3号判决，现提出上诉。

上诉请求：

1. 撤销××市××区人民法院2017年1月12日〔2017〕行初字第3号判决。
2. 驳回被上诉人无理诉讼请求。
3. 判决被上诉人承担第一、第二审全部诉讼费用。

上诉理由：

2016年9月，××酒业集团向我局举报被上诉人——××酒厂在白酒瓶上使用了与该集团白酒注册商标相近似的商标，侵犯了该集团的注册商标专用权，要求××酒厂停止商标侵权行为，并赔偿损失。

经我局查证，××酒厂确实存在上述行为，并且给××酒业集团造成经济损失。为此，我局于2016年12月25日做出决定，责令××酒厂立即停止商标侵权行为，并赔偿××酒业集团经济损失10万元人民币。该决定做出后，××酒厂不服，向我局上级单位××市工商行政管理局申请复议。2017年1月12日，××市工商行政管理局将我局决定改变为××酒厂赔偿××酒业集团经济损失8万元人民币，并维持了侵权行为的认定。

2017年1月19日，××酒厂向××区人民法院提起行政诉讼，请求撤销我局和××市工商行政管理局的决定。在一审中，我局明确提出该决定并非行政处罚，而是对××酒厂侵权行为的处理。但是，一审法院却以〔2017〕行初字第3号行政判决书认定我局决定中的赔偿数额过多，判决变更为××酒厂赔偿××酒业集团经济损失6万元人民币。我局认为这一判决是错误的：

1. 根据《中华人民共和国行政诉讼法》第六条的规定，人民法院审理行政案件，只能对行政机关的具体行政行为是否合法进行审查。除行政处罚违法或显失公平外，人民法院不应代替行政机关对行政行为是否适当做出决定。

2. 我局及上级机关做出的责令××酒厂赔偿××酒业集团经济损失的决定不属于对××酒厂的行政处罚，而是对××酒厂侵权行为的依法处理，人民法院不能以判决的形式变更这一处理决定的内容。

综上，本案一审法院对本案裁决违背法律规定，超越职权，应予撤销。

此致

××省××市中级人民法院

附件：本上诉状副本1份。

上诉人：××省××市××区工商行政管理局

2017年9月1日

［评析］

本行政上诉状当事人的身份及基本情况表述准确，上诉请求简洁明晰，上诉理由的阐述特色明显。不是针对对方当事人的过失论述，而是针对原审判决的失当之处加以辩驳，重点突出，有理有据，极富说服力。

（二）知识要点

1. 行政上诉状的概念

行政上诉状是行政诉讼当事人，不服人民法院的第一审行政判决、裁定，在法定期限内，向上一级人民法院提出上诉，请求撤销或者变更第一审行政判决、裁定的法律文书。

2. 行政上诉状的结构

行政上诉状由首部、正文和尾部构成。

（1）首部。首部应依次写明：文书名称，即“行政上诉状”；上诉人和被上诉人的基本情况。

(2) 正文。正文包括案由、上诉请求和上诉理由。

1) 案由。一般可表述为“上诉人因……一案，于××××年×月××日收到××人民法院××××年×月×日的行初字第×号行政判决（或裁定），现因不服该判决（或裁定），提出上诉”。

2) 上诉请求。不仅要具体写明要求撤销原判，宣告无罪，或者要求从轻、减轻处罚或者免除处罚的内容，而且还要写明对行政机关的具体行政行为要求予以撤销、变更或者维持的主张。

3) 上诉理由。应当针对原裁判认定的事实、适用的法律、审判程序等说明原判不当之处，以支持其上诉请求。

(3) 尾部。应写明致送法院、上诉人签名、日期及附件。

（三）写作训练

请根据提供的材料，代李××制作一份行政上诉状。

李××，男，××岁，×族，× ×市人，××市××工厂退休工人，住本市××村×街×号。李××不服××区人民法院〔××××〕行初字第4号行政判决，提出上诉。

××市××区城市建设环境保护局，法定代表人：赖××，局长。委托代理人：王××，副局长。

请求：

1. 撤销××区人民法院〔××××〕行初字第4号《行政判决书》，依法改判；

2. 因被上诉人的工作人员失职及在执行职务中给李××造成的建楼损失，应由被上诉人承担行政侵权责任，并赔偿一切经济损失。

李××于××××年×月×日经××市××区城市建设环境保护局批准，在××村×街×号自己家院内建成一座二层楼。李××是以审批的图纸和〔××××〕×建字第×号《私房建筑许可证》为依据，并由××市××区城市建设环境保护局派工作人员到现场进行勘验、画线、打桩定位后，李××才进行建筑施工的。为了在施工中不和邻居发生矛盾，李××之子李×到××市××区城市建设环境保护局办公室，当面在批准的建楼图纸上加盖了自己的手章，并当场指明这1.15米（见图纸）是西侧房檐。××市××区城市建设环境保护局听后没做任何表示，也没有往图纸上做记录说明。但是在××××年×月×日，××市××区城市建设环境保护局却要求李××去掉西房檐10厘米，然后在房顶上修一个高棱，不要让雨水从西边流出就行。李××不予理睬。××市××区城市建设环境保护局做出《处罚决定书》。无奈，李××将××市××区城市建设环境保护局起诉到××区人民法院。法院片面地听取××市××区城市建设环境保护局没有任何根据和证明的说法，来作为判决的依据。其中××区人民法院下达的〔××××〕×法行字第4号行政判决书中写道：“……讲明不要有任何建筑物（指房檐）”与事实不符，是不符合《行政诉讼法》第5条“人民法院审理行政案件，以事实为根据，以法律为准绳”的规定的。如果案件的事实、证据不清楚，应予调查核实，不能轻信一方自述。

李××认为一审法院的《现场勘验笔录》大部分失实，但是造成这个失实的原因何在呢？原审法院不做深入的调查研究，甚至连李××提供的有关证明（书证、调查笔录）也未详细调查核实，就以《现场勘验笔录》为依据进行判决，是一种不负责任的失职行为。在建楼时，××市××区城市建设环境保护局有人到现场勘验、打桩定位；在建楼一米高时，有其工作人员到现场查看，当时及以后均没有提出异议。这方面的情况，为什么原审法院不给予考虑呢？李××建楼西侧留窗户，是原图纸就有的，只是门的位置安在南边，并不像原审法院《判决书》所说“原告申请图纸的西立面是向西开门，但楼房建筑向南开门。因此出现西侧窗”那样。李××楼门留在南面，××市××区城市建设环境保护局工作人员是知道的，是看过现场的，有关证据都证明了这一点。从《判决书》中提到“西侧窗”问题，也足以说明“西边 1.15 米处不要有任何建筑物”说法是荒谬的。如果把门安在西侧，二层没有走廊、房檐，又怎么进屋呢？再说为房檐发生纠纷时，××市××区城市建设环境保护局只说西房檐去掉 10 厘米即可，其他问题概不追究。这只能说明××市××区城市建设环境保护局允许或默认建楼的现状，不做任何处理。现在××市××区城市建设环境保护局又出尔反尔，对其这种行为原审法院就不应给予保护，更不应该作为定案判决的依据。

原审法院认为：“原告未按批准的《私房建筑许可证》施工，楼房确属违章建筑。”这是不能成立的。因《私房建筑许可证》是××市××区城市建设环境保护局根据李××的《私房建筑申请书》审查批准后发给的。在发证前，××市××区城市建设环境保护局都严格审查建楼图纸，做了必要的调查，进行了核实，才发给《私房建筑许可证》。特别是画线、打桩、定位这些工作都在发证以前做了，《私房建筑许可证》上并没有记载说明应遵守事项，这怎么能说是李××未按《私房建筑许可证》施工呢？李××的建筑楼房是按《私房建筑许可证》和现场画线、打桩、定位进行建筑，这怎么说是“确属违章建筑”呢？

原审法院认为：“××市××区城市建设环境保护局根据市人大通过的《××市城市建筑规划管理办法（试行）》及××市《私房建筑管理办法》的有关规定，对李××的处罚并无不当。”这一认定违反了《××市建设规划管理办法（试行）》第 29 条和第 69 条的规定。再看一下××市××区城市建设环境保护局的《处罚决定书》吧，李××是××××年×月××日找××市××区城市建设环境保护局的史××同志，史说“过两天就给你盖章，可以换房证”。结果等到××××年×月×日××市××区城市建设环境保护局却做出了所谓的《处罚决定书》。李××接到后向原审法院提出起诉，××市××区城市建设环境保护局引用法规条文不当，另外还有其他错误，自动撤销了《处罚决定书》。按《××市建设规划管理办法（试行）》及《关于办理私房建筑手续的规定》第 6 条，已超过时间，法律是不予保护的。在时隔近几个月的××××年×月××日××市××区城市建设环境保护局又下达了所谓《处罚决定书》。李××起诉到原审法院，而原审法院只听信××市××区城市建设环境保护局口述和《现场勘验笔录》，也没有落实有关证据就草率地做出了判决。《判决书》认为，“被告根据××××年×月××日市六届人大常委会第××次会议通过的《××市城市建设规划管理办法（试行）》及××市《私房建筑管理办法》的有关规定，对原告的处罚并无不当”。而实际上，××市××区城市建设环境保护局在《处罚决定书》中所引用的法规是“（××）国函字121号文和冀政〔××××〕161号文及《××市城市建设规划管理办法（试行）》”有关条款。可见，原审法院在审理此案中的工作是怎么做的！连××市××区城市建设环境保护局处罚依据的法律、法规都没弄清，这怎么能公正审理案件呢？

《宪法》第41条第3款规定：“由于国家机关和国家工作人员侵犯公民权利而受到损失的人，有依照法律规定取得赔偿的权利。”根据《行政诉讼法》的规定，公民、法人或者其他组织的合法权益受到行政机关或者行政机关工作人员做出的具体行政行为侵犯造成损害的，有权请求赔偿。综上所述，李××认为原审法院不以事实、证据为依据，而轻信被上诉人的口述做出判决，是违反法律、法规的。为了维护李××的合法权益，依法追究××市××区城市建设环境保护局及其工作人员的行政侵权赔偿责任，纠正其错误，特依《行政诉讼法》第××条之规定，提出上诉，请求依法公正地审理此案，撤销原判决，并改判，责成××市××区城市建设环境保护局赔偿所造成的经济损失。

第三节 申诉书

申诉书是刑事、民事、行政案件的当事人或法定代理人，对已经发生法律效力的判决、裁定、不起诉决定等不服，按照审判监督程序提出申诉，要求人民法院或人民检察院重新审理的法律文书。

申诉书与上诉状都是认为原判决或裁定有错误而要求依法重新处理的诉讼文书，但是又有明显区别：

第一，对象不同。申诉是针对已经发生法律效力的判决或裁定，包括二审终结的，甚至已经执行完毕的判决、裁定；上诉只限于对尚未发生法律效力的第一审判决或裁定。

第二，案件管辖不同。接受申诉的可以是原审人民法院或上级人民法院，刑事案件还可以向人民检察院申诉；而接受上诉的只能是做出第一审判决或裁定的上级人民法院。

第三，受理与否不同。申诉书是否引起审判监督程序的发生，要视原裁判在认定事实或适用法律上是否确有错误来决定；而上诉状则必然会引起上诉审判程序。

第四，受理期限不同。申诉除申请再审外，一般不受时间限制；而上诉必须在法定期限内提出，无正当理由耽误期限的，逾期不能上诉。

申诉书根据案件性质不同，可分为三种：民事再审申请书、刑事申诉书、行政申诉书。

一、民事再审申请书

（一）例文评析

［例文］

民事再审申请书

申请人：贺××，女，47岁，汉族，××省××市人，××食品公司职员，住××省××市××区××街××号。

被申请人：齐×，男，75岁，汉族，××省××市人，××市××厂退休工人，住××省××市××区××街×号。

申请人贺××不服××省××市中级人民法院〔2017〕民上字第54号民事判决，特提出再审申请。

申请事项：

请求判令撤销〔2017〕民上字第54号民事判决，依法改判。

事实与理由：

一、申请人与丈夫（被申请人之子）齐××在婚姻关系存续期间购买房子的房款，是申请人独自筹措的。不久，丈夫去世。借款也是申请人独自偿还的，有债权人李×、边×等人的证明。

二、当初丈夫不同意买房子，并公开表态不与申请人共买此房，还请谢××代写了声明。

三、夫妻关系存续期间所得的财产，应理解为双方或一方的劳动所得，其产权应为夫妻共同所有。申请人买的房子，虽然是在婚姻关系存续期间，但是，买房用款不是劳动所得，而是借债支付。还债又是在丈夫去世后。

一、二审的判决引用法律依据时，只引用了我国《婚姻法》第十七条的部分内容，却忽略了第四项的规定。而申请人所买的房子，正是属于第四项规定的内容。因此，申请人认为一、二审的判决把上述房产作为夫妻共同的财产判给被申请人是没有法律依据的，是应该改正的。

综上，请省高级人民法院按照审判监督程序，调卷再审，以维护法律公正，保护公民的合法权利。

此致

××省高级人民法院

附件：

1. 购房证明材料4份。

2. 房契影印件1份。

3. 谢××代被申请人之子写的不与申请人共买此房的声明。

4. 一、二审判决书副本各1份。

5. 民事再审申请书副本1份。

申请人：贺××

2017年12月3日

［评析］

本民事再审申请书针对一、二审中错误的事实认定和不当的法律理解加以辩驳澄清，条理清晰，重点突出，表述准确，语言得体，附送证据材料完备。

（二）知识要点

1. 民事再审申请书的概念

民事再审申请书是民事案件的当事人对人民法院已经发生法律效力的民事判决、裁定，认为有错误，向原审人民法院或者上一级人民法院提出再审申请，请求重新审判的法律文书。

2. 民事再审申请书的结构

民事再审申请书由首部、正文和尾部构成。

（1）首部。首部应依次写明：文书名称，即"民事再审申请书"；申请人和被申请人的基本情况。

（2）正文。正文包括案由、申请事项、事实与理由。

1）案由。一般可表述为"申请人因……一案，对××人民法院于××××年×月×日做出的民字第×号一审（或二审）民事判决（或裁定）不服，现提出上诉"。

2）申请事项。明确提出提起再审申请所要解决的问题，如撤销已生效的判决、裁定，重新做出判决、裁定等。

3）事实与理由。必须运用证据和法律充分说明原审的错误或不当之处，特别是要论证原审存在着法律规定的应当再审的情形，以支持自己所提的请求。

（3）尾部。应写明致送法院、申请人签名、日期及附件。

（三）写作训练

请根据下面的案情，为××化妆品公司代写一份法律文书。

女青年孟×在×商场化妆品柜台，发现××化妆品公司生产的润肤霜外包装上的女性头像酷似自己。孟×向××化妆品公司提出索要肖像使用费8万元。××化妆品公司负责人称该头像是请设计师王×画的，因此拒绝孟×的赔偿要求。孟×找到设计师王×。王×称接受该化妆品外包装设计任务后，发现××照相馆陈列的一位女青年的照片符合设计要求，便通过朋友要来照片，勾画出头像，只在发型上略做调整。经查，王×要来的照片即是孟×的照片。孟×认为××化妆品公司和设计师王×侵犯了自己的肖像权，向人民法院起诉。一审法院裁决：被告××化妆品公司擅自使用公民的肖像，侵犯了公民的肖像权，应向原告赔礼道歉。因该公司设计师已对肖像做了相应的改动，加上该公司产品刚刚投入市场，对原告造成的损失不大，故要求被告一次性赔偿原告1万元。被告不服一审判决，于判决书下发的第二日，向上一级人民法院提出上诉的要求。但是，中级人民法院判决维持原判，被告仍不服，提出再审。

二、刑事申诉书

（一）例文评析

［例文］

刑事申诉书

申诉人：张×，男，26岁，汉族，××省××市人，××劳服公司职员，住××省××市××区××街××号。现在押。

申诉人张×不服××区人民法院〔××××〕刑初字第25号刑事判决，提出申诉。

请求事项：

请求判令撤销〔××××〕刑初字第25号刑事判决，依法改判。

事实与理由：

申诉人因意外事故将叔叔致死，××区人民法院认定为过失杀人，判处申诉人8年有期徒刑。申诉人不服，认为法院认定的罪行性质不当，特提出申诉，请××市中级人民法院予以再审，纠正错判。

事实是这样的：申诉人为装修房子，请叔叔张××帮忙监工。在装修过程中，申诉人不满意木匠的做工，与木匠发生口角，动起手来。木匠挥舞钉锤向申诉人扑来。叔叔张××好言相劝，木匠仍不罢休。申诉人奋力从木匠手中夺下钉锤，扔向墙角的废料堆。不料，崩起的石块却砸到了叔叔张××头上，经抢救无效死亡。事后，××区人民检察院对申诉人提起公诉，指控申诉人在争斗中犯有过失杀人罪。××区人民法院也认定申诉人犯有过失杀人罪，判刑8年。申诉人惊吓失魂，没有上诉，现仍在押。

近日，经过反复思考，申诉人认为：申诉人在此事件中虽有一定责任，但是既不是故意，也不属于过失，而属于不能预料的意外事故。因此，××区人民法院认定申诉人犯有过失杀人罪，与法不符；判刑8年，量刑过重，而且不利于申诉人对叔叔张××家人损失的弥补、不利于对婶子及其子女日常生活的照顾。为此，特提出申诉，请对本案进行再审，依法改判。

此致

××市中级人民法院

附件：1. 申诉书副本1份。

2. ××区人民法院判决书1份。

申诉人：张×

××××年××月××日

［评析］

本刑事申诉书申诉背景的交代合情，申诉的事实论据充分合理，申诉的分析辩驳有理有节有力，体现了以事实为根据、以法律为准绳的写作原则，而且表述清晰，逻辑性强，有极强的针对性。

（二）知识要点

1. 刑事申诉书的概念

刑事申诉书是申诉人因对已经发生法律效力的刑事判决或裁定不服，依法向人民法院或人民检察院提交的、请求按照审判监督程序对案件重新审理的法律文书。

2. 刑事申诉书的结构

刑事申诉书由首部、正文和尾部构成。

（1）首部。首部应依次写明：文书名称，即“刑事申诉书”；申诉人的基本情况。

（2）正文。正文包括案由、请求事项、事实与理由。

1）案由。一般可表述为“申诉人不服××人民法院于×年×月×日做出的〔××××〕××字第×号刑事判决（或裁定），提出申诉”。

2）请求事项。要针对已生效的刑事判决或裁定明确提出刑事申诉所要解决的问题，如撤销已生效的刑事判决或裁定，重新做出判决、裁定等。

3）事实与理由。必须运用证据和法律充分说明原审的错误或不当之处，特别是要论证原审存在着法律规定的应当重审的情形，以支持自己所提的请求。如认为原裁定认定事实错误，则要在澄清事实的基础上，再陈述有关适用法律、程序等问题上的不服意见和申诉理由。如对原裁定认定事实无异议，只是在适用法律、程序等方面不服，则事实无须重述，重点阐述对适用法律等方面的不服意见和申诉理由。

（3）尾部。应写明致送法院、申请人签名、日期及附件。

（三）病文修改

修改以下刑事申诉书，使之符合写作规范。

刑事申诉状

申诉人：赵×，男，40岁，汉族，×市×厂职工，住×市人民路××号，邮政编码：××××××。

申诉人因盗窃窝赃一案，不服×市×区人民法院201×年×月×日（×）法刑初字第×号刑事判决书，现提出申诉，申诉请求和理由如下：

请求事项：撤销×区人民法院的原审判决

事实和理由：×市×区人民法院201×年×月×日以盗窃罪窝藏罪为由判决赵×有期徒刑三年。赵×表示不服。说赵×犯了盗窃罪和窝藏罪是不对的。赵×只是帮李×保管一个月的行李箱，行李箱里面有什么，赵×根本不知道。而且赵×和李×是老乡，帮他保管一下行李也是人之常情，因此根本谈不上什么窝赃。在李×行窃的时间里，赵×在上班，也就是说赵×根本没有作案的时间，当然也就没有犯罪了。原判决书认定的事实是不正确的，事实上赵×根本没有犯罪，请求法院在进行调查，重新审理，做出公正的裁决。

此致

×区人民法院

申诉人：赵×

××年×月×日

（四）写作训练

请根据提供的案情，为刘××写一份刑事申诉书。

刘××（被害人死者刘×平之兄），男，31岁，汉族，××市人。

判决书判定彭××为伤害致死人命罪是不恰当的。我认为彭××应定为故意杀人罪。因为刘×平并未对彭××或其他人造成任何人身威胁，彭××没有必要用三棱刮刀来主持"正义"。他如果真是出于"正义"，不是出于故意杀人的动机和目的，在刘×平赤手空拳的情况下，完全可以采取劝阻和以理服人的方法，为什么要选择最要害的部位——心脏，并一刀刺死刘×平呢？

判决书认定事实有出入。判决书说修建队书记杨××要去医院看病，刘×平进行拦截和挑衅，这与事实不符。事实是：我母亲多次去找××镇修建队要求解决工作问题，遭修建队队长袁××毒打。为此，我母亲找到××区委和××法院，但都未做处理，只让我母亲找修建队书记。我母亲找到书记杨××后，又遭到杨××的打骂。然后杨××要坐卡车去医院，我母亲拦车不让去，因为他打了我母亲，问题还没有解决。可是他们强行把我母亲拉开，把车开走了。我和我母亲走路去了医院。在这个过程中，我弟弟刘×平根本不在场，何来的"拦截"和"挑衅"呢？到了中午12点，刘×平找我母亲回家吃饭。彭××从仓库里拿出三棱刮刀，一刀刺中刘×平的心脏然后穿过马路逃跑了。我弟弟怎么会跟他们"挑衅"？彭××刺死我弟弟并逃跑，为什么判决书对此只字不提？

××法院终审判决书根据《刑法》第××条之规定，判处彭××有期徒刑7年，实属定性不当，适用法律错误，判刑太轻。本案彭××犯的是故意杀人罪，应按我国《刑法》第×××条惩处。为此，刘××请求法院对此案重新复查审理，依法对杀人犯彭××从严惩处，替刘×平申冤，以维护法律的尊严，保护公民的合法权益。

三、行政申诉书

（一）例文评析

［例文］

行政申诉书

申诉人：郑×，男，29岁，汉族，××省××市人，××医药公司职员，住××省××市××区××街××号。

申诉人郑×不服××区人民法院〔××××〕行初字第31号行政判决，提出申诉。

请求事项：

1. 请求判令撤销〔××××〕行初字第31号行政判决，依法改判。

2. 赔偿因行政拘留遭受的经济损失。

事实与理由：

××区公安分局于××××年××月××日以申诉人参与打群架为由，对申诉人处以行政拘留10天的处罚。申诉人为此被单位通报批评、扣发10天的工资及奖金3 000元。

申诉人不服，诉至××区人民法院。××区人民法院却以申诉人已经被解除行政拘留为由，判决维持原行政处罚。申诉人无端蒙冤，神情恍惚、郁闷不堪多日，未能在上诉期内提出上诉。现提出申诉。

××区公安分局和××区人民法院认定申诉人参与了打群架，与实际情况不符。

事实是：王××与吕流、吕溪兄弟在大排档喝酒时不知何故，发生口角，继而动起手来。我当时与打架双方均不认识，既不是亲朋，也没有仇怨，只是恰巧经过大排档，就站在一边看热闹。直到吕流、吕溪兄弟二人轮番抄起长凳、酒瓶向王××抛砸时，目不忍睹，便徒手上前拉架，阻止吕流、吕溪兄弟二人继续伤人。当时在场的群众贾××、商××、从×等人可以证明。

但是，××区公安分局却既不进行细致的调查，又无视申诉人的一再申辩，将申诉人行政拘留10天，使申诉人精神上、经济上均遭受严重损失。

为此，特提出申诉，请求重新审理，依法撤销××区人民法院的一审行政判决，并请求赔偿经济损失3 000元。

此致

××中级人民法院

附件：1. 申诉书副本1份。

2. ××区人民法院〔××××〕行初字第31号行政判决书1份。

3. 贾××、商××、从×证人证言3份。

申诉人：郑×

××××年××月××日

［评析］

此行政申诉书的请求事项明确，针对公安分局行政处罚的失当和一审法院的不负责任，加以论述辩驳，事实清楚，证据确凿，较具说服力。

（二）知识要点

1. 行政申诉书的概念

行政申诉书是行政诉讼的当事人认为已经生效的行政判决或裁定确有错误，向原审人民法院或者上一级人民法院提出申请复议纠正的法律文书。

2. 行政申诉书的结构

行政申诉书由首部、正文、尾部三部分构成。

(1) 首部。首部应依次写明：文书名称，即“行政申诉书”；申诉人的基本情况。

(2) 正文。正文包括案由、请求事项、事实与理由。

1）案由。一般可表述为“申诉人不服××人民法院于××××年×月×日做出的〔××××〕××字第×号行政判决（或裁定），提出申诉”。

2）请求事项。要明确提出申诉请求的具体内容，如撤销已生效的原审裁判或变更原审裁判，请求人民法院依法重审等。

3）事实与理由。主要阐述原审已生效裁判在认定事实、适用法律或原审法院在诉讼程序等方面的错误，特别是应当注意提出新的事实和证据，并引用有关法律规定论证自己申诉请求的合法性。

(3) 尾部。应写明致送法院、申请人签名、日期及附件。

（三）写作训练

请根据提供的案情，为××市公安局撰写一份行政申诉书。

××市公安局，地址：××市××大街×号。法定代表人：巫×，局长。

××××年×月×日晚×时许，××县人大常委会委员叶×开会回来，独自一人来到望江路，在大榕树下石凳处遇到了暗娼章×。叶×主动与章×搭讪，问明其身份和嫖宿价格，并商量了嫖宿地点。在准备前往时，被治安联防队员抓获，并扭送到××派出所，在派出所讯问时，叶×化名陈××，谎称自己是××县的个体户，承认自己有嫖宿意图和违法行为，××市公安局××分局认定陈××（即叶×）嫖宿暗娼，根据《中华人民共和国治安管理处罚法》第××条的规定，给予行政拘留7天的处罚，并于当日将其送交行政拘留所执行。××县人大常委会因叶×下落不明，四处寻找，发现叶×被押在××市公安局行政拘留所，遂将其保释。叶×提出行政复议，××市公安局做出复议裁决：维持××分局的原处罚决定。叶×仍不服，向××区人民法院起诉。××区人民法院认为：以嫖宿暗娼为理由对叶×做出治安处罚裁决证据不足。判决撤销××市公安局的治安处罚裁决。××市公安局不服，上诉于××市中级人民法院。××市中级人民法院审理后，维持××区人民法院的原审判决。××市公安局认为，两级法院对本案事实的认定都有错误，基本都是偏信了叶×的陈述，认定叶×只是出于好奇，问明章×的身份后即离去。置章×和三名联防队员的证词于不顾，任意偏袒，故向××人民法院申诉。请求撤销两级法院的判决再审后改判，维持公安局对叶×的治安处罚裁决。

第四节　答辩状

答辩状是民事和行政案件的被告或被上诉人，针对原告或上诉人的指控，就其起诉状或上诉状中的事实理由和诉讼请求进行答复和辩驳的法律文书。

答辩状是与起诉状、上诉状相对应的文书。主要包括民事答辩状和行政答辩状。

一、民事答辩状

（一）例文评析

［例文］

民事答辩状

答辩人：刘×，女，45岁，汉族，××省××人，××厂工人，住××市××区

××街××号。

因原告李×诉我继承纠纷案，提出答辩如下：

原告诉我虐待婆婆，未尽赡养义务，没有继承公婆遗产的权利。事实是：我对公婆尽了主要赡养义务，有权继承遗产。我1991年嫁到李家。1997年、1998年丈夫、公公相继去世。婆婆年老体弱，小姑子李×年少，我承担了繁重的家务。2003年原告出嫁，我与婆婆相依为命。为使婆婆安度晚年，我一人承担了全部家务，且一直未嫁。2017年，婆婆病逝，是我一人料理的后事。事实倒是原告对其生病的母亲漠不关心，从未尽赡养义务。

《继承法》规定，丧偶儿媳对公婆尽了主要赡养义务的，应作为第一顺序继承人，有权继承公婆的遗产。

因此请人民法院查明事实，并根据《继承法》中权利与义务相一致的原则，对我的继承权加以确认和保护，并驳回原告无理的诉讼请求。

此致

××市××区人民法院

附件：本答辩状副本1份。

答辩人：刘×

2017年2月5日

［评析］

本民事答辩状针对原告起诉状所列事实和援引的法律依据加以辩驳，有客观的事实叙述，有准确的法律条款解读，进而强化答辩主旨。全文有理、有据、有序，有较强的说服力。

［例文］

民事二审答辩状

答辩人（原审被告）：李××，女，1967年11月22日生，汉族，原××县食品厂下岗职工，住××县××街××号。

答辩人因与上诉人离婚二审一案，提出答辩如下。

一、本案事实

晋B488××—挂60××车是答辩人与上诉人共同出资以及向银行借部分款购买的，上诉人是向银行借款的借款人，答辩人在借款人配偶意见一栏中签字表示同意。借款后，上诉人与答辩人按照《借款合同》的约定，按时偿还了全部借款本息，于2016年6月6日全部还清，以上事实有中国建设银行汽车消费贷款申请书、中国建设银行汽车消费借款合同、消费贷款汽车经销商——××市××机电设备有限公司汽车队证明、偿还借款本息的24份收据以及借款所购车辆的挂靠车队——××一运集团有限公司特种货物运输分公司与上诉人签订的特种运输车辆融资经营协议为证。2016年银行借款本息还清后，上诉人起诉与答辩人离婚，上诉人积极伪造证据，并转移、擅自变卖夫妻双方共同财产——车辆，伪造债务，虚构与他人合伙，企图侵占答辩人的财产，将财产全部据为己有。以上事实有上诉人2016年8月1日挂靠车辆转让申请、买方田××、卖方上诉人、证明人胡队长于2016年12月9日所写买卖车辆证明以及上诉人提供的伪证可以证实。

二、上诉人与他人有不正当男女关系，品德不好

上诉人提供伪证是其品德不好的表现，上诉人与他人有不正当男女关系，是其品德不好的又一表现，有刘××写给上诉人的8封信件、上诉人写给刘××的2封信件、上诉人写给答辩人的1封信件、女儿周××写给上诉人的2封信件、上诉人与刘××通话的记录、刘××的照片、周××的证明、艾××的证明、曹××的证明以及张××的证明可以证实。

三、原审法院不认定上诉人提出的汽车为与他人合伙购买是正确的

上诉人在原审中关于车辆的证人均无正当理由未出庭作证，证人与所证事项有利害关系，证言明显虚假，自相矛盾，无书面合伙协议，又没有两个以上无利害关系人证明有口头合伙协议，更没有答辩人同意他人合伙的证据，与答辩人提供的书证相矛盾，原审法院不认定上诉人提出的汽车为与他人合伙购买是完全正确的。

综上所述，原审判决第三项认定事实清楚，证据确凿、充分，建议二审法院依法驳回上诉，维持原判决第三项，并依法追究有关人员的伪证责任。

此致

××市中级人民法院

附件：1. 本答辩状副本1份。

2. 中国建设银行汽车消费贷款申请书、中国建设银行汽车消费借款合同、特种运输车辆融资经营协议、挂靠车辆转让申请、买卖车辆证明各1份。

3. 相关往来信件13封。

4. 照片、证明6份。

答辩人：李××

2017年1月5日

［评析］

本二审民事答辩状针对上诉状所列虚假事实加以辩驳，辅以相关事实情节及相关证据予与证明，肯定原审法院的正确认定。进而提出建议二审法院依法驳回上诉、维持原判决第三项，并依法追究有关人员的伪证责任的答辩结论。全文有理、有据，有较强的说服力。

（二）知识要点

1. 民事答辩状的概念

民事答辩状是民事诉讼中的被告或被上诉人根据民事起诉状或民事上诉状的内容，针对原告提出的诉讼请求或上诉人提出的上诉请求做出答复，并依据事实与理由进行辩驳的

法律文书。

民事答辩状根据提交的审级不同，分第一审答辩状和第二审答辩状两种。

2. 民事答辩状的结构

民事答辩状包括首部、正文、尾部三部分。

（1）首部。应依次写明答辩人的基本情况、答辩事由。答辩事由一般表述为“因××一案，提出答辩如下”。如果是对上诉进行答辩，则应表述为是对何方的上诉提出答辩。

（2）正文。这是写作的重点，主要阐明答辩的意见和理由。常常是揭示对方诉讼请求、上诉请求以及所依据的事实与理由的不当之处，提出相反的事实和证据，说明自己行为的合法性和主张的准确性，并列举有关法律的规定，以求得人民法院维护自己的合法权益。此外，对其中涉及的举证事项，还应具体写明证据来源、证人姓名及住址。

（3）尾部。应写明致送的人民法院，并在附项中写清答辩状副本和有关证据材料的份数，最后由答辩人签名并注明日期。

3. 民事答辩状的写作要求

（1）针对性。

民事答辩状必须针对原告或上诉人的诉讼请求、上诉请求予以答辩。

（2）据实辩驳性。

民事答辩状属于反驳性文书，但是也必须根据事实和法律做有理有据的反驳。不能空论，更不可无理狡辩。

（三）写作训练

请根据提供的案情，代何×制作一份答辩状。

何×，男，1998年出生，汉族，学生，住××市××区××街×××号。何×因遗产继承纠纷被何×亮诉至法院。

何×认为：原告何×亮已丧失了继承权。理由是：何×亮和何×之父何×民为第一顺序继承人，但2014年祖父何×立被宣告死亡后，何×之父何×民表示继承遗产古画5幅、存款23万元、120平方米房屋一套，而何×亮未表示接受继承。实际该遗产已由何×民继承，自此算起，何×亮明知其权利受侵犯之日到2016年6月已超过2年的诉讼时效。因此何×亮已丧失了继承权，请求法院驳回何×亮的诉讼请求。

何×认为：所继承的财产是父亲何×民所应继承的财产。祖父何×立被宣告死亡后，父亲何×民已继承了祖父何×立的遗产古画5幅、存款23万元、120平方米房屋一套。何×民于2015年在一次车祸中死亡，何×作为何×民合法的继承人，继承了何×民所继承的何×立的遗产，不属于代位继承。

何×认为：何×立所立的两份遗嘱合法有效。对第二份遗嘱，古画2幅、存款5万元可以由何×哲继承。因为何×哲自2016年6月才得知有该份遗嘱，从其主张继承的权利至提出继承权止未超过两个月的时间。

何×认为：何×亮已丧失了继承权，应驳回何×亮的诉讼请求，而何×哲可继承古画2幅和存款5万元。

二、行政答辩状

（一）例文评析

［例文］

行政答辩状

答辩人：××省××县城乡建设委员会

法定代表人：严××，××县城乡建设委员会主任

为李××不服土地管理行政处罚提起行政诉讼，现答辩如下：

李××本在××乡××村有砖木结构瓦房，2016年3月又向乡政府申请在自己承包的耕地上兴建住房。乡政府认为该地段不是农房建设规划点，便没有同意。李××既未经土地管理部门审核批准，又未领取建房许可证，擅自在承包耕地上兴建住房是违反《中华人民共和国土地管理法》相关规定的。在施工期间，乡政府曾多次派人前往现场劝阻施工，并发出《关于禁止李××违章建筑通知书》，令其限期将正在兴建的房屋拆除还耕，但是李××不予理睬，乡政府于2016年12月20日给县城乡建设委员会送达了《关于对李××强行占用良田熟地建房的处理报告》。经我们调查核实，认为李××违反了《中华人民共和国土地管理法》第62条关于农村村民住宅用地“经乡（镇）人民政府审核，由县级人民政府批准”的规定。因此我们依据该法第77条关于“农村村民未经批准或者采取欺骗手段骗取批准，非法占用土地建住宅的，由县级以上人民政府土地行政主管部门责令退还非法占用的土地，限期拆除在非法占用的土地上新建的房屋”的规定，于2017年3月7日做出《关于拆除李××非法占用耕地所建住房的处罚决定》。

李××以“建房是经群众讨论通过的”为由，不服土地管理行政处罚，向人民法院提起诉讼，这个理由是站不住脚的，请依法裁判。

此致

××县人民法院

附件：1. 本状副本一份。

2. ××乡乡政府《关于禁止李××违章建筑通知书》1份。

3. ××乡乡政府《关于对李××强行占用良田熟地建房的处理报告》。

4. ××县城乡建设委员会《关于拆除李××非法占用耕地所建住房的处罚决定》1份。

5. 《中华人民共和国土地管理法》1份。

答辩人：××省××县城乡建设委员会

2017年4月7日

［评析］

本行政答辩状事实叙述清楚，法律依据准确，辩驳有理有据，有针对性，有说服力，附项完整，格式规范，符合行政答辩状的写作要求。

（二）知识要点

1. 行政答辩状的概念

行政答辩状是指行政诉讼的被告根据原告起诉状的内容，对其诉讼请求做出肯定或否定的答复，并依据事实和法律进行辩驳的法律文书。

2. 行政答辩状的结构

行政答辩状包括首部、正文、尾部三部分。

（1）首部。应依次写明答辩人的基本情况、答辩事由。答辩事由一般表述为“因××一案，提出答辩如下”。

（2）正文。包括答辩的理由、答辩的意见两部分。

1）答辩的理由。要根据起诉状或上诉状的内容来确定。要针对对方的诉讼请求和理由，有的放矢地揭示对方诉状中陈述的事实和依据的证据的不实之处，并相应提出相反的事实、证据和理由，以证明自己的理由和观点是正确的，或提出的意见和要求是合理的。

2）答辩的意见。在提出事实、法律方面的答辩之后，引出自己的答辩主张，即对原告起诉状中的请求是完全不接受，还是部分不接受，并对本案的处理依法提出自己的意见，请求法院予以考虑。

（3）尾部。包括致送机关、附件、答辩人签名、日期等项内容。

3. 行政答辩状的写作要求

（1）突出针对性。

应针对对方提出的事实和理由，进行辨析和反驳。切不可抛开对方提出的问题另做文章。

（2）体现辩驳性。

应用正确的事理驳斥错误的事理，用正确的法律条文校正不当的法律条文，并展开充分的论证去驳倒对方的观点和论据。

（三）写作训练

请根据提供的案情，代××公安分局撰写一份行政答辩状。

××药科大学学生谭×等6人自2016年入学之后，经常躲在学生宿舍或无人上课的教室赌博，晚上学生宿舍熄灯后，他们就在楼道里继续赌博，直至第二天凌晨。赌资也由最初的几元、十几元，发展到几十元、上百元。据谭×在××公安分局交代，最多的一次赌资达数千元。辅导员王××多次对他们进行批评教育，引起谭×等人的反感，于2017年4月28日晚10点闯入辅导员王××家中，进行恐吓与威胁。××公安分局根据《中华人民共和国治安管理处罚法》的相关规定，对谭×等6人分别给予行政拘留7天、罚款×××元的处罚。谭×等6人却以××公安分局滥用职权为名，向××区人民法院提起行政诉讼。××公安分局局长于×出庭答辩。

第八章
科技文书

学习目标

1. 了解各种科技文书的内涵、结构、写作要求。
2. 熟悉学术论文的写作方法。
3. 重点掌握毕业论文的写作方法与技巧。
4. 通过例文评析、写作训练，培养毕业论文的写作能力。

第一节 学术论文

一、例文评析

［例文］

论秘书意识与气质的修养

摘要：秘书是领导人的智囊和助手。秘书素质的高低直接关系到工作质量与效率，关系到党和国家方针政策的正确贯彻与各项事业的兴衰成败。因此，秘书人员必须具备较高的政治、思想、品德、智能、身心等方面的素质。但是，仅有这些基本素质仍然难以适应秘书工作的需要，还必须具备和培养良好的秘书意识和气质。

关键词：秘书　意识　气质　修养

古时君王视秘书为股肱之臣。当今领导人用秘书如左膀右臂。秘书是领导人的智囊和助手。他辅助领导人从事各项管理工作，负有参政设谋、协调综合、督促检查、拾遗补阙等重大责任。秘书素质的强弱直接关系到工作质量与效率的高低，关系到党和国家方针政策的正确贯彻与各项事业的兴衰成败。因此，秘书人员必须具备较高的政治、思想、品德、智能、身心等方面的素质。但是，仅仅具备这些基本的素质，还不是合格的秘书人才，还不能说是一个精明能干的秘书。秘书要在领会贯彻领导意图的过程中与领导配合默契，使领导得心应手，并达到心领神会、挥洒自如的境界，仅有其基本素质显然是不行的，欲达到完成秘书使命的优化标准，还必须具备和培养良好的秘书意识和气质。

一、自我意识与角色意识的对立统一

唯物主义认为，存在决定意识。人们的自我意识是在社会实践中产生、发展的，它表现愿望、意向、兴趣、理想、信念等。自我意识的高层次表现为一种丰富性动机，就是在社会生活中不断推进提高的自我实现的精神支柱，每个人在进入自我实现的某个阶段以后，又会出现新的更高的自我实现的追求。这种时时更新的自我意识总呈膨胀之势。秘书是人在社会组织中担当的一种角色。其角色意识又必须控制在社会组织为他规定的规范之内。也就是说，他不是在自己选定的环境下创造，而是在他直接碰到的环境下创造。因为秘书在社会组织中不是领导者、指挥者、决策者，仅仅是领导者、指挥者、决策者的参谋和助手。他仅仅服务于领导工作，活动于幕后。作为处于从属辅助地位的秘书，必须听命于人，只能在受控的前提下施控。这种受规范控制的角色意识制约着呈膨胀状态的自我意识，而强烈的自我意识能在一定条件下促进、推动角色意识，这就是自我意识与角色意识的对立统一。在这种对立统一的发展过程中，自我意识与角色意识始终是互相渗透、互为因果的。秘书要实现自我，首先必须冲出自我，在“无我”中实现自我并达到“超我”。融自我于角色，角色中见自我。任何自我实现不可能在角色之外达到，一个人必须全力塑造丰满的角色形象，才能真正达到自我实现。在戏剧舞台上，锣鼓一响、音乐声起，演员就各自完全进入自己的角色。演员所塑的声情并茂、惟妙惟肖的角色形象就是他在戏剧舞台上的一种自我实现。在秘书岗位上扮演秘书角色，就要像演员塑造角色一样，把追求、跨越更高阶段的自我意识不断调整转移到塑造完美丰满的秘书形象上来。要彻底摈弃“身在曹营心在汉”或“这山望见那山高”的心态，使强烈的自我实现的丰富性动机完全融会在角色意识之中。在角色意识中溶化了强烈的自我意识，那么从属性的被动工作就会出现创造性、主动性态势。在规范的角色位置上塑造出了鲜明的角色形象，其自我实现也就达到了新的境界，也就是在角色形象中展现了崭新的独特的自我。

（一）隐个性于共性，共性中显个性

个性，是指一个人在他内在生理素质的基础上，在一定的社会条件下，通过社会生活的实践锻炼与陶冶，逐步形成的观念、态度、气质与习惯等，它是一个人比较稳定的生理、心理素质和社会行为特征的总和，是一个人在人与人相互接触中表现出来的性格倾向。

共性，是人在社会生活中能够配合他人的行为，适应群体生活的共同要求，符合群体行为规范的性格倾向。心理学家认为，只要不是病态，任何个性都是可爱的。这是从宏观角度对社会构成与发展而言。而从微观角度，对适应某种社会规范而言，个性是要服从于共性的。

作为秘书，不仅要个性服从于共性，而且还要使自己的个性巧妙地融合于共性，具有最大限度的可压缩性，刚柔相济，富有弹性。在任何情况下，任何环境中，不但能顺应群体共性，尤其还要顺应其服务对象的独特个性。能使个性泯消于微观而显现于宏观，是运用掌握个性维度的上乘境界。人们生活中看不到有什么个性的人，往往是最有个性的人。对秘书来说，自负清高、目中无人是狭隘、危险的个性；点头哈腰、奴颜婢膝是令人恶心、没有出息的个性；而有礼有节、不亢不卑、自信自谦、能屈能伸，才是一个正派秘书所应该具有的个性。

一个有作为的秘书，有志献身于与自己的服务对象共同为之奋斗的事业，他在工作中为了事业和工作的需要，为了适应所在群体的共性和服务对象的个性而压抑个性、牺牲自我，任劳任怨、埋头苦干，且不计名利，委曲求全，这种没有“个性”的个性，不正是一种高尚可贵的“个性”吗？（略）

（二）内在思想与外在行为的逆向调节

秘书是领导者的“辅弼之臣”，其智囊作用主要表现在以“谋”助“断”、以“谋”促“断”、以“谋”执“断”。因此，在内在思维上，必须站在领导者的角度去思考问题，要具有领导思维。但是，处于从属地位的秘书只是领导者、指挥者、决策者的参谋和助手，他没有也不应当具有领导、指挥、决策的权力。所以，在外在行为上他只能不折不扣地执行领导意图，而不能自行其是。在某种意义上，秘书是思维的“巨人”、行为的“矮子”！秘书内在思维与外在行为的要求的不一致，是秘书工作的一个显著的独特性，秘书要充分注重自我把握这种内外有别的逆向调节。一个勇敢的士兵要有将军的气概，一个能干的秘书要有领导的思维。有些人行动上习惯于唯唯诺诺、畏首畏尾，思想上满足于做“桐油灯芯”——拨一下、动一下。凡事不敢主动去想，不会超前去想，总是要等领导有所指示或暗示后才去慢慢地揣摩领会其意图，自己美其名曰“谦虚谨慎”，其实这种人不是庸才便是奴才。

也有许多人确实才高八斗、聪明卓绝。他们的思想往往高于或先于领导者，对领导的意图一揣即透。可是不善于把这种高明的内在思想恰如其分地表现在外在行为上，而好先声夺人、卖弄聪明，以致令人生厌或惹下大祸。《三国演义》中曹操的部下杨修，从曹操发布的口令“鸡肋”中，揣摩出了其撤军的意图，但他不经曹操允许就先行散播了撤退的舆论，结果被曹操以动摇军心之罪而杀之。他的思维脉络不可谓不佳，而其越轨行为则不可谓不蠢也。在现代，有些好表现自己的秘书也常常出现这种愚蠢的行为。主导思维，是秘书在内在思维上以领导者的思想高度、站在领导者的角度去考虑问题。在思维上完全可以高于或先于领导者，以促进和协助完善领导意图，但必须善于巧思妙导、不伤领导之自尊。秘书主导思维的出发点在于高效率地领会、执行或协助完善领导意图，不是卖弄聪明，表现自己。因此，在行为上绝不能先于领导的决断。

秘书的内在思维与外在行为，完全是逆向发展的。以高的角度去思维，从低的位置去执行。或者说，思在其前，行在其后。如果这个“度”调节把握不准，秘书不是越权僭位，就会无所作为。

（三）同步思维，从属施行

秘书与领导在知识才干上旗鼓相当，平分秋色，历来配合很好。在许多情况下，“英雄所见略同”。这种与领导一拍即合、心领神会的思维即是同步思维。秘书具有与领导同步思维的能力时，如果不加调节控制，会出现我行我素、自作主张的行为，这正是秘书之大忌。

秘书在主动、积极、创造性地工作时，要十分注重尊重领导，及时请示汇报。在原则问题上，即使与领导观点一致，也不能自作聪明、信口开河，或“替天行道”，而要站在从属性位置有程序、有分寸、有节制地施行。

（四）全局思维，局部施行

秘书所属领导，对下而言是全局，对上而言是局部；领导集体是全局，领导者个人是局部。秘书有责任协助所属领导顾全大局，因而必须具有全局思维。

社会主义的新型秘书不同于封建社会的师爷、门客，他是为国家机关和领导集体服务，不是为领导者个人的私利服务；是拿国家薪金，不是食“君”之禄。因此，不能在人身上依附于领导者，对领导者的个人意志唯唯诺诺，曲意逢迎，为领导者的个人私利不遗余力，奔波效劳。秘书只从属于自己所在的领导机关。他为领导者提供各种职能性服务是为了保证整个领导工作的顺利进行。他的思维辐射点应从全局出发，在领导决策过程中，以全局思维的意见、建议供领导参考，并有责任巧妙帮助和引导领导者克服一时的偶然的局部意识。

如果一个秘书没有全局思维，不能及时为领导提供严谨、正确的意见和建议，而只会随声附和，或站在局部利益乱出歪点子，他就失去了秘书的正常职能。秘书进行内在思维时，应从全局的高度和角度出发，向领导者提供可行性意见、建议供其参考决断，而在执行过程中则又必须以局部的角度、从属的地位为出发点。一旦领导做出决断，秘书就只能坚决无条件地执行，而不能有丝毫游移，更不能自以为是，与领导分庭抗礼或另搞一套。

秘书的内在思维能力是与其学识、才干、胆略相对应的。不具备相当的才干能力，无所谓发达的内在思维，内在思维发达而又有胆有识的秘书，则尤其要在外在行为上谦虚谨慎。

二、秘书气质与志向风操的自我修持

气质的含义一般是指人的个性特点，如直爽、沉静、浮躁等，也指其风格、气度。秘书气质则此二者皆兼而共有，主见于风格气度。志向风操是一个人的主观价值取向及实现这种价值取向的自我操持。秘书气质即其志向风操的特殊外延，自我之志向风操是秘书气质的丰富内涵。社会上不乏偏见和误解，总以为古往今来的秘书，似乎都是点头哈腰的软壳蛋、看风使舵的应声虫，是毫无风骨、气度的附属品。这是“一叶障目，不见泰山”。在浩渺无涯的历史长河中，正直无私的秘书一般隐姓埋名而很少见于经传，但光照日月的辉煌业绩中无不包含渗透了他们无声无形的大智大勇之奉献。常言道，一个事业的成功者后面往往站着一位贤惠的妻子。而每个英明卓越的领导者后面无不拥有一群聪敏能干的秘书。在日益壮大的秘书队伍中，许许多多的秘书人员都具有令人叹服的才华、令人倾倒的风度、令人钦佩的骨气、令人赞美的精神。气质发源于风操、风操立足于志向。这种才华、风度、骨气、精神汇集凝结为独特的秘书气质，它是与志向风操的自我修持密切相关、互为因果的。

（一）绝顶为峰的恢宏志气，始终如一的中心意志

志气是一个人实现其理想、目标的内动力。追求的目标愈远，理想愈高，志气就愈大。秘书工作是培养、锻炼和造就人才的摇篮，秘书虽处于辅助地位，在现时协同领导通观全局、运筹帷幄，而随着时代和事业发展的需要则存在着位移的可能。因此，要站得高、望得远，为共产主义理想奋斗，为社会主义事业献身，要具备一种“海到无边天作岸，山登绝顶我为峰”的恢宏志气。秘书的志气是为国家为社会献身尽责的志气，是忧国忧民的志气，是励精图治、振兴中华的志气。封建时代的范仲淹尚能“居庙堂之高则忧其民，处江湖之远则忧其君”，作为社会主义时代的秘书当然应该比他的胸怀更开阔、眼光更远大。秘书有了为国家、为民族、为社会主义“四化”大业尽责的恢宏之志，其奉献精神必会油然而生，就会在被动的岗位上神清气爽地主动地去工作，就可以不论在民主型、开拓型、超脱型、事务型、业务型，还是平庸型、放任型、专断型、世

故型、权势型领导者的手下，都能应变自如，自觉做好分内工作。秘书工作的难度不仅仅在于其从属性、政治性，主要的、直接的难度还是在于它的综合性、事务性和群众性。它的这种职能决定了其具体工作的琐碎性、突发性、严密性和连续性。这种“没分没晓，没完没了”的工作特性，是足以窒息理想、压抑志气的。那么，秘书靠什么从这样的困难之海到达理想追求的自由彼岸？光有志气是不够的，还要有始终如一的中心意志。

远大的目标、坚忍的意志是秘书人员心灵的护卫和保障。一种披荆斩棘、破釜沉舟、不惜任何代价、牺牲任何都要达到其目标的决心、恒心、信心，就是坚韧的中心意志。它是秘书用以克服、解除一切困难的钥匙。具有坚忍的意志，不但是一切成就大事业的人们的心理特征，而且也是平凡岗位上默默无闻，不是“红花”而甘为“绿叶”者的一种典型心理特征。做一件事，完成某项工作，能否有不达目的不肯放手的劲头和毅力，是评判秘书是否具备坚韧的意志力的一个标准。一般情况下，许多人都能随众而向前，顺利时也肯努力奋斗。可是，在别人都已退出，或者都已向后转的情况下，对于一个既要参与政务，又要管理事务的秘书，如果不具有这种始终如一的中心意志，他的工作就会虎头蛇尾，有始无终，难以令人满意。有了这种贯穿始终的中心意志，他就能兢兢业业，满怀信心，胜利到达理想的彼岸。

（二）自重自爱的人格操守，张弛自如的容忍度量

人格、操守是基本的、最可靠的事业之本。一个人能够知道尊重自己的人格，不把自己当作一件买卖品，不肯为了金钱、权势、地位而出卖自己的灵魂和人格、降落自己的操守，则他一定能成为社会中备受尊敬的人。每个人都应认识到，在自己的生命中应该具有宝贵的人格的。这种人格非富贵之所能淫、贫贱之所能移、威武之所能屈，这种人格为任何代价所不能购买，“宁为玉碎，不为瓦全”。这种人格之基石就是克己奉公，诚实公正，言而有信，行而有义。在社会生活中是否受人尊重，主要决定于一个人的人格，不是一个人的职位。毋庸置疑，党和国家机关的秘书必须首先具有这种基本的人格，然后才谈得上党性、国格。

秘书与服务对象的关系，在封建社会是人身依附关系；在资本主义社会是雇佣关系；在社会主义社会则是平等的同志关系。他与自己的服务对象只有职能分工的不同，就更应自己尊重自己的人格。领导与秘书在人际关系上并没有天然的鸿沟，相互之间往往是相互制约、相互影响的。秘书的高尚人格也可以对领导起一定的潜移默化的影响，甚至制约作用。秘书失去了人格比一般人没有人格为害尤甚，就会由国家机关的秘书沦为领导者个人的门客和奴仆，就会与搞不正之风的领导者同流合污，以权谋私、为虎作伥，这是非常危险的。秘书工作的从属性是工作职能方面的从属。不是人格、操守上的从属。秘书有自己独立的人格，绝对不应盲从。秘书在人格操守上能够自重自爱，可以说是国家之福、领导之幸。

容忍的度量，就是一种广阔的胸怀。对国家、民族、共产党和人民的根本利益受到损害，即危害四项基本原则问题，对一切违法乱纪的行为理所当然不能容忍。容忍的前

提，是从党和国家及人民的根本利益出发。秘书为了协调工作的需要，对下要容，对上要忍，委曲求全，经得起敲打。容则能合众，忍则能抗压。俗话说：人上一百，形形色色。秘书面对庞大的社会网络，身处复杂微妙的地位，不可持个人之性，不能逞一时之气，而要从非我的角度，谨言慎行，能容能忍。虚怀若谷，委曲求全就是善于容忍，即听得起批评，受得起委屈，耐得了刺激，"不以物喜，不以己悲"，骤然临之而不惊、无故加之而不怒，我行我素正常工作，这就是秘书气质的基本要素。为秘书者应有"草不谢荣于春风，木不怨落于秋灭"的心态和境界、满腔热忱的工作精神、尽善尽美的办事态度。测验秘书气质还有一个标准，那就是看他工作时所具的精神。（略）

（三）始终如一的精神状态，一丝不苟的办事态度

如果做秘书工作养成了轻视与忽略的坏习惯，时时抱着一种马马虎虎、敷衍苟且的应付态度，那么，即使他有满腔热忱，冲天干劲，其效果也会被这种惰性所抵消。做秘书工作，事无大小、事无巨细，每做一事都要竭其心力、求其完美，这也是秘书气质反映在事业上的一个标记。秘书以尽力为本，以奉献为荣，他在每做完一件工作时，应当可以扪心自问，可以有勇气这样说：对于这件工作，我问心无愧，我尽到了自己的最大努力，已经做到了力所能及范围内的"最好"。许多人最常见的毛病就在于办事不彻底，缺乏贯穿始终、尽善尽美的工作态度。他们对工作、对事业不想求其完美，而在个人利益上则企望有最理想的收获，这是秘书人员不可取的。秘书工作不仅有辅助性、服务性、全面性的特点，而且具有很强的机密性、政策性，它环环相扣，关系密切，"牵一发而动全身"，往往涉及一个全局和整体，尤其需要一丝不苟、尽善尽美的办事态度。

在建设中国特色社会主义宏图大业中，各行各业、各级党政机关需要有大批精明能干的秘书，才能适应现代社会高效率的管理。尽管秘书人员级别不同，行业各异，"闻道有先后，术业有专攻"，其秘书意识与气质不能不具备，不能不深化。有较高的秘书意识与气质的修养，秘书功能才能得到最佳发挥，秘书职能才会高效运转。因此，秘书人员在不断扩充理论、应用知识、提高各种办事能力的同时，必须自觉加强秘书意识与气质的修养。

［评析］

此例文是孙昌喜老师的学术论文，经常为文秘专业同学写毕业论文时所参考。从选题看，本文侧重论述了秘书意识与气质修养，属于秘书素质的一个方面，且论题范围适中，正文安排合理，以小标题形式显示分论题，内容上逐层深入，结构上各要素完整，具有很高的学术价值与社会意义。

绪论部分对文章论述的概念进行界定，提出研究问题的意义。本论部分层层递进，步步深入，每个大层次都有小标题，凸显分论点，段落之间是并列关系，全文呈"递进—并列"式，当属混合式结构。

二、知识要点

（一）学术论文的概念

学术论文是对科学领域中的问题进行探讨、研究，反映研究成果的文章，是探讨学术问题、进行学术研究的工具。学术论文的写作过程同整个科学研究的过程几乎是同步进行，并且是重合一致的。

学术论文是描述科研成果的载体。科学研究的成果，必须用文献的形式反映出来，而在所有的文献中，学术论文是最简便、最直接、最有效的形式。

学术论文是存储和传播学术信息的有效手段。学术论文可以在大会上宣读，可以在刊物上发表，也可以出版专著，这都为存储和交流学术成果创造了必要的条件。

（二）学术论文的特点

1. 理论性

学术论文的理论性主要表现在内容上。与科研总结、实验报告、普通的议论文不同，学术论文的内容不是对一般现象和过程的描述，也不是浅显法则和经验的反映，而是对客观事物本质和规律的深刻认识。也就是说，学术论文的内容是上升到理论高度的观点和认识，是对事物发展规律的探讨和揭示。

2. 创造性

学术论文的创造性是指文章的见解和观点必须显示出某一方面的新原则、新理论、新设想、新方法，甚至能填补某个领域的空白，做出开创性的贡献。也就是说，学术论文的内容应当有创见、有新意，这是衡量学术论文质量和价值最重要的标准之一。

学术论文的创造性是个相对概念，包括开创性研究和发展性研究两个方面。

开创性研究就是探讨别人从来没有研究过的问题，提出别人从来没有提出过的观点。发展性研究就是有些问题虽然别人研究过，但客观情况有了变化，原有的结论已经落后，因而有重新认识的必要，这样的问题被称为发展性研究课题。无论是批驳修正已有的观点，深化、补充别人的见解，还是使用别人没有用过的材料，或用新的研究方法重新对原有的问题加以阐述论证，都算是有所发展、有所进步、有所创新。

3. 科学性

学术论文的科学性首先体现在指导思想上，作者必须坚持理论联系实际、实事求是的科学态度，公正客观、脚踏实地地分析问题，容不得半点臆断或弄虚作假。

学术论文的科学性还体现在研究方法上。作者必须运用严谨的逻辑思维，或归纳演绎，或分析综合，或抽象或具体，进行开拓性和创造性的思维，而绝不能运用诡辩、偷换概念、以偏概全、以假乱真的手段。

学术论文的科学性更表现在写作的严肃性上。文章的谋划论据要可靠充分，论证要周密严谨，论点要鲜明正确。作者要熟悉国家科委、国家专利局、国家标准局规定的科技文书格式规范，表达要准确，结构要合理，格式要规范。

（三）学术论文的结构

学术论文一般应包括文题、作者署名、内容提要、关键词、目录、正文、致谢、注释和参考文献。

1. 文题

文题即标题，应简明、确切地概括文章要旨，一般不超过20个字，必要时添加副题。有的文题只揭示论题的内容，如“构建社会主义和谐社会要正确处理的若干重大关系”“全面理解和准确把握科学发展观的精神实质与基本内涵”；有的文题则直接点明文章的中心论点，如“建立具有中国特色的国家公务员制度势在必行”。

2. 作者署名

一般用真实姓名，必要时在前面加上工作单位名称。如有多位作者，应按第一作者、第二作者……的顺序，根据重要程度排列。

3. 内容提要

内容提要也称内容摘要，是学术论文“不加注释和评论的简短陈述”。摘要是论文内容的客观反映，要避免主观评价，不允许有“本文对……有重要意义”之类的语句。摘要应当有独立性和自含性，应当包括与论文同等量的主要信息，可以让读者不阅读论文就能从中获得主要信息。

摘要应当简短，一般不超过300字。

4. 关键词

关键词是从论文中选出的、用以表示全文主旨信息和属性类别的单词、词组或术语，对文献检索尤其是电子检索有重要作用。一般选三到五个关键词，每个词之间留一空格，不加标点符号。如《构建社会主义和谐社会要正确处理的若干重大关系》的关键词是：“构建　和谐社会　人际关系　重大关系”。

5. 目录

长篇论文可在正文前面设目录，作用在于供读者了解论文的内容安排，以及某一内容所在的页码。两万字以内的论文一般无须目录；期刊上发表的论文，也没有目录。

6. 正文

（1）绪论。

绪论也叫作序论、引论、前言、引言等，是论文的开头部分。这一部分一般要交代选题的缘由、背景、目的和意义。其作用一般为：提出问题，出示观点，提出作者对所论问题的基本看法；阐述概念，介绍研究方法；说明选择这个论题的依据，以及预期的研究效益等。

绪论要求文字简明扼要，它在整篇论文中所占篇幅较小，一般是文章的第一段或前两段。例如《建立具有中国特色的国家公务员制度势在必行》的绪论是：

建立国家公务员制度，是我们研究借鉴外国人事行政管理经验的一种探索。如何认真分析国外的管理方法，结合本国的实际情况，建立具有中国特色的国家公务员制度，是一个必须深入研究、慎重处理的重大课题。同时，如何完善公务员法规，使国家公务员管理制度化、法制化，是直接影响政府行政管理效率和效益，甚至关系到国家兴衰的重要问题。

（2）本论。

本论是展开论证、表述作者研究成果的主要部分，是整篇论文的主体，它在全文中占据绝大部分的篇幅。例如《建立具有中国特色的国家公务员制度势在必行》的本论部分包括以下内容：

一、公务员的概念和特征

（一）公务员的名称

（二）公务员的范围

（三）我国公务员的范围和特征

二、国家公务员制度的含义及建立国家公务员制度的意义

（一）国家公务员制度的含义

（二）建立国家公务员制度的意义

三、我国国家公务员制度的中国特色

（一）坚持四项基本原则

（二）坚持全心全意为人民服务的宗旨

（三）坚持党管干部的原则

（四）坚持"德才兼备"的用人标准

四、逐步建立具有中国特色的国家公务员制度

（一）建立我国公务员制度的原则

（二）建立我国公务员制度的方法和步骤

本论的论证方法通常有立论、驳论以及立论、驳论相结合三种。立论的论证方法有归纳法、演绎法、例证法、引证法、分析法、比较法等；驳论的论证方法有驳论点、驳论据、驳论证等。

（3）结论。

结论是论文的收束部分。它是在本论充分分析论证的基础上，对全文进行简洁的归纳。结论可以是总结型、预测型或主旨拓展型。

总结型结论是对本论部分所提出的观点的科学概括；预测型结论是论文作者在论证基础上提出具有实践指导意义的科学预见（如根据规律预测发展趋向等）；主旨拓展型结论则是作者在本论解决问题之后，按照逻辑的延伸提出指明未来研究方向的新问题。无论使用哪种结论，都要"水到渠成"，自然而合乎逻辑，切忌来得突然，或横生枝节。结论文字不宜多，应力求简洁有力。例如《建立具有中国特色的国家公务员制度势在必行》的最后一段就是总结型结论：

总之，建立国家公务员制度必须在借鉴国外先进经验的基础上，从我国的实际国情出发，建立具有中国特色的公务员制度，使其科学化、法制化、现代化，更好地为现代化建设服务。

有的学术论文本论最后一个问题写完以后，文章自然结束，没有结论。这样处理也是允许的。

7. 致谢

致谢是以最简洁的话语感谢为本论文提供过帮助的组织和个人。致谢可以表现作者的治学道德和团结协作的作风。致谢提供的信息，对读者判断论文的价值有一定参考作用。但是内容要实事求是，切忌借名家抬高自己。

8. 注释

遇到生僻词语、引述别人的著述或资料，或者需要补充正文以外的相关内容时，应加注释。长论文用页末注（脚注）或文中央注，短论文用篇末注（尾注），以便于阅读为好。

9. 参考文献

作者应把本论文写作过程中曾参考过的专著、论文及其他资料，在正文后面列出。具体信息依次排列表述为：作者、作品名称、出版地、出版社、出版时间。例如：

参考文献

1. 张德实．应用写作．北京：高等教育出版社，2003.
2. 孙淳开．新闻写作．珠海：珠海出版社，2004.
3. 任承佑．公文与公文写作．重庆：西南师范大学出版社，2005.

（四）学术论文的写作要求

1. 选择好课题

（1）要选择有理论价值和现实意义的课题。

作者要了解本学科、本专业的研究动态，在学术研究的前沿阵地选题。也要了解本学科、本专业学术发展的历史，着力解决有重大理论价值的课题。因此，作者必须深入生活，密切注视社会实践的发展变化，及时抓住社会生活中出现的新问题，从社会实践的需要中找到有价值的课题。

（2）要选择本人有兴趣的课题。

兴趣是个人的爱好，是人对事物的选择态度，是积极探究某种事物的认识指向。有了个人兴趣，作者就有了巨大的内在动力与热情，就能使作者的思维进入异常兴奋活跃的状态。有了个人兴趣，作者就能始终如一、持之以恒、坚忍不拔地把探索进行到底。这是写好学术论文不可或缺的内在因素。

（3）要选择本人有条件完成的课题。

在选择课题的过程中，要把主观兴趣与客观条件有机地结合起来。仅有兴趣而没有条件是绝对不行的。所谓条件包括个人能力与客观材料两个方面。有些课题很有价值，本人也很有兴趣，但范围太大，内容太多，材料很难收集，本人驾驭不了。这样的课题必须忍痛割爱，而应该理智地选择一些力所能及、条件相对成熟的课题。科研课题大小要适中。不少作者贪大求全，效果往往适得其反。

2. 运用好材料

材料是学术论文立论的基础，掌握足够的材料是开展课题研究不可缺少的条件，但材料的使用必须恰当。取材要做到以下几点：

（1）选取的材料要真实。

材料真实是选材的首要条件。文章中使用的材料必须真实可靠，不能有任何的夸大或缩小，更不允许杜撰编造。如论文《对弱势群体问题的伦理探索》中，在阐述个别领导、个别部门无视或漠视弱势群体时，引用了湖南《潇湘晨报》报道的一个材料："浏阳市拆迁办公室工作人员周×在浏阳市政府进行城市改造拆迁时竟然丧尽天良地侵吞一个 82 岁孤寡老人刘×贤的 6 000 多元拆迁补偿款。刘×贤身边无儿无女，退休后只能靠每个月 400 元的生活费过日子。后来房子被拆迁了，只能每月花 100 元到郊外租房居住。然而就是这样一个老人以终生房产换来的'救命钱'也被这个泯灭良知的周×给侵吞了。"如此真实、准确的案例引述，充分表明弱势群体被漠视的现状。

无论是引文还是事例，都必须是真实可靠的，这样的文章才有价值。

（2）选取的材料要典型。

典型的材料是能够反映事物本质的材料，用这些材料可以"以一当十"，收到事半功倍的作用。因此，作者必须使用有较强说服力、有丰富内涵的材料来论证观点。如论文《对弱势群体问题的伦理探索》中讲到弱势群体的劳动"贬值"，是用具体数字来证明的："农民的劳动更是贬值，不仅农民的家庭收入相对下降，各种负担沉重，而且'农民工'的月收入十几年一直维持在 500 元左右。尤其在比较落后的地区如河北省张家口市的'农民工'，月收入只有 150 元左右。"这些典型材料充分说明残酷的现实，即热爱劳动、尊重劳动、按劳取酬的传统理念面临严峻挑战。

（3）选择的材料要新颖。

新观点的提出是以新材料的使用为基础的，只有在新材料的基础上进行思考论证，才能有所创造、有所发现。因此写学术论文必须强调使用材料的新颖性。如果只使用老例子、老数据、老语录，就会使读者兴味索然。

使用新颖的材料有三个途径：一是使用全新的事实和数据来证明全新的论点；二是使用早已存在，但别人没有使用过的材料；三是用全新的观点和全新的角度辨析别人使用过的材料，使文章产生新意。无论采用哪一种途径，新颖的材料都将使文章熠熠生辉。

3. 安排好结构

前面已经提到，学术论文正文由绪论、本论、结论三部分组成。本论的容量大，篇幅长，由多个层次和段落组成。按照层次和段落之间的结构关系，可分为横式、纵式、混合式三种结构。

（1）横式结构。

横式结构也称并列式结构，即各大层次之间平行排列，按逻辑关系从不同层面、不同的视角对问题加以论述。如《构建社会主义和谐社会要正确处理的若干重大问题》的本论中所论述的关于"经济发展与社会发展""城市发展与农村发展""公平与效率""劳与资""国内改革与对外开放"等几个关系就是并列结构。

（2）纵式结构。

纵式结构也称递进式结构，即层次之间由浅入深形成层层推进、步步深入的逻辑关系。例如《广东省利用外资与工业化进程的实证研究》的本论有三个层次："广东省引进外资状况的分析”“广东省利用外资与工业化进程的相关性分析”“结论与建议”。这三部分从列举情况到分析问题到提出建议，形成了步步深入的递进趋势。

（3）混合式结构。

混合式结构是一篇学术论文在大小层次之间分别用两种不同的结构形式而形成的混合状态。如大层次之间是并列，小层次之间是递进；或者大层次之间是递进，小层次之间是并列。如上面提到的《广东省利用外资与工业化进程的实证研究》中，大层次之间是递进，小层次之间是并列，即“结论及建议”部分提出的三个分论点是并列的，从而使全文形成了“递进—并列”式，这就是所谓的混合式结构。

三、写作训练

请结合所学专业，撰写一篇学术论文。要求：有一定的学术价值和实践指导意义；结构完整、条理明晰；字数在3 000字以上。

第二节　毕业论文

一、例文评析

［例文］

秘书工作艺术谈

作者：詹××　专业：文秘与办公自动化

学号：201715××××

秘书工作的艺术性，表现在技能与技巧的运用上面。要想做一名好秘书，不仅仅要明确认识自己所处的位置、找准自己的坐标、具备广博的科学知识，还要懂得一系列工作方法和工作艺术。其方法和艺术主要体现在“三服务”方面。那么，怎样表现秘书工作的艺术呢？

一、尊重而不奉承吹捧

理顺与领导的关系，是秘书工作者事事碰到，并需时时注意、处处谨慎的问题，也是表现工作艺术的地方。总的原则是以事业为重，从工作出发，从领导与被领导的地位出发，对正职和副职领导的工作、地位、人格等，要同等尊重、支持、配合、协助。

对于某项工作，如果正职（或常委会）决定由某一副职负责去抓，秘书在配合进行这项工作时就应该以这位负责的副职领导为轴心进行运转。有关这项工作的请示、汇报工作，就应直接对这位副职，不要越过他再向正职或其他副职请示、汇报。关于向正职请示、汇报，或向其他副职沟通情况，那是负责这项工作的副职的责任。秘书如搞多头请示、汇报，就是多余，会把事情弄乱。

实践证明，多位领导者会有多种个性特点或类型。要根据领导者的性格类型相处，逆着来往往会出问题。如性格内向的领导，喜欢独自思考问题与办理事务；性格外向的领导，善于人际交往，喜欢同别人一起商量工作。对待前者，秘书最好是在事前当参谋，事后做助手。当领导在独立思考的时候，就不参谋了，否则就会干扰他的思考。对待后者，要及时协助他组织人员共同商量工作，秘书要有分寸地参与其中，发挥参谋和助手的作用。在与多位领导相处时，一定要以事业为重，从工作出发，尽力维护领导班子的团结和威信。不能从感情出发、看人行事；不能表现出靠近谁、疏远谁，或听从谁、不听从谁的行为；更不能当甲领导面吹捧乙领导，当乙领导面吹捧丙领导等。要始终与多位领导者保持经得起考验的革命同志式的纯洁以及真诚的友谊。

二、主动而不越位脱轨

秘书工作是以领导工作为轴心的。要紧紧围绕这一轴心，进行上下、左右、前后同步运行的辅助性工作。辅助性决定了秘书工作的被动性。怎样变被动为主动，要看秘书的工作艺术。它主要包括四个方面的内容：一是争取同领导者一样了解和掌握全局性工作；二是争取同领导者一样了解和掌握一个时期的中心工作，能够分清工作的轻重缓急，主动排除干扰中心工作的事项；三是研究领导工作的思路，分析领导的意图，并加以理解、完善和落实；四是积累和储存有关工作资料，该记住的要记熟，该保存的要保存。有了这四个方面的基础，工作中才能与领导者有一致的认识，才有共同情感和语言；商量工作时，补充和修正的意见，才能提到点子上。

日常工作中，要善于将领导的决策内容、实施方案和一个时期的中心工作进行分解、立项，明确先做什么、后做什么和怎样做的措施等，并按计划列出个明细运行图。

三、服从而不盲从附和

秘书工作是上情下达、下情上报的枢纽，有调度、协调、综合加工的作用。秘书人员处在这样一个重要位置，就得和领导拉一套马车，按领导者的意图前进。但是，服从并不等于盲从和不加分析地附和。“分析”有两层意思：一是从分析中加深理解领导意图，增强执行的信心；二是从分析中拾遗补阙，起进一步完善的作用。按领导者的意见办事，也只能是执行正确的意见，对一些不正确的、违法乱纪的、以权谋私的点子或行为，不仅不能办，还要坚决抵制和反对。

四、补台而不挖脚拆台

秘书怎样在多位领导之间当参谋、搞协调？首先，心里要有一杆平衡秤，要一视同仁，不论哪位领导安排工作，都要做好，不能有的去做，有的不去做，或三心二意去做。这与我们日常交朋友多从感情和兴趣出发不一样。在多位领导者面前，不论是在思想感情上，还是在行为活动上，都不能产生倾斜度。其次，领导之间产生分歧时，只能被动地双向地劝慰、弥合、消除，不能主动地、单向地瞎掰扯、乱搅和，或者保持沉默。本着工作上的支持、关系上的爱护、感情上的友谊去做，这比什么都重要。不能站在一边，冷落一边，更不能为某一边提供反对另一边的材料，或对某领导进行挖脚、拆台，这样会扩大分歧，加深矛盾。

五、沟通而不封闭堵塞

秘书工作起上下达情、左右疏通的作用。上下达情也有艺术性，即调换角度的艺术。在下达的时候，要站在上级角度，把上情不漏地讲得清清楚楚；在上报的时候，要站在下级角度，把下情不贪地说得明明白白。

现实工作中，上下级领导不论是在看问题的观点和方法上，还是在解决问题的战略和战术上面，都会存在一些程度不同的差异。这些差异的存在是客观的、可以理解。但是能不能缩小差异、找出差异的结合点，与秘书日常的及时沟通、协调有着密切关系。秘书与两级领导都不存在差异，才能去做协调上下级的差异的工作，缩小或化解上下级的差异，取得认识一致。

六、挡驾而不阻拦干涉

挡驾的对象是找上门来的同志，其层次有别，事项的轻重有别。秘书对来者要有正确的认识和态度，它是秘书协助领导理顺工作、帮助下级或群众解决问题的机会，也是提高协调和社交能力的机会。秘书人员要讲究工作艺术，对来者都要热情接待，给予关照协助。来者是办事的，不是走亲访友。因此，挡驾的重点也要放在办事上。办事是以理、以法为准，将来者要办的事情弄清楚，然后进行分析归类，属于哪个部门管的就归哪里去办。大致有三种情况：一是属于领导审批和需要急办的事项，要立即协助来者找主管领导办理。如果领导不在一时又找不着，可将事留下，抽空再找领导，有了结果马上转告。二是属于职能部门管理的事项，应协助来者找职能部门办理。三是涉及多方面的事项，若要以开会方式解决为好，就建议领导主持开会，召集有关方面人员参加，统一安排布置，妥善处理。

挡驾工作是代表领导机关进行的，应该注意机关的良好形象，克服那种“门难进、脸难看、话难听、事难办”的作风。对来者的态度要冷静、谦和、诚挚，要有好风度、好品德。对一些缠身棘手的事项也要有耐力，不能以烦对火、以火对暴，把事情弄僵了。挡驾过程中，应注意语言艺术和应变能力，应变能力要通过语言艺术表达出来。掌握接待的语言是有规律可循的。对平级或下级的同志，其语言的基调是谦虚磋商、供参考的口气，但又不能离开大原则。对上级的语言基调则多用请示报告、探询的口气，切不可不懂装懂。

七、分工而不分家自立

办公室的工作是个整体，有多个科室，有多个秘书。科室之间、秘书之间一般都有分工，这对加强责任心、防止扯皮和无人负责现象是非常必要的。但在实际的工作中也往往有“各吹各的号、各唱各的调”的现象，不利于办公室发挥合力作用。因此，必须明确：分工是各有侧重，不是分家自立。办公室虽是个“不管部”，但许多交不到具体部门承办的事情，都会交到办公室去办。秘书碰上了就不能说不管，管了之后再沟通、协调、解决。

［评析］……………………………………………………………………

该论文是文秘专业毕业论文中引用率较高的文章之一。它侧重论述了秘书工作艺术，论题范围略大，正文安排合理，以序号和小标题形式显示分论题。各论题之间是并列关系，且结构上各要素完整，具有一定学术价值。但是该论文缺少内容提要、关键词、参考文献等要素。

二、知识要点

（一）毕业论文的概念

毕业论文是高等学校应届毕业生综合运用自己所学专业的理论知识和基本技能阐述对某一问题的见解或表述研究结果的应用文章。

撰写毕业论文是高等教育的重要内容，是高等院校检验大学应届毕业生学习成果的重要途径。由于学生学历层次的不同，考查的程度也不同，因此对于本科和大专学生来说，主要是考查学生运用已学知识分析和解决问题的能力，以及培养学生查阅资料和撰写文章的能力。

（二）毕业论文的特点

1. 创建性

毕业论文本质上属于学术论文，写作中虽然不要求具备像学术论文那样高的创建性，但是也要求在本专业范围内，对选题有自己的独到见解，并力求创新，强调表达的新颖性、实践性，而不是简单地重复、模仿或抄袭别人的东西。

2. 科学性

毕业论文的科学性包括：论题必须正确；论据必须可靠；应用的材料必须准确无误；论述必须具有严密的逻辑性。

（三）写毕业论文前的准备工作

1. 选题

（1）从业务强项和兴趣出发进行选题。

术业有专攻，人各有偏好。选择自己感兴趣的方向，产生强烈的研究愿望，就会肯于钻研并取得成果。所以，写毕业论文时应首先确定一个属于自己强项又感兴趣的专业作为论文选题方向，然后在掌握初步资料的基础上，逐步确立论文的具体题目和论文研究阐述的角度，并采用限制的方法，逐步缩小论文题目的外延，压缩到适合毕业论文完成的容量。

（2）从实践中发现问题进行选题。

要关注社会实践中出现的新现象、新业务、新问题，或注意了解理论界的新观点和新问题，这样才能保证毕业论文具有一定的创新性和现实意义，使研究具有使用价值和科学价值。现实工作或实践中总会遇到应当解决但尚未解决的问题，这就要求我们在平时学习中不能只满足课堂所学，而应积极深入实践，发现问题，选出适合自己的题目。

（3）从前人研究中发现需要进行补充或纠正的选题。

学术问题总在不断修正中，或扩大应用领域，或在与其他知识结合中发展。因此，选题时，同样可以采用这种补充或纠正前人的思路进行研究，而且同样具有学术价值。

无论怎样选题，都必须考虑毕业论文的时间要求和容量要求，以及自身的学术水平和研究条件，不可脱离实际。不要出现选择题材方向虽好，但是无法完成论题的情况。

2. 资料搜集及整理筛选

（1）资料搜集。

搜集资料是研究的开始。占有资料要“多多益善”，没有资料就无法分析问题。如果平时没有资料的积累，临毕业学校还要安排实习，撰写论文的时间会非常紧迫，这样便会给资料搜集带来一定困难。因此，资料的搜集应该从早，不一定等到开始撰写论文时才搜集。资料可以通过直接调查获取，也可以通过查阅获取。

直接调查是获取资料的重要途径，它可以获取大量的第一手资料。第一手资料反映的是现实实际情况，对认识选题的现实意义有很大帮助。

通过查阅可以获取多方面的有用信息，比如获取研究对象的研究现状、获取二手基础资料、学习研究方法、学习论文撰写方法。

（2）整理筛选。

有观点认为论文写作应该先拟写提纲，再根据提纲搜集资料。这种方法对于没有论文写作经验的应届毕业生来说，是有难度的。初次撰写论文，对选题缺少前提研究，搜集资料的目的性较差，究竟需要哪些资料心中无数，所以搜集来的资料往往很杂乱，这就需要有一个整理筛选的工作。初次写作者不妨根据选题多搜集相关资料，然后将资料分类并分析以形成自己的观点，提出独到的见解并拟写分类标题，为资料的取舍及其在论文中的位置做准备。

3. 编写提纲

在对资料进行初步分析的基础上，编写提纲，整理思路，便于及时请指导教师进行指导，以保证论文写作的顺利进行。

编写提纲的步骤如下：

（1）先拟标题。力求做到简单、具体、醒目，揭示论点或论题。

（2）用主旨句列出全文的基本论点，以明确论文中心，统领全文。

（3）合理安排论文各部分的逻辑顺序，可用标题或主题句的形式列出，或设计出论文的结构和框架。一般常用的有并列式、递进式或因果式，它们往往是被综合运用的。

（4）将论文中的各部分逐层展开，扩展深化，设置项目，并结合收集到的资料，进一步构思层次，形成近似论文概要的详细提纲。

（5）将每个层次分成若干段落，写出每个段落的论点句子，并依次整理出需要参考的资料，标上序号，排列备用。

（6）检查整个论文提纲，并进行必要的修改，如增加、删除、调整等。

（四）毕业论文的结构

1. 标题

标题又称题目，是文章的重要组成部分。标题是对选题研究过程和成果的直接阐述，是对论文内容的高度概括，反映论文的中心内容。题目不宜过长，如有必要可采用正、副双标题形式。

2. 署名

署名是对研究成果拥有著作权和具有责任感的体现。在论文标题的下面应署上作者和指导教师姓名。有统一封面的，作者姓名和指导教师的姓名写在封面的指定位置上。

3. 目录

有些毕业论文篇幅较长，文中又有若干小标题，为方便阅读，可列出目录。

4. 摘要

摘要又称提要，应放在正文的前面。摘要应当概括论文的主要内容，是对论文内容的简短陈述，提示论文的研究对象、主要观点、成果等。摘要的文字要简明、确切，一般为300～500字。

5. 关键词

关键词又称主题词，一般书写在摘要下面。关键词是指用来表达论文主题内容信息的词语或术语，其目的是给文献检索提供方便。关键词一般3～5个。

6. 正文

正文是论文的主体和核心。毕业论文的正文一般由绪论、本论和结论组成。

(1) 绪论是毕业论文的开头部分，它要求简洁说明论题主旨、撰写本论文的目的及意义、研究范围、研究方法，有的还对本论、结论做扼要的提示。

(2) 本论是论文的主体。应对研究的课题做全面的分析、论证，详细说明作者的观点。本论是展开论述、表达作者研究成果的部分。经常采用分列小标题或标示层次序码的方法，来安排本论部分的结构层次。或层层推进进行论述，或并列展开，或按因果关系，总之要根据文章的需要，科学地安排结构。

(3) 结论是本论部分阐述的必然结果，是本论要点的归纳，是课题研究的答案。结论既要照应绪论，又要写得简明概括。

7. 参考文献目录

参考文献目录的作用是表示对他人研究成果的尊敬，反映作者对选题的了解程度，使读者相信论文水平，增加资料的可信度。

参考文献目录应写明作者、著作名称、出版社名称、出版年月、版次等。如果出自学术论文，应注明作者、论文标题、期刊名称、年份和期号、页码。

（五）毕业论文的写作要求

1. 正确处理借鉴和创新的关系

创新对不同的研究者有不同的要求，毕业论文只要求大学应届毕业生能就某一问题、某一方面有所突破、有所发现即可。可以在借鉴他人成果的基础上进行研究，并归纳一定道理，不一定必须有重大创新。所以，毕业论文的写作更多的是借鉴和继承。

2. 正确处理研究和撰写的关系

研究是写作的前提和基础，没有认真的研究就很难形成科学的成果。没有成果就没有论文；光有成果不会表达，也形不成论文。所以，既要重视研究工作，还得掌握论文的结构、语言等，以便把研究成果科学地表述出来。

3. 处理好与指导教师的关系

不能一味依赖老师。要自己动脑动手，广泛搜集资料，认真调查研究，合理安排结构，处理好观点和材料的关系，严密论证、科学表达，在教师指导下独立完成写作。

（六）毕业论文答辩

毕业论文答辩是毕业论文审查的最后一个环节，旨在进一步考查大学应届毕业生的科研能力、学识水平、知识的深度和广度。毕业论文成绩由论文成绩和答辩成绩组成。

论文答辩委员会（小组）一般由三至五名中级职称以上教师、专家组成。答辩中涉及的问题基本属于论题范围，必要时可以外延。所列问题多是毕业论文的重要问题或薄弱环节，如该论文所阐述的问题、所属学术范围；文章中不清楚、不详细、不完善、不恰当之处。一般不对整个学科的全面知识进行考查。

1. 答辩的准备工作

论文答辩时，答辩委员会成员会对论文涉及的有关内容进行提问。作者应熟记论文及相关内容，并把准备好的内容写成较具体的提纲以备答辩时使用，答辩要做到表达流畅。

答辩可能涉及的问题包括：为什么选择这个课题（或题目）；研究、写作它有什么学术价值或现实意义；等等。答辩时，可以介绍以下几方面的内容：这个课题的历史和现状，即前人做过哪些研究，取得了哪些成果，有哪些问题没有解决，自己有什么新的看法，提出并解决了哪些问题；文章的基本观点和立论的基本依据；学术界和社会上对某些问题的具体争论，以及自己的倾向性观点；重要引文的具体出处；本应涉及或解决但因力不从心而未接触的问题；因认为与本文中心关系不大而未写进去的新见解；本文提出见解的可行性；定稿交出后，自己重读审查后发现的缺陷；等等。

2. 答辩的程序

（1）系毕业（学位）评定机构负责人宣布答辩委员会（小组）成员名单。

（2）答辩委员会主席（答辩小组组长）主持答辩，宣布答辩有关事宜及答辩次序。

（3）论文作者报告论文主要内容。一般不超过 20 分钟。

（4）答辩小组提问，一般允许学生准备 10～20 分钟，再行回答。

（5）学生进行针对性回答。

（6）评定成绩。论文答辩完毕，答辩委员会（小组）对答辩情况进行讨论，并给出表决结果和论文评语。

3. 答辩的注意事项

（1）应携带论文及相关资料，以备查找。还要带上笔和本，随时记录问题和评议意见。

（2）答辩时应声音洪亮，坦然镇定，并充满自信、语气肯定。回答时应重点突出、简洁明了。

（3）对老师提出的疑问要慎重回答，对有把握的问题要回答或辩解，并申明理由；对拿不准的问题，可不进行辩解，实事求是地做出回答。

（4）应注意礼仪要求，态度要谦恭，给老师留个好印象。

三、写作训练

（1）选择自己感兴趣的研究方向，通过限制题目外延的方法，设计适合自己的论题（至少四个），并撰写论文。例如："地域文化"—"辽宁地域文化"—"辽宁地域文化对中国当代文化的影响"。

（2）根据本学年所学专业知识，草拟论文题目，并据此收集材料，拟写一份学科小论文。

第九章
演示文稿

学习目标

1. 了解演示文稿的内涵、适用范围。
2. 熟悉演示文稿的制作要求。
3. 重点掌握演示文稿的制作方法与技巧。
4. 通过例文评析、写作训练，培养演示文稿的制作能力。

第一节 演示文稿概述

一、演示文稿的概念

演示文稿是指为完成公务、商务、学术报告及课堂教学等具体工作，在准备对听众进行公开演讲时，为使所演讲的内容重点突出并具有形象直观等特征，而对演讲的整体内容进行提炼浓缩，并将提炼浓缩的内容制成幻灯片或电子幻灯片，然后通过幻灯机或计算机演示全过程的书面文体。

演示文稿的内容可以是文字、数据或图表，也可以是直观形象的画面、声音，甚至是活动的图像。

二、演示文稿的功用

演示文稿是演讲的重要手段之一。对文稿进行演示，有利于突出文稿的重点内容，增强演讲的直观性和形象性，使听众更好地把握演讲内容，达到说服听众的目的。

演示文稿的应用极为广泛，可以应用于公务活动中的新闻发布会、经验介绍等，也可以应用于商务活动中的商品（产品）促销、开发项目的可行性论证、业务培训等。

总之，在社会生活中运用演示文稿的场合越来越多，而且能否自如地运用演示文稿，已成为衡量人才的标准之一。因此，作为未来社会的高素质应用型人才，必须掌握演示文稿的制作和演示技能，以适应未来岗位的需要。

三、文稿演示前的准备

演示文稿是运用直观明晰的画面、图像，向听众讲解自己的观点。文稿演示前，要注意做好以下准备。

（一）做好文稿演示的心理准备

文稿演示前，要努力熟悉演示文稿的内容，反复演练演示文稿的放映，并尽量预测一些可能出现的问题和情况，以便胸有成竹、及时应变，以确保文稿演示的质量。

文稿在演示过程中，很可能出现异常情况。因此，文稿演示前，还需要准备备用的图像材料，以备不时之需，避免困窘发生。

（二）做好文稿演示的技术准备

应提前前往演示现场，并与技术专家共同进行周密的工作，以确保设备的视频和音频功能与所使用的软件兼容。

应注意室内光线，屏幕周围要暗些，室内其他地方要足够明亮。

现场应有一位电脑技术专家，以便随时排除可能出现的技术故障，确保演示文稿清晰适宜的效果。

（三）做好文稿演示的细节准备

自己表述的语言与演示的内容要融会贯通、相互映衬。在文稿演示时要与听众进行目光交流，神态应自然放松。

演讲者的位置最好在屏幕的一侧。需要提醒听众注意的内容时，可以用激光手电的光束加以指示。

在更换演示画面之前，应准备好过渡词语回到演示内容。在过渡时间较长、回答观众问题、进入讨论时，必须保持屏幕空白。空白屏幕便于听众集中注意力，便于排除图像对听众的干扰。

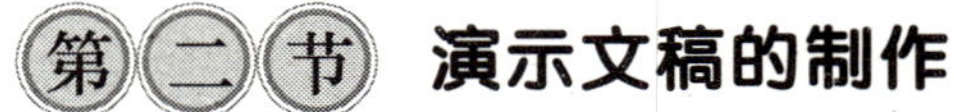
第二节 演示文稿的制作

一、例文评析

［例文］

××政法学院

法律文秘专业简介

1

一、法律文秘专业招生对象

应往届高中毕业生

应往届中专生

应往届技校生

应往届职业高中毕业生

2

二、法律文秘专业主干课程

秘书实务	办公自动化
应用写作	法律文书
民法民诉	刑法刑诉
秘书礼仪	计算机
沟通与口才	档案管理与文件检索

3

三、法律文秘专业师资队伍

拥有一支集秘书实务、办公技能、应用写作、法律实务、秘书礼仪等学科于一体的业务精通、梯队合理、学科齐全的教师队伍。

专任教师29名，其中教授3名，副教授19名，讲师7名。全国公安系统优秀教师2名。具备政法工作经验的双师型教师11名。具有丰富的办公自动化实用技能的教师8名。

师资力量雄厚

4

四、法律文秘专业掌握的技能

秘书工作实用技能

法律文书制作技能

各类文书写作技能

沟通协调交际技能

办公自动化操作技能等

5

五、法律文秘专业升学院校

专升本脱产本科	自学本科
渤海大学	吉林大学
沈阳工程学院	辽宁大学
辽宁工程技术大学等	沈阳师范大学等

6

六、法律文秘专业可获证书

秘书职业资格证书

大学英语等级证书

计算机考试二级证书

普通话测试等级证书

7

七、法律文秘专业面向岗位

行政机关及企事业单位的秘书、文员

政法机关、法律服务机构的辅助人员

法院的书记员

律师事务所的律师助理

法律服务所的司法助理

8

典雅实用的法律文秘是学生无悔的选择

威严庄重的政法学院是老师家长放心的殿堂

繁华时尚的沈阳是打造文秘英才的理想处所

欢迎领导莅临政法学院

欢迎学生报考法律文秘

9

（中间插入动漫、相关背景图片，增强视觉效果。）

［评析］

本例文为××政法学院高职教育法律文秘专业负责人在招生宣传会上，向来自全省各个职业高中的负责人进行专业介绍、招生宣传的演示文稿。

本演示文稿主旨是推销法律文秘专业，因此专业特色、就业前景、岗位需求就成为推介的重点。本演示文稿以凝练的语言介绍了法律文秘专业的学制、学历、招生对象、主干课程、师资队伍、培训的技能、升学途径、可获证书、面向岗位，结尾综述法律文秘专业是职业高中学生无悔的选择。它主旨突出，条理明晰，页面简洁，有较强的说服力和吸引力。

［例文］

赴澳学习培训汇报

汇报人：于　×

1

赴澳学习培训综述

培训时间　2017 年 3 月 15 日至 4 月 5 日

培训地点　阿德莱德职业教育培训中心

培训内容　澳大利亚职业教育体系

培训形式　体系介绍＋实地考察

2

一、新概念——培训包

澳大利亚 TAFE（职业教育）百年史

澳大利亚 TAFE（职业教育）培训包

3

培训包的内涵

培训包涵盖职业教育与培训的全部内容：

资格　　资源　　课程

课程教学大纲

教学方法　　技能要求

质量标准　　评价手段等

每个专业均有相应的培训包

4

培训包的制作主体

政府官员
行业协会专家
TAFE 学院著名学者
具有国家级的权威性
所有职业学院教学考察的依据

5

二、新观念——重能力

澳大利亚是仅有 200 年历史的年轻国度
是多民族、多种族的国家
人们思想开放、少受禁锢
有学历又不唯学历
重职业技能、重工作能力
择校和择业自然而理性
真正是以个人能力和爱好去选择学校和专业

6

三、小对比——看差异

中澳职业教育的差异在于：
1. 体制不同
澳大利亚：职业教育是集政府、学校、企业力量于一体
培养目标和职业标准是三共同（制定、执行、投入）
中国：政府、学校、企业各自为政
学生所学不能所用，所用又可能没学

7

2. 国情不同
澳大利亚：地广人稀，劳动力严重短缺
TAFE 毕业的学生不愁找不到工作
中国：劳动力过剩，人才济济
硕士、学士都工作难求，何况高职生

8

3. 教育目的不同

澳大利亚职业教育：

职业资格教育，学生不受年龄、学制的限制

学生必须获得职业资格证书——上岗必备的通行证

中国职业教育：

专科学历教育，学生以获得毕业证书为最终目的

职业资格证书不是必需的

9

四、小启发——可借鉴

可借鉴，不可照搬

加强实习实训基地建设

将学生的实习实训落到实处

提高规范性

减少专业设置、培养目标的随意性

10

五、新消息——供参考

澳大利亚移民局近日发布了一个新消息：毕业于中国12所高校的工程类专业的学士、硕士、博士可直接赴澳就业、移民

清华大学	同济大学	上海交通大学
北京化工大学	北京科技大学	中国矿业大学
重庆大学	北京工业大学	上海工程技术大学
中国石油大学	广州大学	北京师范大学

11

结　语

感谢学院党委让我的人生又多了一个经历

感谢各位同事对我的关心和帮助

12

（中间插入培训图片、各实训基地参观图片，并以澳大利亚风景图片为演示文稿的背景，增强视觉冲击力。）

［评析］

本例文为高职教育学习培训团成员赴澳大利亚学习培训归来所作汇报的演示文稿。

本演示文稿主旨是汇报培训内容，传达培训精神，反映学习收获，提出启发建议。为此，本演示文稿以凝练的语言概述了培训的基本情况，综述了先进经验，进行了比照反思，提出了借鉴构想。本演示文稿内容完整，结构严谨，语言简洁，视觉明晰醒目。

二、知识要点

演示文稿的制作就是根据演示需要而对文稿提炼的内容进行演示技术、技巧的处理过程，即将提炼的文稿内容制作成可供放映的幻灯片。制作过程的重点就是按照演讲文稿的内容编排演示情节，即播映内容的先后次序及播放表现技巧。制作的具体方法、技术处理可通过学习 PowerPoint 软件，掌握利用计算机制作演示文稿的技术、技巧，制作出美观而又别具风格的演示文稿，增强说服力和征服力。而 PowerPoint 等软件知识应通过计算机课程的学习或自学来掌握，本教材不做全面介绍。

本教材所介绍的演示文稿的制作，主要侧重于对演示文稿的文字的提炼处理与加工。

（一）演示文稿的筹划

演示文稿的筹划就是对将要在公开场合进行的文稿演示活动从文稿内容、目的、听众和演示时间等角度进行分析研究，以使该活动具有较强的针对性，收到理想效果。这一环节是文稿演示整体过程中的起步阶段、设计阶段，制作者必须充分理解演示文稿的核心内容，准确地概括出讲授的目的，弄清听众的基本情况，并掌握讲授的时间。只有对上述内容完全把握、胸有成竹的时候，演示文稿的筹划才能够开始。

1. 明确演示文稿的主旨

演示文稿的核心内容是演讲、宣传的主旨，也是文稿语言加工、提炼的重点。明确演示文稿的制作目的，把握演示文稿的核心内容，即梳理出你在文稿中要说服听众的观点，找出支撑你的观点的理由、论据，有助于突出演示文稿的主旨；有助于探索说服听众的途径；有助于确定与听众、评委交流沟通的策略；有助于选定演示文稿的制作方式；有助于确定演示文稿的长短和详略；有助于典型数据、图表、图像的恰当选取。

2. 了解演示文稿的受众

制作演示文稿前，应该了解听众中谁是演讲内容的评判人，这将帮助制作者选择怎样去说服这些重点听众；应该了解听众是否熟悉你的演讲内容并对之抱有兴趣，这将帮助你选择演讲的重点内容及表述的方式；应该了解明明是为了服务于听众却为什么遭到他们的拒绝的原因，这将帮助你寻找到恰如其分的说服切入点。恰如向一群成年人与向一群儿童介绍保护牙齿的目的、方法不能使用同样的讲解方法一样，必须选择最恰切的表达方式和表达语言。明晰听众对象，是制作演示文稿的前提。听众对象不同，演示文稿的制作内容与风格也不同。

3. 掌握文稿演示的时间

掌握演讲的时间有两层含义：一是你的演示需要多少时间，你的演示文稿要按此来筹划；二是听众给你的讲授时间是多少，而这比前者更重要。通常情况下，演讲的时间越短越好，应力求用最短的时间传达最多的信息。如果一个小时你还没有让听众了解你的信息，那么，再给你两个小时仍然无济于事。一个电视广告一般只用 30 秒或更少的时间，就能够展示清楚一个商业促销目的，这也是制作演示文稿应该努力做到的。

（二）演示文稿的提炼

演示文稿的提炼就是对将要在公开场合讲授的内容，按照演示文稿的要求进行文字的提炼加工，即概括出所要表达的核心内容和主要观点，以及支持观点的理由和事实，而这些正是文稿演示过程中应表现的主要内容。文稿的提炼加工往往决定演示文稿的质量。

演示文稿的提炼多通过以下几个步骤进行。

1. 明确应用范围

一般情况下，应用范围不同，决定了演示文稿的制作目的和制作形式也各不相同。

公务活动中的新闻发布会、经验介绍等，目的是传播信息，其演示文稿的核心内容就是所要传递的信息或介绍的经验。

商务活动中的商品（产品）促销、开发项目的可行性论证等，目的或者是促销商品，或是说服听众认可某一项目的开发，其演示文稿的核心内容就是某一商品的优点、使用或操作方法，或者是开发的项目经济效益可观等。

研究和教学领域的项目申报答辩、学术报告、成果展示和课堂教学等，目的是说服评审专家或传播知识，其演示文稿的核心内容是展示完成项目所具有的实力、学术创新、实践意义，或传授知识的要点。

不同应用范围、不同受众群体，还决定了演示文稿核心内容的侧重点不同、表现技巧不同、画面设计不同。因此，明确演示文稿的应用范围，可以有针对性地提炼文字内容，设计画面背景，选取动漫放映的制作技巧，可以避免演示文稿制作的盲目性、随意性。

2. 确定陈述要点

确定演示文稿的核心内容以后，就要从文稿中归纳出支持核心内容的主要观点、理由和事实，这些是演示时围绕核心内容所要陈述的要点。这些要点应该是能够打动听众、说服听众的主要材料。要将其逐项逐条地罗列出来，并进行相互比较，以便在有限的讲授时间里选择使用那些最具有说服力的内容。对于文稿中的数据和图表要格外关注，因为它们的说服力一般来说是最直接、最简单和最有效的。如我们要推销一款沙滩折叠椅，显然其核心内容应该是携带方便，那么从其演示文稿中我们归纳出的陈述要点应该是“折叠后体积小、重量轻”。

陈述要点的语言表述形式必须简短、精练，应如同报纸上的新闻标题那样简洁，一般不要超过 30 个字。如“沈阳房价猛涨”“看房的比买菜的还多”“要赚就赚白领的钱”等，看点醒目，信息直接。

3. 预览分述结合

制作演示文稿时，通常是先进行问题预览，给听众一个倾听并思考问题的思路，然后就问题分别进行陈述。这里需要注意的是，每一个问题结束时，都要给出结论，最后对陈述的总体内容还要进行总结概括。这样做的好处是有利于听众全面把握演示文稿的内容。

与之相反，在一般的叙述类的文字中，人们常常是从头叙来，如一位留学新加坡的中国学生写过这样一篇文章：

狮城的阳光伴我成长

时光荏苒，转眼间来到新加坡已经 2 年了。今天，我可以自豪地对所有人说："我是个中国留学生，是一名伴着狮城的阳光长大的中国留学生。"

儿时，我曾经有过无数个梦想，我也曾经满怀着无限的希望。我曾经憧憬着有一天我会成为中国的居里夫人，我也曾经渴望未来的某一天我会成为中国的南丁格尔。但是，高考时不经意的失误，使我与理想的重点高校失之交臂。一时间，挫败感、失意情、愧疚心，充斥我的生活。我已厌倦了枯燥的复读，实在不想来年再战；又不甘心委屈自己，随便去一所不理想的高校，念一个不喜欢的专业。

我的梦丢了，我的心灰了，我的生活暗淡了。安慰鼓励都成虚言，苦口婆心都令我生厌。无意中，狮城传来信息，新加坡来华招收留学生。

为了逃离父母的絮絮喋喋的关爱，为了避开同学好友的不忍直视的关怀，更为了重新证实自己的实力，给自己直面人生的勇气，我报名参加了新加坡教育机构组织的留学生招生考试。

也许是求生的本能催促我发奋苦读，也许是上天也不忍看我长久地灰颓无助，最后，我如愿来到了美丽的新加坡，开始享受狮城和煦的阳光，开始体验全新的梦幻般的留学生活。

初到新加坡，伫立海边的汉白玉雕塑群，水花四溅的狮身鱼尾像，在阳光的映衬下泛着粼粼波光煞是好看！尤其是从鱼嘴喷出"幸福之水"让我有一种莫名的感动和冲动。我天真地以为幸福已经来到我身边，伸手可及，殊不知，另一种困顿等待着我。

尽管我在出国前已经游走于各个辅导班，疯狂恶补英语口语与听力，但是，从留学后的第一节课开始，我就陷入了一种新的苦斗中。

我每天迎着狮城温暖的阳光赶往学校，可是，一进教室便觉"寒风"刺骨。教师满堂的连贯英语，我听不懂，说不明，只能像傻子一样，观看着老师的"表演"、同学的应和。我成了教室里地地道道的局外人。语言障碍、交流困难，成了我初到狮城的第一道难关。

也是吉人自有天相，关键的时刻，同班的新加坡同学伸出了援手，课间与我聊天，给我当翻译；课后又把笔记借给我，让我回去慢慢体会理解。最难熬的 3 个月，终于让我挺过来了。渐渐地，我可以听懂老师讲授的内容了，我可以和身边的同学自如地交流了。

学习算是走入正轨，生存问题又摆在了我的面前。出国时，父母已经给我出了一大笔学费，而且也一再表示以后会按月给我寄生活费。但是，我不忍再花父母的血汗钱，毕竟我已长大，勤工俭学、自食其力成为我的又一生活目标。只是我对自己的生存能力也是信心不足。在家时，我没洗过衣服，没做过饭，基本上是饭来张口，衣来伸手。我不知道我还能干点什么。忽然想起在国内看过的电视连续剧《北京人在纽约》，主人公的国外生涯是从在餐馆刷盘子开始的，看来我也只能步其后尘了。

到餐馆打工刷盘子，说起来简单，做起来难。凉水刷盘子，刷不净，热水刷盘子又伤手，一不留神还失手，盘子碎了是要照价赔偿的。好在我也算是个伶俐的人，经过了手指变粗、皮肤变糙的历练，我开始变得坚强，变得独立而能干。还自告奋勇地充当了服务员——当然，是有偿服务。我现在已不再是从前的那个任性、撒娇、动辄哭泣的小女生，而是一名精神独立、经济自给的留学生。我已经无须父母的资助，完全自给自足。偶尔我还给父母寄点礼物，尽点乖乖女的孝心。

排除了语言障碍，解决了日常的温饱，我也时常去欣赏狮城的蓝天白云、碧水白沙、椰风绿棕，尽情地享受狮城明媚灿烂的阳光的滋润。但是，即使是置身于繁华热闹、人潮蜂拥的乌节路，或置身于松软温暖的碧浪白沙中，我仍有一丝落寞、些许孤独。成功时，无人喝彩；失意时，无处倾诉。独在异乡为异客的寂寞时时袭上心头。

无意中，新加坡中国留学生总会组织的一次活动，改变了我的生活。我仿佛找到了多年不见的亲人，见到了许久不见的朋友，觅到了梦寐以求的知音。从此，在异国他乡，我除了有狮城阳光的呵护与关爱，我又有了新的家——新加坡中国留学生总会；我又有了亲人——来自中国的留学生；我又有了轻轻松松的呼吸、开开心心的生活。

狮城的阳光是暖暖的、明亮的。我每一天的生活都有这片阳光的恣意普照，我每一次的微笑都有这片阳光的真情回报，我每一次的失意都有这片阳光的温情抚慰，我每一次的成功都是这片阳光的无私赏赐，我每一次的拥有也都是这片阳光的洒脱馈赠。

我情不自禁地发出感叹：我爱狮城，我爱狮城善良的人们，我爱狮城中国留学生的家，我更爱狮城的阳光。是狮城的阳光赐予我力量，是狮城的阳光陪伴我成长。

这是新加坡中国留学生总会征集的一篇作文，文章可谓娓娓道来，叙述琐碎，篇幅较长，须看罢全文，才能了解作者的心路历程和思想情感。如果我们在演示文稿里也这样表述的话，听众就会感到平淡、厌倦，注意力难以集中，无疑将影响听众对所讲述内容的倾听，演示效果也将大打折扣。因此，演示文稿所选择的表述方式常常是：

狮城的阳光伴我成长

我是一名伴着狮城的阳光长大的中国留学生：
儿时的梦想，少年的憧憬
高考的失意，无奈的逃离
初到狮城的欣喜，举步维艰的迷离
排除了语言障碍，解决了日常温饱
空虚与寂寥又接踵而至
狮城的人们给我关爱和慰藉
狮城的阳光给我温暖和力量
狮城的阳光陪伴我一步步成长

上述实例说明，演示文稿的制作必须简练、明晰，而且必须观点在前，理由、事实殿后。这样做的效果是简洁醒目、一目了然，且逻辑性强。

4. 数据、图表穿插

在演示文稿中，因为演示目的、核心内容和听众不同，其表达作用就会有所不同。对于那些要点，要多动脑筋加以陈述，对于需要着重说明的要点要加入有说服力的数据、图表。如推介沙滩上的折叠椅的特点是折叠后体积小、重量轻、携带便捷，如果用具体数据来说明，效果显然会更好。

再如在推销某新款手机时，根据潜在的销售群体，确定了其核心内容是具有较低的电能消耗、较长的通话时间和待机时间，以及较好的性价比。这可以通过同品牌旧款机型的对比来说明，也可以用通话时间和待机时间等具体准确的数据的演示来说明。实际的促销中往往采用后者，这不仅是因为它简单奏效，还因为这种做法考虑全面，不至于顾此失彼，不会影响其他同品牌机型的销售。

5. 提供解决办法

无论在什么样的应用范围和场合，演示文稿要想说服听众，基本上都要对自己提出的问题或听众提出的问题，做出积极的解答。因此，对于需要解决的问题或听众可能提出的问题，事先要有充分的考虑和准备，尽量提出解决的方法和计划，这样才能争取主动，为说服听众打下基础。如为顺利通过评审专家提问，在课题项目申报答辩演示前，就应该尽可能地预测难点、疑点，准备好相关答案和解决问题的方法，以备不时之需。这些问题的回答越全面详尽，越容易取得评审专家的信任，越容易顺利通过答辩。其中解决方法可以用分条列项的方式表述，分工、计划可以用图表来完成。

6. 总结简洁明了

演示文稿的结尾应对全部内容加以高度总结、恰当点题，这是演示文稿的重点。此处既可以是概括出的演示文稿的要点，也可以是确定的行动方案，恳请听众同意并为实施建设承担责任。具体结尾方式要视演示文稿的应用范围、对象、场景而定。

7. 语言排布合理

语言简洁明晰是演示文稿的基本要求。出现在演示文稿中的语言，往往是对表达内容的高度概括和提炼，它要求表述的内容密切相关，表述的句式相同相近，表述的语气相谐相映。优秀的演示文稿常常是看起来耀眼夺目、读起来朗朗上口、忆起来历历在目。

8. 确定演示次序

应根据听众的基本情况，确定演示内容的先后次序。通常是把演示文稿分成介绍、主体和结束三部分，然后将演示的要点进行编排。制作时需注意：

（1）图像设计尽量简单化。省略脚注和图表资料出处说明，把文本直观地展示出来。

（2）字迹、画面大小相宜，保证坐在最后面的人也能清晰地看到屏幕上的内容。

（3）有目的地使用颜色，而不仅仅是为了装饰。用颜色来强调、定义一个重复出现的主题，以区别或做记号。

（4）尽量减少使用特殊效果（如动画片）。如果使用，要使其发挥作用。

（5）控制合理的演示时间。因为增加声音、图像或活动画面等，会延长演示时间，增加制作成本。

三、写作训练

请根据以下素材制作一份演示文稿。

社会公共管理系
毕业生就业工作自评报告

根据学院招生就业办公室《关于开展毕业生就业工作评估检查的通知》要求，向各位领导简要汇报一下我们社会公共管理系毕业生就业指导工作。

一、基本情况

我系现有教职工 38 人。其中教师 30 人、行政人员 8 人（含专职辅导员 5 人、专职招生与就业兼辅导员 1 人）。

我系现有 5 个专业：法律文秘、社区管理与服务、司法会计、司法警务、国际贸易实务（通关方向）。全系共有在校生 915 人。其中，法律文秘专业 249 人、社区管理与服务专业 147 人、司法会计专业 286 人、司法警务专业 169 人、国际贸易实务（通关方向）专业 64 人。

2014—2016 年我系毕业生共计 469 人。其中，法律文秘专业 252 人、社区服务与管理专业 102 人、司法会计专业 115 人。2017 年度毕业生 346 人。其中，法律文秘专业 89 人、社区服务与管理专业 54 人、司法会计专业 118 人、司法警务专业 85 人。

二、就业指导工作

（一）就业工作硬环境建设

1. 组织机构和队伍建设。成立了社会公共管理系就业工作领导小组：

组　长：于×（系主任）（这是“一把手工程”的具体体现）

副组长：吴×（学管副主任，主抓毕业生就业工作）

办公室主任：郑×（系办公室主任）

成　员：田×（专职招生就业工作人员，兼 2014 级文秘专业辅导员）

黄×（2014 级社区管理与服务专业辅导员）

胡×（2014 级司法会计专业辅导员）

何×（2015 级司法警务专业辅导员）

贾×（社会公共管理系就业指导教师）

张×（社会公共管理系就业指导教师）

客观地说，社会公共管理系就业指导工作的组织机构完备，而且工作队伍齐整。

2. 建立了社会公共管理系就业信息网页，随时向全系各专业的应届毕业生提供就业、招聘信息。为使就业信息真正为毕业生提供切实的帮助，我们在学院外网社会公共管理系网页建立了社会公共管理系就业信息网，并做到了及时更新网页资料，及时调整就业动态。2014 级法律文秘专业的王×同学就是通过我们社会公共管理系就业信息网提供的信息，应聘到了辽宁信诚人才服务有限公司从事文员工作。

3. 合理使用毕业生就业经费。本着引导就业、服务学生的宗旨，学院下拨的毕业生就业经费均用于联系用人单位、沟通用人信息之中。绝对是专款专用，是取之于就业指导、用之于就业指导。

（二）就业工作软环境建设

1. 规范化管理。主要体现在：

(1) 结合我系各个专业的就业形势和人才市场需求，及时制定《社会公共管理系就业指导工作实施细则》《社会公共管理系就业工作实施方案》《毕业生就业接待工作制度》《毕业生就业推荐管理办法》《毕业班后期管理规定》等就业工作文件。我们每年年初都制订就业工作计划，明确主攻方向，力求使计划切实可行。而且，我们年终均有就业指导工作总结，归纳成绩，寻找不足，以推动下一阶段就业指导工作的深入开展。有文字材料作为佐证。

(2) 按要求及时上报各种材料。我系自觉按照省教育厅及学院招就办的指示，及时上报毕业生基本情况，及时填报毕业生就业信息表，及时按质按量上报毕业生就业协议，及时上报初次就业率和年终就业率。绝不拖学院后腿，而是努力走在前面。

(3) 我系就业工作人员积极参加省教育厅及学院招就办组织召开的各类就业工作会议，而且及时落实就业工作会议精神，做到传达最高指示不过夜。

2. 加强就业市场建设。体现在：

(1) 全年通过多种形式及时收集并发布就业信息。先后在学院外网社会公共管理系网页上发布招聘信息 120 余条，供我系各专业应届毕业生选择。田×同志虽已 50 多岁的高龄，还学习掌握新技术，利用 QQ 软件向学生传递招聘信息。另外，我们还在社会公共管理系办公室开辟了就业信息板，为无法上网的应届毕业生提供就业信息服务。我系的王××同学就是通过社会公共管理系的信息网提供的信息，应聘到沈阳市东光中学任职的。此外，也有一些紧急的招聘信息，来不及上网、上板，吴×、田×同志就直接将条件适宜的毕业生推介过去。

(2) 除积极组织学生参加省教育厅及学院招就办组织的各类招聘会之外，还根据我系各专业及人才市场需求的实际，先后召开 12 次小型招聘会，共有 20 余人与用人单位签订了就业协议。如 2014 级会计专业的赵××同学，经我系招聘会推荐，已在辽宁金融职业技术学院任保卫干事。2015 级司法警务专业的包×、黄××同学经我系举办的小型招聘会，已到沈阳市铁路技校任职（合同制）。

(3) 建立就业实习基地。2010 年至今，我系先后与沈阳市皇姑区人民法院、北行社区、向阳社区、辽宁黑色金属材料有限公司、沈阳市获率咨询服务有限公司等 6 单位签订了就业实习基地协议书。教务处有备案，可以审查。

3. 就业指导工作落到实处。体现在：

(1) 将就业指导课列入我系各专业的教学计划中，并由国家级就业指导教师贾×主讲，从就业观念、求职心理、职业理想与就业现实，到应聘技巧，为学生提供有效的指导与服务。

(2) 我系每年都组织开设就业指导专题讲座或专题报告 3 次以上。仅以 2016 年为例，我们社会公共管理系就先后组织了 4 场专题讲座。其中，聘请孟院长做了“职业生涯设计专题讲座”，聘请省检察院反贪局副局长陈×做了“职业技能与就业前景分析专题讲座”，请贾×老师做了“从学校到社会的角色转变专题讲座”，请 2013 级毕业生焦×做了“路在自己脚下”的专题报告。上述讲座对学生触动很大，尤其是焦×的现身说法。焦×是沈阳市的工人子弟，没有任何背景，只是凭着个人的努力，参加了公务员招聘考试。他笔试、面试一路过关斩将，成为康平县公安局一名派出所民警。他的亲身经历，对学生是个震动。过去一些学生始终怀疑公务员考试的公平、公正。现在，他们尤其是中小城市的同学，又多了一种选择。

(3) 建立毕业生接待制度，由专职人员田×专门负责毕业生的就业咨询。吴×、郑×等同志也积极协助做好毕业生的接待与咨询工作。

4. 加强思想教育与就业研究。体现在：

(1) 每年至少开展一次全系性的就业教育活动。仅以2016年为例，6月下旬，吴×同志组织开展了一次全系毕业生就业教育活动。吴×同志以众多典型的毕业生就业择业实例，引导学生转变观念，先就业，后择业；先生存，再升华。收到明显效果。过去，我系学生非公检法不去，非专业对口不去，即使待遇再好，也免谈。宁愿500元到派出所、法院打杂，也不愿当保安、做文员。现在，学生的就业观念有所改观，只要条件合适，待遇合理，就先去就业。于是，学会计的有去商场做收银员的，学文秘的有去当法警的，学司法警务的有去当保安的，学社区的有去当物业管理员的。思路变了，就业的路自然也就宽了。

(2) 社会公共管理系已经对2014届、2015届毕业生进行了毕业后的跟踪调查，并按学院要求进行了分析与汇总，形成了毕业生跟踪调查报告。

（三）就业工作取得实效

连续3年初次就业率和年终就业率均达到学院及省教育厅规定标准。

2015年毕业生64人。初次就业47人，专升本5人，初次就业率81.3%，年终就业率85.3%。

2016年毕业生176人。初次就业135人，专升本5人，初次就业率79.5%，年终就业率86.7%。

2017年毕业生229人。初次就业199人，专升本2人，初次就业率87.8%，年终就业率93.8%。

（四）创新与特色

1. 全员参与，广开学生就业之路。我们清醒地认识到：学生招进来，还必须得送出去。否则，学院将无法发展，我们每一位教职工也将陷入生存困境。因此，就业工作不仅是“一把手工程”，更是全系教职工义不容辞的责任。我们充分调动全系教工的积极性，群策群力，服务学生。除了吴×、田×之外，胡×、佟×、张×、贾×、王×、姜××、张×等老师均成了我系推荐毕业生就业的主力。

2. 转变观念，变苦盼苦等为登门推荐。吴×副主任亲自到沈阳市金融护卫中心等单位推荐学生；田×老师主动到康平、法库等地的招聘单位了解情况，为学生择业把关定向；胡×老师将学生直接送到苏家屯区检察院任职（聘用制）；佟××老师驾驶私家车跑遍周边社区和格林豪森、克莱斯特、万科四季花城、北美家园、帝王花园等高档物业公司，将得意门生送到理想的岗位；张×老师将学生介绍到法院（合同制）及相熟的律师事务所工作。

3. 苦练内功，拓展学生就业空间。社会公共管理系利用现有教师资源，强化学生就业技能的全面培训。从应聘心理、礼仪服饰、言谈举止，到自荐材料的制作，进行全方位的武装，以提升应聘的成功率，效果明显。如于洪区法院、法库县公安局等单位来我院招聘，我系每次入选的学生都偏多，这既有在座各位领导对我系学生的厚爱和偏爱，也与我系学生应聘素质高、应变能力强有密切关系。此外，我系还注意加强知识储备，为毕业班学生开设了公务员考试的必考科目——申论和行政职业能力测试两门课，使学生有备无患，以不变应多变。

以上是我们对照毕业生就业工作评估标准，将社会公共管理系 3 年来的工作向各位领导做以简要汇报。当然，我们还有另外的一面，那就是缺点和不足，欢迎各位监督、批评、帮助，我们一定虚心接受，坚决改正。

最后，我代表 953 名社会公共管理系全体师生对各位领导和老师多年来给予社会公共管理系的无私帮助表示最最衷心的感谢！谢谢大家！

社会公共管理系

2017 年 12 月

参考文献

1. 徐中玉．应用文写作．5版．北京：高等教育出版社，2016.
2. 刘金同，张寿贤．应用文写作教程．3版．北京：清华大学出版社，2014.
3. 杨文丰．高职应用写作．4版．北京：高等教育出版社，2018.
4. 张德实．应用写作．2版．北京：高等教育出版社，2003.
5. 邓玉萍．公安应用写作新编．北京：中国人民公安大学出版社，2003.

图书在版编目（CIP）数据

应用文书写作/邓玉萍主编. —3 版. —北京：中国人民大学出版社，2018.8
21 世纪高职高专规划教材．通识课系列
ISBN 978-7-300-26078-5

Ⅰ.①应… Ⅱ.①邓… Ⅲ.①汉语-应用文-写作-高等职业教育-教材 Ⅳ.①H152.3

中国版本图书馆 CIP 数据核字（2018）第 190723 号

普通高等职业教育“十三五”规划教材
21 世纪高职高专规划教材·通识课系列
应用文书写作（第三版）
主　编　邓玉萍
副主编　张晓丹　张　戈　张　虹
参编者　李向珍　戢迎晖　陈　妍
　　　　凌　然　李艳蛟　赵　楠
　　　　姜　希　杜雨桐　孙文君
Yingyong Wenshu Xiezuo

出版发行	中国人民大学出版社		
社　　址	北京中关村大街 31 号	**邮政编码**	100080
电　　话	010－62511242（总编室）		010－62511770（质管部）
	010－82501766（邮购部）		010－62514148（门市部）
	010－62515195（发行公司）		010－62515275（盗版举报）
网　　址	http://www.crup.com.cn		
	http://www.ttrnet.com(人大教研网)		
经　　销	新华书店		
印　　刷	北京鑫丰华彩印有限公司	**版　　次**	2008 年 10 月第 1 版
规　　格	185 mm×260 mm　16 开本		2018 年 8 月第 3 版
印　　张	18	**印　　次**	2018 年 8 月第 1 次印刷
字　　数	403 000	**定　　价**	39.00 元

版权所有　侵权必究　　印装差错　负责调换